미당 서정주 전집

19

전기

* 이 도서의 국립중앙도서관 출판예정도서목록(CIP)은 서지정보유통지원시스템 홈페이지(http://seoji.nl.go.kr)와 국가자료공동목록시스템(http://www.nl.go.kr/kolisnet)에서 이용하실 수 있습니다.
(CIP제어번호: CIP2017015042)

미당 서정주 전집

19

전기

김좌진 장군전
우남 이승만전

은행나무

발간사

미당 서정주 선생의 탄신 100주년을 맞이하여 선생의 모든 저작을 한곳에 모아 전집을 발간한다. 이는 선생께서 서쪽 나라로 떠나신 후 지난 15년 동안 내내 벼르던 일이기도 하다. 선생의 전집을 발간하여 그분의 지고한 문학세계를 온전히 보존함은 우리 시대의 의무이자 보람이며, 나아가 세상의 경사라 하겠다.

미당 선생은 1915년 빼앗긴 나라의 백성으로 태어나셨다. 우울과 낙망의 시대를 방황과 반항으로 버티던 젊은 영혼은 운명적으로 시인이 되었다. 그리고 23살 때 쓴 「자화상」에서 "나를 키운 건 팔할이 바람이다"라고 외쳤고, 이어서 27살에 『화사집』이라는 첫 시집으로 문학적 상상력의 신대륙을 발견하여 한국문학의 역사를 바꾸었다. 그 후 선생의 시적 언어는 독수리의 날개를 달고 전통의 고원을 높게 날기도 했고, 호랑이의 발톱을 달고 세상의 파란만장과 삶의 아이러니를 움켜쥐기도 했고, 용의 여의주를 쥐고 온갖 고통과 시련을 지극한 아름다움으로 바꾸어 놓기도 했다. 선생께서는 60여 년 동안 천 편에 가까운 시를 쓰셨는데, 그 속에 담겨 있는 아름다움과 지혜는 우리 겨레의 자랑거리요, 보물이 아닐 수 없다. 선생은 겨레의 말을 가장 잘 구사한 시인이요, 겨레의 고운 마음을 가장 잘 표현한 시인이다. 우리가 선생의 시를 읽는 것은 겨레의 말과 마음을 아주 깊고 예민한 곳에서 만나는 일이 되며, 겨레의 소중한 문화재를 보존하는 일이 된다.

미당 선생께서 남기신 글은 시 아닌 것이라도 눈여겨볼 만하다. 선생의 문재文才와 문체文體는 유별나서 어떤 종류의 글이라도 범상치 않다. 평론이나 논문에는 남다른 통찰이 번뜩이고 소설이나 옛이야기에는 미당 특유의 해학과 여유 그리고 사유가 펼쳐진다. 특히 '문학적 자서전'과 같은 산문은 문체를 통해 전달되는 기미와 의미와 재미가 풍성하여 미당 문체의 진미를 맛볼 수 있다. 미당 문학 가운데에서 물론 미당 시가 으뜸이지만, 다른 글들도 소중하게 대접받아야 할 충분한 까닭이 있다. 『미당 서정주 전집』은 있는 글을 다 모은 것이기도 하지만 모두 소중해서 다 모은 것이기도 하다.

미당 선생 생전에 『서정주문학전집』이 일지사에서, 『미당 시전집』이 민음사에서 간행된 바 있다. 벌써 몇십 년 전의 일이다. 오늘의 관점에서 보면 그 책들은 수록 작품의 양이나 정본의 측면에서 아쉬움이 많다. 지난 몇 년 동안, 본 간행위원회에서는 온전한 전집을 만들기 위해서 많은 수고를 아끼지 않았다. 서고의 먼지 속에서 보낸 시간도 시간이지만 여러 판본을 두고 갑론을박한 시간도 만만치 않았다. 특히 미당 시의 정본을 확정하고자 미당 선생의 시작 노트나 육성까지 찾아서 참고하고 원로 문인들의 도움도 구하는 등 번다와 머뭇거림을 마다하지 않았다. 참으로 조심스러운 궁구를 다하였으니, 앞으로 미당 시를 인용할 때 이 전집에 의존하는 경우가 점점 많아지기를 바랄 뿐이다.

한편으로, 미당 전집의 출간은 두려운 일이다. 그것은 미당 선생의 모든 작품을 제대로 보여 준다는 형식적 의미를 지니기 때문이다. 세상에 어떤 전집이 있어 미당 선생의 모든 작품을 제대로 보여줄 수 있을 것인가? 우리에게도 그것은 현실이 못되고 희망이겠지만 그래도 우리는 그 희망에 최대한 가까이 가고자 했다. 우리가 그 희망에 얼마만큼 근접했는지는 앞으로의 세월이 증명해 줄 것이다. 다만 지금으로서는 지극한 정성과 불안한 겸손이 우리의 몫일 따름이다.

마지막으로 감히 말하건대, 우리는 미당의 전집 간행을 긍지와 사명감으로 하고자 했다. 우리는 미당을 통해서 이 세상에는 아주 특별한 것이 아주 드물게 존재함을 알게 되었다. 그리고 그 특별하고 드문 것을 우리 손으로 정리해서 한곳에 안정시키는 일에 관여하는 기쁨을 누렸다. 우리의 기쁨이 보람이 있어 세상의 기쁨이 된다면 그 기쁨은 곱이 될 것이다. 아니 그보다 미당의 문학이 이 세상에서 제 몫의 대접을 받게 된다면 우리는 사필귀정事必歸正이라는 네 글자를 진리로 받들면서 더 큰 기쁨을 누릴 것이다.

미당 선생 탄생 100주년이 되는 해의 유월에
미당 서정주 전집 간행위원회

이남호, 이경철, 윤재웅, 전옥란, 최현식

미당 서정주 전집 19 전기
김좌진 장군전·우남 이승만전

차례

일러두기

『미당 서정주 전집 19』 '전기'는

1. 『김좌진 장군전』(을유문화사, 1948)을 저본으로 하고, 『서정주문학전집』(일지사, 1972)을 참고하였다.
2. 『우남 이승만전』(화산문화기획, 1995)을 저본으로 하고, 『이승만 박사전』(삼팔사, 1949)을 참고하였다.

김좌진 장군전

머리말

주지하는 바와 같이 백야白冶 김좌진金佐鎭 장군은 이조 최말기인 고종 26년(1889년) 충청도 홍성군 갈산면 행산리 유생 김형규金衡圭 씨의 둘째 아들로 태어나서 1930년 1월 24일 이역 만주의 변방에서 그 다난한 41년의 생애의 막을 닫기까지 문자 그대로 조국 광복의 정신과 실천으로써 일생을 시종했던, 우리들의 민족적 영걸이요 최상의 애국자였다.

그가 돌아간 지 15년 후에 드디어 그의 철천의 염원은 이루어져 민족은 저 질곡의 세월로부터 해방되었고, 국제 공약은 이 강토의 독립을 약속하고 있으니 그의 혼령인들 어찌 감읍지 않으리.

본래 나는 소설가도 전기 작가도 아니요 미소한 일개의 시졸詩卒에 불과하다. 그럼에도 불구하고 참람하게도 백야 김좌진 장군의 전기를 집필하게 된 직접 동기는 장군의 유념遺念을 구원히 빛나게 할뿐더러 앞으로 반드시 생겨야 할 걸작 김좌진전을 위한 한 권의 집중적 소재나마 제공해 보자는 미충微衷에서이다. 그의 육친과 친지의 몇 분들이 아직도 향세享世하고 있는 시방 당장에 이 일이나마 해 두지 못하면, 뒤에 많은 곤란이 있을 것임을 예상한 까닭이다.

끝으로 이 글을 씀에 당하여 직접 간접으로 많은 교시를 주신 장군의 모당母堂과 미망인과 사촌 형님 해진 씨와 이범석 장군, 김상덕 씨, 유진산 씨 및 김좌진 장군 추도회 본부 여러분에게 삼가 감사의 뜻을 표하는 바이다.

단기 4281년(1948년) 3월

제1편

소년

제1장

고종 26년 기축년(1889년) 11월 24일, 우리들의 장군 김좌진은 충청도 홍성 땅 갈뫼란 곳에서 났다. 아버지 형규의 나이는 그때 스물여섯 살, 어머니 이씨는 스물일곱이었고, 손위론 아홉 살 된 누님 옥출이와 다섯 살 된 형 경진이가 있었다.

잠깐 그의 가계를 살펴볼 것 같으면, 저 인조조의 병자호란 때에 태자를 모시고 강화도로 피난하였다가 섬이 적군에게 함락되자 화약고에 담뱃불을 대어 어린 손자와 함께 폭사를 한 선원仙源 김상용은 장군의 11대조요, 가까운 데로 와서는 저 갑신정변의 주인공 김옥균이 바로 그의 11촌 숙부가 된다. 그러므로 만일 한 개의 애국자의 혈통이라는 것을 인증할 수 있는 것이면, 우리들의 김 장군이야말로 누구보다도 많이 애국지사의 피를 받았다고 할 수가 있다.

장군이 탄생한 기축년에도 장군의 집은, 갈뫼뿐이 아니라 온 홍성 고을 안에서도 유수한 세력가였다. 당시 형규 씨는 고종조의 참봉으로서, 갈뫼에는 80여 칸의 널따란 기와집에 30여 명의 남녀의 종들을 거느리고 있었다.

북으로 울창한 삼불산三佛山과 남으로 맑게 흐르는 청계천 물을 끼고 있는, 태고와 같이 고요한 마을 갈뫼. 용이 오르다가 땅에 떨어졌다는 섭섭한 전설을 지니고 있는 월선정月仙亭의 연못에 살얼음이 어는 동짓달 스무나흗날.

"낳아 놓으니 애기가 어찌나 큰지요. 모두 보는 사람마다, 인제 장수가 될 거라고 했지요."

지금도 그의 구십 모친은 이렇게 말하고 있지만, 그러나 이 장수를 장수로서 받아들일 만큼 나랏일은 그때 갈뫼와 같이 안온하지는 않았다.

고종 26년이라면, 인제는 벌써 노을이 여러 겹으로 겹친, 어쩔 수도 없는 이조의 황혼이다. 일본과 러시아와 청국이, 이 하아얀 도포 입은 선비들의 정부를 노리고 독수리의 누깔을 번쩍인 지도 벌써 해가 오래인 때였다. 을유의 천진조약으로 일본과 청국의 군대가 비록 한때 물러나서 있기는 했지마는, 기회만 있으면 탁류와 같이 몰려들어 오려는 일본의 야망은 날로 더하던 때요, 청국은 또 통상사무전권위원이라는 명목으로 대장 원세개의 일행을 아직도 그대로 한양에 머물러 두고 있었다. 그나 그뿐인가. 러시아의 영사 베베르 부부는 고종 내외분의 마음을 낚으려고 조선의 조정 드나들기를 자기 집

측간 드나들듯 하고 있었다.

꼼짝없이도 저무는 황혼. 마치도 해 질 무렵의 파장 판과 같이 또한 나라 안은 나라 안대로 시끄러워서, 임오의 군란과 갑신의 정변을 치른 후에도 정권의 타락은 나날이 더하여 매관매직과 백성의 생명을 빼앗는 토색질은 도처에서 공공연히 이루어지고 있었다.

이러한 이조의 파장 판에 우리의 백의장군白衣將軍 김좌진은 조선에 태어났다.

이러한 때에 장군의 아버지 형규 씨에겐들, 그까짓 참봉 벼슬쯤이 탐탁할 리는 없었다. 그러나 내 나라요, 내 나라의 임금님이 주신 것이어서 굳이 사양하지도 못하고 가끔 서울에 드나들기는 하였으나, 눈살 사나운 민씨의 세도와 그 타락함을 보고는 이를 갈고 갈뫼로 내려와, 열에 복받쳐서 가끔가끔 자리에 눕곤 하였다. 버젓한 문벌과 누구보다도 정당한 혈통을 가지고도, 하루아침에 된 대감들—민씨의 일족을 어쩌지 못하는 억울, 그 억울을 참지 못하여, 둘째 아들 좌진을 낳은 뒤부터는 형규 씨의 자리에 눕는 도수는 눈에 보이게 더하였고, 그 병은 드디어 고질이 되어 셋째 아들 동진을 낳은 지 백일 만에는 마침내 이 세상을 하직하고 말았다. 그때 김 장군의 나이는 네 살이었으니 갑오년의 동학 난리가 일어나기 두 해 전 임진년이었고, 참봉의 10촌 형님 김옥균이 홍종우의 흉탄에 쓰러져 다시 육시처참을 당하기 바로 두 해 전 일이었다.

참봉이 아주 눈을 감기 며칠 전, 네 살 먹은 아기 좌진은 할미종 춘봉이네에게 업히어 대문 밖의 축담 옆을 왔다 갔다 하고 있었다. 업히어 있되 다른 아기들처럼 등짝에 낯을 대고 따악 다붙어 있는 게 아니라, 마구 뒤로 자빠지며 할미보고 뛰어가라고 하기도 하고, 궁둥이를 구르며 '흐흥 흐흥' 망아지 소리를 하라고 조르기도 하고 마구 야단인 것이다.

그래 마음 좋은 할미는 한바탕 뛰는 시늉을 하고 나서

"그럼 이번엔 망아지 소리를 할 테니 인제 도련님이 크면 나한테 무엇을 줄라오?"

하고 물으면, 애기는 서슴지 않고

"우리 논, 백 석 주마."

하고 대답하는 것이었다.

논 백 석지기—춘봉이네는 하도 기가 막혀서 한참 동안을 허리가 꼬부라지게 웃고 있다가

"그럼 꼭 백 석지기만 주어유. 내 망아지 울음을 울 테니 잉."

하고 정말로 자기 손자나 달래듯이 크나큰 소리로 흐흥흥 흐흥흥흥 하고 망아지 소리를 흉내 내었다.

논 백 석지기—그것은 다름이 아니다. 참으로 '논 백 석지기'가 철천의 소원이 되어 있던 이 가난한 할미가 아기를 업고 다니면서 가끔 한탄처럼 "논 백 석지기만 있으면, 이 짓은 면하지 않겠느냐"고 또래들에게 하던 소리를, 등 위의 아기는 기억했을 뿐만 아니라 그것이 할미의 제일 큰 소원인 것까지도 알고 있었던 것이다. 그것을 오늘 우연한 기회에 할미에게 토로한 것이었다.

아기가 조르는 대로 흐흥, 흐흥흥 하고 할미는 여전히 소리치고

있었다.

그러자, 안에서 젊은 종이 나와, 영감께서 아기를 부르신다고 전갈을 하였다.

그래 네 살 된 아기가 어머니에게 안기어 아버지의 머리맡에 앉았을 때는 아버지의 열은 잠깐 동안 내린 뒤였다. 스물아홉 살의 젊은 참봉 형규는 얼마 전까지도

"조선은 망한다. 헐 수 없이 망한다…… 옥균 형님! 어찌 그 형님한테서도 소식이 없을까……"

이런 두서도 없는 소리를 하며 반듯이 누워 천장만 보고 중얼거리고 있다가, 부름에 들어와 앉는 좌진의 손목을 꽉 잡으며

"너는 크면 무엇이 될련?"

하고 참으로 아기에게는 너무나 어려운 질문을 하였다.

그러자, 아기는 한참 동안을 아무 말도 없이 열에 충혈된 아버지의 눈을 빠안히 들여다보고만 있더니, 빙그레 웃으며

"난, 판서가 돼."

하고 똑똑히 대답하였다.

자리에 앉은 사람들은 모두 어안이 벙벙해 서로의 낯곳만 쳐다보았다. 생각해 보자면 그 대답에도 근거가 없는 것은 아니다. 몇 달 전인가 참봉이 서울에서 내려왔을 때, 밤자리에서 부인을 향해 민씨 일족의 욕을 하다가, "기막힌 일이오. 그것들도 모두 다 정승 판서를 하는데, 보고만 있자니 선조를 대할 면목조차 없소" 한 일이 있었는데—이를테면 아버지의 본심을 그때 알아차린 이 아기가 인제 운명

해 가는 아버지를 위로하려는 것이다.

"너는 판서가 돼서는 안 된다. 흉측한 역적과 매국노를 무찌르는 불호랑이 같은 장수가 되어라!"

젊은 참봉은 마치 어른에게나 타이르듯 이렇게 외치며, 두 눈에서는 어느새인지 뜨거운 눈물을 흘리고 있었다.

"장수?"

그러나 어린 좌진은 또 한 번 빙그레 웃으며 이렇게 아버지에게 반문하였다.

"응. 장수……"

젊은 아버지는 조용히 대답하였다.

"호랑이같이 무서운 장수?"

그러나 아기는 쉬지 않고 묻는다.

"그렇다. 호랑이같이 무서운 장수가 되어라!"

"응……"

아기는 여전히 빙그레 웃고 있을 따름이었다.

이로부터 이틀 후, 참봉 김형규는 사 남매의 어린 자녀와 아내를 남겨 두고, 그다지 고통하는 기색도 없이 조용히 이승을 떠났다.

제2장

30여 명의 노복의 무리는 여전히 집 안에 북적거렸고, 마을 안의 번성한 일가친척에 변함은 없었지만, 주인 형규를 잃은 뒤의 김 참봉 집은 역시 어쩐지 허전허전하였다. 왕이 없는 나라와 같아, 한구석이 텅 빈 쓸쓸함을 어쩔 수가 없었다.

그중에서도 남달리 복받치는 설움을 어쩌지 못하는 것은 물론 미망인 이씨였다. 인제 겨우 갓 서른 살의 젊은 나이—비록 양반의 가문일망정 역시 아직도 젊은 인생임에 틀림없었다. 자기의 젊은 인생쯤이야 고스란히 이 집안을 위하여 바칠 철석같은 절개와 결심이 있다 하자. 그러나 아직도 솜병아리와 같은 사 남매의 어린 자식들은 또 어떻게 한단 말인가.

이씨는 방 안에 앉을 때마다 젖먹이의 어린것 동진이를 안고는 늘 소리 없는 울음에 잠겨 있었다. 그럴 때마다 어린 좌진은 어머니 옆에서 우두커니 이 꼴을 보고 있다간 문을 발길로 홱 걷어차고 나가 버리곤 하는 것이었다.

어느 날 저녁때.

그때에도 이씨 부인은 동진이를 보듬고 방에 앉아서 하염없는 눈물에 젖어 있었다. 이때 마당에서 하인 아이들과 같이 진치기로 왁자지껄하니 수선을 떨고 있던 좌진이 우악스럽게 방문짝을 열어젖히고 들어오며 채 자리에 와 앉기도 전에

"엄마 또 울우?"

하고 발을 동동 굴렀다. 그 모양을 보자니 서러운 어머니지만, 낯에 웃음을 아니 띠는 재주는 없었다.

"그래…… 나야 울건 말건 문이나 좀 조용조용히 여닫어요. 커다란 것이 글 한 자나 읽을 생각은 하지 않고……"

"글? 그래, 나 내일모레는 경진이허고 서당에 갈게."

하며 비로소 좌진은 어머니의 곁에 와서 바짝 다가앉았다.

"아버지가 안 와서 울우?"

"……"

"아버진 왜 안 와?"

"……돌아가신 아버지가 어떻게 오시니?"

"말 타고 오지. 아까도 저 밖에서 딸랑딸랑 말방울 소리가 나던데."

"……인젠 아버진 또 안 와요…… 생전 못 오시는 저승에 가셨는

데……"

이렇게 아들에게 대답하며, 청상의 과부는 다시 굵다란 눈물을 흘렸다.

"저승은 서울 아냐?"

속 모르는 아들은 그러나 또 재차 묻는다.

"아니야…… 이 땅은 아니야……"

"그럼 뭐야?"

얼마 동안을 좌진은 까물까물하고 있더니,

"그럼, 하늘이야?"

하고 물었다.

"우리 집 앞 연못에서 용이 올라간 하늘 말이야? 용은 못 올라가구 도루 떨어졌다든데?"

"……아이구 아이도……"

이렇게 중얼거리며 어머니는 어린 아들을 덥석 끌어안지 않을 수 없었다.

그러나 좌진은 어머니의 손을 물리치고 두어 걸음 물러나 앉으며 뜻밖에 다짜고짜로

"우리 애기 이름은 복동이라고 하지."

하였다.

"왜?"

하고 어머니가 물으니,

"아버지는 안 오지만, 엄마는 살었으니까 복동이지 뭐야?"

하고 좌진은 대답하는 것이었다.

"호호호. 아이구 아이도……"

어머니는 무심코 웃음이 터졌다.

"그럼 애기 이름은 복동이라고 하지만, 네 이름은 뭐라고 할련?"

"……김 판서라고 할랬는데……"

어린이는 잠깐 망설이었다.

"난 그만둘 테야. 아버지가 그러지 말라고 했으니깐."

이 말을 남기고는, 좌진은 또 방문을 걷어차고 어디론지 퉁퉁거리며 나가 버렸다.

그래 어머니는 마음속 가만히 결심하는 것이었다. 좌진이—저것이 사람이 되는 것을 보기까지는 천지가 뒤집혀지는 한이 있더라도 그의 곁을 떠날 수는 없다고……

그러나 저녁 술참이 한참 지나서 나간 아기는 해가 꼬빡 저물어도 오늘은 웬일인지 좀처럼 돌아오지 않았다.

온 집안이 난리가 났다. 부엌에 있는 종들만을 제한, 남녀 노복들은 마을을 샅샅이 뒤지고 다녔다. 그 어머니까지 문간에 나와 서고, 심지어는 일가친척들까지 나서서 찾았다.

허나 과히 염려할 것은 없었다. 젊은 계집아이 종 삼월이가 월선지의 연못 앞을 지나가려니까, 덩시랗게 돋아 오른 열사흘의 달빛에 연못가의 정자 아래 움씩도 않고 앉아 있는 아기를 본 것이다. 삼월이는 맨 처음 아기를 발견하자 웬일인지 저도 모르게 오싹하고 온몸에 소름이 끼쳤다 한다. 그러나 이 무서움은 다음 순간엔 호기심으로 변하여, 사뿐사뿐 발자취 소리를 숨기고 가서, 뒤에서 아기의 하고 있는 모양을 가만히 살펴보았다.

아기는 월선정의 정자 아래 바윗돌 위에 앉아 있었다. 커다란 바윗돌 위에 또 하나의 작은 바윗돌과 같이 천연히 두 발을 내려뜨리고 앉아서, 벌써 시들은 연잎대가 여기저기 서 있는 가을밤의 못물을 유심히 바라보고 있다간 문득 머리를 들어 하늘을 한 번 우러러보고, 그러고는 다시 연못물을 바라보고—그런 짓을 자꾸만 되풀이하고 있는 것이었다.

삼월이가 뒤에서 보고 있자니, 그 정경은 마치 물 마시는 병아리와 같았다. 물 한 모금 마시고는 하늘 한 번 쳐다보고 또 한 모금 마시고는 또 한 번 쳐다보고—하는 그 노랑 병아리와 꼭 비슷하였다.

"도련님!"

하고 삼월이는 가벼이 한 번 불렀다. 못 알아들었는지, 알아듣고도 부러 그러는지 아기는 그러나 대답이 없다. 삼월이는 웬일인지 또 한 번 소름이 쭈욱 끼쳤다. 그래 이번엔

"도련님!"

하고 목청을 다하여 부르며, 그와 동시에 아기를 가서 덥석 붙들어 안았다.

한사코 업히지 않고 걸어가겠다는 것을 억지로 둘쳐업고 집으로 돌아오니, 온 집안 어른들은 기쁨이 지나쳐서 인제는 업혀 온 아기에게 도리어 꾸중이었다.

"너 이놈, 어디 가서 집안 어른들을 그렇게 걱정하게 하는고?"

난리통에 긴 담뱃대를 빼어 들고 바깥사랑에서 대문 밖에 나와 연방 혀만 끌끌 차고 있던 오촌 숙부 창규는, 큰 소리로 이 철없는 아기에게 호통을 하였다.

그러나 아기는 아무 대답도 하지 않았다.

드디어 어머니에게 이끌리어 방으로 들어가서,

"너 어디를 갔다 왔니?"

어머니가 눈물이 글썽글썽하여 물으니까 비로소,

"아버지 오시는가 보러……"

하고는 가벼이 고개를 떨어뜨렸다. 그의 자당의 말에 의하면, 좌진이 고개를 떨어뜨리는 것을 본 것은 이때가 처음이요, 다음엔 조선이 일본과 합병했다는 소식을 들었을 때였다고 한다.

"좌진아……"

참고 참았던 설움에 겨워서 젊은 과부 이씨는 아기의 앞에 어푸러져 흐느껴 울었다. 그러나 좌진은 따라서 울지도, 우는 어머니를 달래지도 않았다.

어머니의 울음이 거의 그쳤을 무렵에야 처음으로 빙그레 웃으며,

"엄마. 애기는 복동이고, 난 장수다."

하였다.

"엄마, 장수도 하늘로 올라가나?……"

그러나 이 물음에 대답하는 사람은 아무도 없었다.

이러한 어머니의 설움 속에서도, 날만 밝으면 좌진은 마을 아이들을 몰고 돌아다니며, 수선이란 수선은 도맡아서 떨었다. 진치기, 씨

름하기, 옆집 아이들 할퀴기, 나무 위에 앉은 새를 잡는다고 돌팔매질하여 남의 집 장독을 깨뜨리기—그러고 또 지나치게 시망스런 이 아기 망나니의 선생은, 사실인즉 늘 이 아기를 업고 다니던 늙은 할미종 춘봉이네였던 것이다. 월선정 못물에서 용이 오르다가 떨어졌다는 이야기도 사실인즉 춘봉이네한테 들은 것이요, 조조니 현덕이니 하는 『삼국지』의 명사들과 장수라는 말의 대강의 뜻을 맨 처음 일러 준 것도 이 춘봉이네였던 것이다.

하루는 종의 아들들과 같이 말타기놀음을 하느라고, 새로 입힌 옷을 온통 찢고 흙투성이를 해 가지고 훙훙거리며 좌진이가 들어온 것을 보고 어머니가 화가 치밀어서 손바닥으로 종아리를 한 번 갈기니까,

"갈기면 누가 아퍼헐 줄 아나. 손바닥만 아프지."

하였다는 이야기도 인제는 늙으신 자당의 한 가닥 구슬픈 추억이 되었을 뿐이다.

제3장

좌진이 서당에 입학한 것은 그의 나이 다섯 살 되던 해 봄이었다.

서당—학교가 보급된 오늘날에는 그 모습을 찾아보기까지도 어렵게쯤 되었지만, 일면 일교제一面一校制가 실시되기 전의 한 20년 전만 하여도 서당은 지방 도처에 널려 있던 것으로서, 학교가 서지 못한 개화 전에는 물론 이것이 학문의 중심이 되었던 것이다.

그중에도 산골 마을의 서당이란 무슨 따로이 교사가 있는 것이 아니라, 흔히 누구네 집 사랑방을 이용해서 뿔관이나 탕건을 쓰신 선생님이 아랫목에 앉고, 빙 둘러 제자들이 앉아서 책을 읽고 때로 글씨나 쓰면 되는 것이다. 밥을 먹으러 가는 시간과 대소변 보는 시간과 가끔가다가 잠깐씩 쉬는 시간을 빼놓으면, 늘 선생의 앞에 꿇어앉아서 웃음도 마음대로는 웃을 수 없는 이러한 서당에—우리들의 어린 김좌진도 입학하였던 것이다.

집 주위에 감나무가 여러 주 서 있어 감나뭇집이라고 마을에서 불리는 김 선달네 커어다란 상하 사랑방—이것이 당시 갈뫼의 서당이었다. 선생의 이름은 송노암宋老岩. 아직 오십이 채 다 못 되었으니 늙은 것도 아니건만 웬일인지 스스로 호를 이렇게 붙였고, 자기 말을 들으면 송우암宋尤庵의 자손이라 하며 또 그걸 자랑으로도 여기고 있는 눈치였으나, 위인인즉 송우암과는 너무나 먼, 까다롭고 완고 몽매하고 아무것도 모르면서도 혼자만 통달한 체하는 산골 훈장의 나쁜 점만을 구비하고 있는 듯한 느낌을 주는 인물이었다.

그러나 글자와 글귀를 글자 그대로 해석해서 가르쳐 주는 외엔 함부로 매 때리기와 술 마시는 것밖에는 아무것도 모르는 이 훈장은 몽학 훈장으로서야 그렇게 낙제일 것도 없었다. 어째서 이런 사람을 하필 데려왔는지 학동들은 알 길이 없었으나, 아마 그것은 그가 송우암의 자손이래서 그랬는지도 모른다. 그러나 사실 이 사람은 초시에 가서 붙을 만한 실력도 없었다.

처음 두 해 동안 좌진은 여기서 『천자』와 『추구』와 『사자소학』과 『명심보감』을 배웠다. 다른 애들에 비해서 서당에 안 나가는 때가 상당히 많긴 하였지만 그래도 나가는 날이면 선생이 가르치는 대로 또박또박 기억할 건 기억했고, 가끔 선생한테선 형보다 낫다는 칭찬까지 들었다.

그러나 그가 일곱 살 되던 해 가을, 서당에서는 한바탕 야단이 일어나고야 말았다.

마침 마을에 윤 생원 노인의 초상이 나서 술을 좋아하시는 선생 송노암도 거기 불리어 가게 되었다. 그래 노암은 서당을 잠깐 동안 비워 두고 가며,

"어디 가지 말고 복습들을 해라."

하고 신신당부, 아니 준엄한 명령을 내리고 갔던 것이다. 그러나 선생의 자리가 빈 서당이란 언제나 난장판이 되는 것이어서 뛰엄뛰기, 씨름하기, 온갖 북새판을 벌이고 있다가 담장 밖에서 상엿소리가 나자,

"가자, 가자."

하고 앞뒷장을 서서, 굼벵이라는 별명을 듣는 몇 사람만 남겨 놓고는 그들은 서당을 버리고 상여 나가는 구경을 갔던 것이다.

허나 이것이 큰일의 시작이었다. '어어노 어어노 어화 넘자 너어노' 하고 멋들어지게 타령을 하며 언덕을 넘어가는 울긋불긋한 상여의 뒤를 쫓아 어린 학동들이 시간 가는 줄도 모르고 있는 동안, 노암 선생이 먼저 서당으로 돌아왔던 것이다.

얼마 후에 어린 서당꾼들이 그 땋아 늘인 머리채를 철렁거리며, 달음질쳐서 돌아와 보니 노암 선생은 굼벵이 서당꾼들을 시켜 물푸레나무 회초리를 한 다발 해다 놓고는 명령을 거역한 제자들이 돌아오기를 누깔이 벌겋게 기다리고 있었다. 그리하여 서당에서는 어린이들의 종아리에 온통 피멍이 들도록 매 사태가 일어났던 것이다.

그러나 애들의 뒤를 따라 들어가다가 이 눈치를 알아차린 좌진은 슬그머니 뒤로 빠져 매질이 다 끝나고, 애들의 글 읽는 소리가 날 때

에야 비로소 서당 방으로 들어갔다.

"좌진이는 으째서 인제야 오는고?"

선생은 들어오는 좌진을 향해 벼락과 같이 쏘아 부었다.

그러나 좌진은 아무 대답도 없이 제자리에 가 앉아 책을 펴 놓고서는 방바닥만 내려본다. 만일에 선생이 시방 바로 회초리를 들 양이면 이빨로 물어뜯기라도 할 표독한 눈치다. 그렇잖아도 며칠 전에는 아침에 선생 앞에서 글을 읽어 바치는 데 오래 꿇어앉았더니 하도 발이 저려서 선생처럼 발을 좀 개니까 '배우지 못한 놈'이라 트집을 잡혀 종아리를 한 대 얻어맞은 앙심이 아직까지 차 있던 참이다. '이놈의 선생 덤빌 테면 덤벼라' 하는 듯한 표정으로 좌진은 도사리고 앉아 있었다.

그러나 선생은 어찌 생각했는지 그 자리에서 매를 들지 않고,

"음 이놈! 기대리고 있으렷다. 내일 아침엔 매맛을 알지니."

하고 제법 사또가 죄인을 호령하듯이 을러메는 것이다. 초상난 집에서 얻어먹은 약주 냄새가 쿡 하고 방 안에 풍기었다. 그러자, 선생은 선하품을 하며 아랫목에 비스듬히 퉁침을 베고 눕더니 드르렁드르렁 코를 골았다. 그러나 서당꾼들은 이 너구리가 거짓말로 코를 골지나 않나 싶어 한층 더 글 읽는 소리를 높일 수밖에 없었다.

이러구러 이날이 지나고 이튿날이 되었다. 이튿날, 서당에서는 김선달 집에 서당이 생긴 후로—아마 이 마을에 서당이 생긴 후로 처음인 혁명이 일어났다. 아침에 선생이 세수를 하고 방에 들어와서 마악 탕건을 쓰고 앉아 애독서인 『주자대전』의 책장을 넘기자, 거기

난데없는 조그만 종잇조각에

'선생사先生死 김좌진金佐鎭'

이라고 쓴 것이 송노암의 눈에 띈 것이다. 노암은 처음 자기의 눈을 의심하는 것처럼 그 종잇조각을 들고는 또 보고 또 보고 하였다. 그러나 그것은 선생보고 죽으라고, 일곱 살짜리 어린 서당꾼 김좌진이가 써 놓은 것임에 틀림없었다. 노암은 그 종이쪽의 뜻과 까닭이 머리에 떠오르자

"어허!"

소리를 한 번 지르고는 불쑥 자리를 일어났다 앉았다 했다.

허나 아침에 서당꾼들이 다 모여들어도, 좌진이는 종시 서당에 오지 않았다. 뿐만 아니라 아침 술참 때쯤 되어서는 그가 선생에게서 빌려서 배우고 있던 『통감』 첫째 권을 그의 부하인(진치기놀이 때의 부하) 늙은 종 춘봉이네의 막내아들에게 들려 보냈다. 역시 그 책 속에도

'선생사先生死 김좌진金佐鎭'

이라는 종이쪽지가 들어 있었다.

그래 울화가 치밀 대로 치밀어 오른 송노암은 그 자리에서 바로 횃대에 걸린 도포를 내려 입으며,

"너희들 어서 가서 아버지나 형님보고 오시라고 그래!"

하고 호통을 하였다.

얼마 후에 이 서당 방엔 많은 학부형들이 모여들었다. 좌진이의 집에도 기별이 가서 그의 오촌 숙부가 참석하였다.

"제가 위인이 하 못생겨서 제자한테 이 봉변을 당허나 봅니다. 음! 흠! 내 훈장 노릇도 꽤 오래 했지만 이런 해괴헌 일은 진정 처음이오! 저는 오늘 바로 가겠습니다!"

노암은 모인 학부형들을 향해 이렇게 외치며, 자리를 일어서려 하였다.

"무얼 그러십니까?"

"그까짓 일에 그렇게 가셔서야 되나요."

"잠깐만 앉으십시오."

학부형들이 아무리 권하고 달래도 한번 타오른 노암 선생의 분노는 다시는 가라앉을 줄을 몰랐다. 하기는 학부형들도 체면과 의리 때문에 권하고 달래기는 했지만, 자기들 자신이라도 이런 일을 당하면 더 머물러 있을 수는 없으리라고 속으로는 생각하는 것이었다.

학부형 가운데서도 유달리 미안한 입장에 있는 것은 좌진이의 오촌 숙부 창규였다.

"그놈이, 그런 고연 놈이! 노염을 참으십시오. 내 기어이 다시는 그리 못 하게 가르쳐 놀 테니."

하고 일변 노암을 위로하며, 또 큰조카 경진이를 시켜, 가서 좌진이를 찾아오라 하였으나, 얼마 뒤에 경진이는 혼자 되돌아와서

"아무리 찾어도 뵈이지 않어유. 아침에 저보단 좀 일찍 집에서 나왔는데."

하는 것이었다.

그래 학부형들의 온갖 위로도 보람이 없이 송노암 선생은 드디어

이날 점심때 조금 지나서 영영 갈뫼의 서당을 하직하고 말았다.

그가 탄 당나귀가 동리 앞 솔무더기 옆을 지날 때까지 서당꾼들은 그래도 배우고 가르치던 사제 간인지라 그를 전송하였다. 그러나 좌진이는 이 자리에도 나타나지 않았다. 뿐만 아니라 일행이 솔무더기 너머까지 와서 서로 작별을 할 즈음 뜻밖에도 거기서 여남은 칸 떨어져 있는 병풍바위 위에서 누가

"얘들아! 복돌아! 갑룡아! 영철아! 이리 와! 이리들 와!"

하고 부르는 소리가 들려 모두—나귀 위의 송노암도, 창규도, 학부형들도, 서당꾼들도 모두 그쪽을 보니, 거기 옥색 저고리에 밤빛 바지를 입은 소년이 바위 위에 올라서서 고함을 치고 있고 그 밑에 10여 명이 넘는 마을 아이들이 같이 합세하여 떠들고 있는 것이 보였다.

"흥!" 하고 노암은 외면을 하고 나귀를 재촉했고, 학부형과 서당꾼들은 어이가 없어서 한참 동안은 그저 묵묵히 쳐다만 보고 있을 뿐이었다. 그러나 학부형들이 모두 다 여기서 사라져 버리자, 서당꾼 복돌이와 갑룡이와 영철이 들은 좌진이가 부르는 병풍바위 쪽을 향해 앞을 다투어 쫓아갔다.

해가 꼬빡 저물도록 이 병풍바위를 에워싸고 초나라와 한나라의 접전이 벌어지는 것이다.

어두워서야 좌진이는 집으로 돌아왔다. 보니, 꽃자줏빛 법단 조끼를 얻다 두었는지 벗어 버리고 왔다. 그래 어머니가

"너 조끼 어쨌니?"

하고 물으니,

"거 왜 병풍바위 옆에서 숯 굽는 사람 있지 않우? 왜 그 사람네 아들 돌이 말이야. 그 애가 아주 마음이 썩 좋수……"

하였다.

"그런데 왜 그 사람들은 그렇게 가난해? 가을이 다 갔는데 홑옷을 입고…… 서당에도 못 다니고…… 엄마! 그 애들은 왜 서당에 보내지 않우?"

"산을 지키는 산지기는 상놈이라 그렇지."

어머니는 대답하였다.

"흥!"

좌진은 코똥을 뀌었다.

"송노암 따위보담야 그 사람들이 양반이지 뭘!"

제4장

송노암이 갈려 간 뒤에 오래지 않아, 서당엔 광천 사람 김광호가 훈장으로 왔다. 광호는 벌써 육십이 넘은 늙은이로서 성격이 너그러운 데다가 학식도 넉넉하고 더구나 사학史學에는 한 권위를 이룬 사람이었다. 뿐만 아니라 그의 사람과 역사를 대하는 눈은 솔찬히 정확하기까지 하였다. 비록 벼슬을 한 일은 없지만, 제자들을 위하여서는 드물게 보는 좋은 스승이었다. 좌진이의 형 경진이가 후에 참봉 벼슬이나마 감당하게 된 것은 태반이 그가 교육한 덕이었고, 좌진 또한 한문의 소양을 얻은 것은 이 사람의 힘이었다.

광호는 부임하던 날 좌진이가 나와 인사를 드리니, 김옥균과는 몇 촌이나 되는가를 어린 좌진에게 묻고,

"고균古筠이 그 꼴을 당한 건 참 애석한 일이니라."

하며 갑오년의 참변을 이야기하며 보수파의 고루함을 한탄하였다.

그렇잖아도 좌진은 김옥균의 이야기는 어머니에게서 귀에 못이 박힐 정도로 들어오던 터였다. 그런지라 이만큼 도량이 넓은 노인을 만나니 저절로 공부할 욕심이 생겨서 삼동을 열심히 『통감』 초권을 배웠다.

봄이 되었다.

삼불산에 진달래꽃이 농창히 피어서 온 마을에 따뜻한 기운을 돋우고 있는 어느 날의 해 어스름, 훈장 김광호는 학동들에게 그만 책장을 덮으라 하고, 장죽에 엽초를 한 대 피워 들더니

"오늘이 며칠이냐."

고 물었다. 아마 그날은 삼월 삼질이 지난 후였으니까, 삼월 초아흐레나 열흘쯤 되었을 것이다.

"전춘餞春놀이를 너희들은 아느냐?"

고 광호는 재차 물었다.

"전춘이라는 것은 너희들도 아다시피 봄을 대접해서 작별해 보낸다는 말이다. 최인의 글에도 적혀 있듯이 '영하지수迎夏之首는 전춘지묘餞春之杪'의 그 전춘이다. 산에 진달래도 거진 지는데 우리도 날 받어서 한번 전춘놀이를 갈거나?"

"가지유."

아무도 아직 대답을 하지 못하고 있는데 냉큼 나서는 것은 어린 좌진이었다.

"어허 그 녀석. 네가 제일 먼저 앞장을 서서 가야겠구나."

늙은 훈장은 깔깔거리고 웃었다.

"그래 가기는 가자. 그런데 언제쯤 가는 것이 좋겠느냐? 가만있자, 그럼 우리 보름날쯤 한번 저 삼불산에나 올라서 소창해 볼까. 그런데 좌진아, 그날 먹을 음식은 제각기 가지고 가야 허는데 넌 무엇을 가지고 갈련?"

좌진은 잠깐 동안 주저하는 기색이었다. 그러나 이내,

"술이요."

하고 대답하였다.

"점심 먹을 걸 가지고 가야지 술은 또 왜?"

"나는 머루든지 다래를 따 먹어요. 술은 선생님이 잡숫구."

이렇게 대답하며 좌진은 책을 치우고 벌써 자리에서 일어섰다.

"어허허허 그 녀석. 그래 머루 다래가 봄에도 있다더냐. 그건 가을이지. 그래 어서 가서 어머님께 그 말씀 여쭈어라."

광호는 또 한바탕 깔깔거리고 웃었다.

삼월 보름날이 왔다.

서당꾼들은 선생님을 앞세우고 벌써 신록이 피는 삼불산을 올라가고 있었다. 두 명의 머슴아이가 지게에 먹을 것을 그득히 짊어지고 뒤를 따랐고, 서당집 주인 김 선달은 광호의 앞을 서서 지팡이를 끌고 가며 삼불산의 산세에 대한 자기 소견을 말하였다. 삼불산이라는 그 이름이 유자儒者의 마을엔 마땅하지 않다고, 자기 생각 같아서는 그냥 마을의 이름을 따라서 갈산葛山이라고 하는 게 좋을 줄 안다고 선달 영감은 투정이었다.

"어허, 거 모르는 말씀이오. 제집 어른을 알면, 남의 집 어른도 알아야 한다고, 아무리 중이라 할지라도 쓸모 있는 도승을 셋이나 낳은 산이면 그만 이름쯤은 대접해 주어야지요."

김 선생의 의견은 이러하였다. 그들이 산을 두고 이러니저러니 하는 동안에, 소요암이라는 암자에 당도한 것은 거의 오정 때가 가까워서였다.

일행은 먼저 주지 화상의 안내로 법당과 칠성각을 구경하고 나서, 절 뒤 넓은 바위에 자리를 잡아 앉았다.

삼불산의 여러 봉우리 가운데서도 가장 높은 이 봉우리 위에서는 서해 바다가 머언 꿈같이 내려다보였다.

점심을 마친 뒤 광호는 학동들을 모두 두 패로 나누어, 사서四書 이상을 배우는 상급의 학동들에게는 전춘시餞春詩의 운자韻子를 내어 주어 각기 글을 한 수씩 지어 오라 하고, 나머지 몽학짜리의 하급 학동에게는 너무 멀리 가지 말고 근처로 돌아다니며 놀다 오라 하였다.

그래 좌진은 아까부터 재미가 있어서 기어이 한 번 더 보고 싶어 기회만 기다리던 칠성각의 오백 나한들을 보려고 갑룡이, 영철이 들을 데리고 슬그머니 법당 뒤 칠성각으로 올라가서, 파랗게 칠한 쌍창문을 와락 열어젖혔다.

노오란 금빛의 몸뚱아리로 점잖게 앉아 있는 부처님 옆에, 머리를 박박 깎은 쪼그만 놈들이 나란히 앉아서 상을 찡그리기도 하고 히죽히죽 웃기도 하고, 옆엣놈을 손가락질하며 너털웃음을 웃기도 하고, 까닭 모르게 성을 내기도 하고—못나게도 온갖 방정을 떨고 있는 꼴은, 어린 좌진에게는 신기할 뿐만 아니라 참으로 우습고 재미있어서 견딜 수가 없었다.

"갑룡아, 저 자식이 제일 재미있지? 저기 손가락질하며 히죽거리고 있는 자식이?"

하고 좌진은 나란히 서서 왕방울 같은 눈을 똥그랗게 뜨고 있는 갑룡이의 등을 툭 쳤다.

"우리 저걸 좀 갖다가 볼까?"

"아이, 중이 알면 어떡허니?"

"알긴 뭘 알어? 되로 갖다 놓으면 그만이지."

하며 좌진은 방 안으로 엉금엉금 들어가서 너털거리는 나한 한 분을 성큼 두루마기 밑에 숨겨 가지고 절 옆 으슥한 곳으로 달아났다.

"이게 뭘로 만들었을까?"

절 왼편 우물가에 갑룡이와 영철이 들이 다 모이자, 좌진이는 이렇게 중얼거리며 나한님의 따귀를 마구 갈겼다.

"이 자식아 이 자식아. 히죽거리긴, 이 자식아! 그만 웃으라니까 이 자식아, 이 못난 자식아!"

그러자, 그 서슬에 횟가루로 만든 나한님은 별로 힘들일 것도 없이 두 조각으로 딱 깨어져 버렸다. 깨어진 나한의 속은 물론 텡 비어 있었다.

"어어이 속 없는 자식 좀 봐. 그러니까 네가 고 모양이지, 이 자식!"

하고 좌진은 깨어진 나한의 뺨을 또 한 번 갈겼다. 나한의 얼굴은 딱 소리와 함께 또 한 번 두 조각이 났다.

영철이와 갑룡이 들은 부들부들 떨고 있었다.

"어어 너 인제 큰일 났다. 좌진이 너 중한테 혼날걸!"

그들은 이렇게 중얼거리며 좌진이를 여기 혼자 남겨 두고, 앞을 다투어 달아났다.

좌진이는 가만히 망설이다가, 깨어진 나한 조각을 슬그머니 옆의 우물 속에 집어넣어 버렸다. 그러나 그의 마음인들 심란스럽지 않은 건 아니었다.

'그렇게 쉽게 깨어지는 자식이 히죽이기는 왜 히죽여?'

어쩔까 싶어 망설이고 있는데, 마침 우물 옆 영산홍 꽃나무에 한 마리의 호랑나비와 커어다란 왕벌이 엉켜 있는 것이 보였다.

좌진은 그 나비를 붙잡을 생각이 나서 발소리를 죽이고 가만히 기어가며

"먼 데 가면 죽는다."

하고 마치 잠자리를 달래듯 나비를 달랬다. 그러나 마악 손이 나비 등에 가까워졌을 때 나비는 휙 하고 날아가 버리고, 어쩌다가 그 옆에 앉아 있는 벌을 건드렸던지, 왕벌이란 놈은 노하여 윙 하고 달아났다간 다시 내려와서 좌진이의 이마빡을 사정없이 쏘았다.

"아유 아퍼! 이놈의 벌이!"

좌진이는 소리치며 손으로 제 이마를 아프게 때렸다. 그러나 벌은 휭 하고 다시 솟아올라 쏜살같이 어디론지 날아가는 것이었다.

좌진은 날아가는 벌의 뒤를 따라서 아픈 것도 잊고 쫓아갔다.

쫓아가 보니 벌은 절 오른쪽 낭떠러지 아래까지 날아와서 흙으로

만든 벌통 속으로 들어가는 것이었다. 좌진은 비로소 이마가 몹시 아픈 생각이 나서 손으로 만져 보니, 밤알만 하게 그 자리가 부르터 있었다.

"이놈의 벌 어디 보자, 삼족을 멸할 테니까!"

이렇게 언젠가 송노암 선생에게서 배운 말로 크게 외치는 어린 좌진의 눈은 정말로 조그만 불호랑이 새끼와 같이 불이 붙어 있었다.

좌진은 더 생각할 겨를도 없이 이를 악물고 쫓아가서 수천 마리의 벌 떼가 들어 있는 벌통을 머리로 떠받아 깨뜨리고는, 아직도 날아가지 못하고 거기 다붙어 있는 벌들을 어린 놈 큰 놈 할 것 없이 모조리 머릿박으로 문질러 죽였다. 그러자니 자연, 머릿박인들 성할 리가 없었다. 온 낯바닥과 머릿박은 벌들에게 쏘인 자리로 팅팅 부어올랐다. 그러나 그러면 그럴수록 그의 분은 점점 더하여

"이놈의 벌들! 이놈의 벌들!"

하고 쉬지 않고 머리를 벌통에 문지르고 있는 것이었다.

아닌 게 아니라 복수는 충분히 성공하여서, 얼마 후엔 깨어진 벌통 속엔 수백 마리의 벌의 시체뿐이었고, 좌진이의 숱 많은 머리털 위엔 깨어지고 뭉개진 벌들의 송장으로 그득하였다.

그러나 드디어 그는 기진맥진하여

"이 못생긴 놈의 벌들!"

소리를 마지막으로 치고는 한숨을 후우 쉬고 그 자리에 그만 폭삭 쓰러져 버렸다.

서해 바다가 내려다보이는 넙적바위 위에선 벌써 전춘시의 장원

자가 뽑히고, 좌진이의 집 술로 하여 흥건히 취한 광호 선생은 그 숨은 재주인 시조를 한바탕 부르고 이런 이야기 저런 이야기 하다가 내려갈 차비들을 하는데, 상급 하급의 학동들은 다 모였어도, 웬일인지 좌진이는 아직도 나타나지 않았다.

"곧 오겠지" 하고 처음엔 얼마 동안 기다렸으나, 해가 벌써 술참이 가까워 와도 그가 나타나지 않자, 선생과 학동들은 비로소 걱정하기 시작했다. 그러자 이때 지금까지 벌이 무서워서, 말도 없이 있던 갑룡이가

"좌진인 아까 칠성각에 있다가 우물 옆으로 갔에유."

하고 비로소 바른말을 하였다.

그래 선생은, 마침 전송차 이 자리에 와 있던 주지 화상을 앞세우고 우물 옆으로 가 봤으나 거기 좌진이 있을 리 없었고, 중이 칠성각 문을 열어 보니 여기저기 엎어져 있는 나한들 새에 한 분의 나한님이 앉아 있던 자리가 비어 있는 것만이 눈에 띌 뿐이었다.

"앗, 나한님이 한 분?"

하고 중은 저으기 놀라며 옆에 섰는 광호 선생을 바라보았다.

"나한님이 한 분 없어졌나요?"

광호는 도리어 반문하며, 하여간 좌진이를 찾은 뒤에 알아보자고 하였다.

그들은 얼마 뒤에, 낭떠러지 아래 벌통 옆에 쓰러져 있는 어린 좌진이를 발견은 하였다. 그러나 그들은 아연실색하지 않을 수 없었다.

저 팅팅 부어오른 얼굴은 웬일이며, 저 깨어진 벌통은 웬일이며,

이 기절은 어쩐 일인가.

광호는 아직도 나한님 생각 때문에 정신이 없는 주지 화상을 거기 놓아두고, 어린 제자 앞으로 가서 부어오른 이마와 팔목의 맥을 짚어 보았다. 체온과 맥은 여전하였다. 입에다 귀를 대고 들어 보니 숨소리도 아주 없어진 건 아니었다. 선생은 중을 시켜 냉수를 가져오라 하여 얼굴과 머리에 뿌려 보았다.

그러고는 사지를 주무르고 만지고 하니 좌진이는 드디어 부어오른 눈뚜껑 속에서 눈을 실낱같이 뜨고, 뿌시시 기지개를 켜며 일어섰다. 일어서더니 두리번두리번하고 선생과 울상이 된 중의 모양을 살펴보았다.

"좌진이 너 어쩐 일이냐?"

광호는 소생한 제자의, 벌들로 덮인 머리털을 쓰다듬어 주며 물었다.

"이렇게 모두 벌 떼를 묻혀 가지고?……"

"……"

그러나 그는 아무 대답도 없었다.

"칠성각의 나한님은 네가 어쨌느냐?"

이번에는 주지 화상이 물었다.

좌진이는 비로소 빙긋 웃었다.

"그 나한님, 얼마면 만들우?"

"만드는 건 다음 일이고, 어쨌느냐 말야?"

중은 아까움이 지나쳐서 인제는 화가 나는 모양이다.

"남을 보고 손가락질을 하며, 히죽거리는 것이 보기 싫어서 부숴 버렸지.”

그러나 좌진이는 태연할 따름이다.

“벌통값이랑 모두 드릴게, 내일 우리 집으로 오슈! 어디서 사람을 함부로 쏘는 놈의 벌을 갖다 놓았으니깐 내가 죄 죽여 버렸지 뭘.”

이렇게 말하는 어린 좌진이의 모양을 보며 이 말을 듣고 있자니, 중은 인제는 나한에 대한 무서움도, 그것을 잃은 노여움도 다 잊어 버리고 이 기이한 소년에 대한 까닭 모를 무서움만이 솟구쳐 오름을 어쩌는 수도 없었다.

“아가, 올에 너 몇 살이냐?”

중은 아까와는 다른 어조로 물었다.

“나를 나삐 알지 말고 어서 선생님 모시고 가거라. 그러고 뒷날 네가 잘되거든 그때, 나한님을 한 분 만들어 다오. 나무아미타불……”

“……”

그러나 좌진이는 이 말에는 아무 대답도 않고, 선생님 앞으로 와서 그의 손을 끌었다.

“그래…… 벌을 전부 머리로 뭉개 죽였느냐?”

좌진의 뒤를 따라가며 훈장이 물으니, 제자는 그 띵띵 부어오른 얼굴을 돌려 또 한 번 빙그레 소리 없이 웃을 뿐이었다. 선생은, 앞에 가는 어린 제자의 숱 짙은 머리털 위에 아직도 묻어 있는 벌의 시체들을 바라보는 동안 웬일인지 더워 오는 눈시울을 어쩔 수가 없었다.

“아가, 내 좀 업고 가련?”

늙은 광호는 자기도 모르는 사이에 이런 말을 입 밖에 내었다.

그러나 이 불호랑이 새끼가 남에게 업힐 리가 없었다. 그는 마을에 이르기까지 뚜벅뚜벅 맨 앞에서 걷고 있었다.

좌진은 집에 돌아간 후, 열흘을 꼬빡 자리에 누워서 끙끙 앓았다.

제5장

좌진이의 어린 생명이 이렇게 싱싱하게 자라나고 있는 한편, 조선은 그러나 벌써 여러 차례 그 쓰라린 파란과 곡절을 되풀이해 온 것이었다.

아아, 약소하고 어리석은 조선. 이 조선을 몇 겹으로 몇 겹으로 둘러싸고 있는 청국, 러시아, 일본, 기타 열강국의 마수. 고종 22년 을유 3월에 청국과 일본은 천진에서 조약을 맺고, 두 나라가 다 군대를 조선에서 철퇴시킬 것과, 만일에 조선 때문에 용병하게 될 때에는 서로 상의해서 할 것을 약속했었다. 그러나 한말韓末 관리의 타락을 혁명할 양으로 갑오년에 이 땅에 동학東學의 난리가 일어나자, 청국은 일본 몰래 군대를 보내 진압하였던 것이다. 이리하여 이걸 트집으로 청일전쟁은 일어났다.

그러나 2년 전쟁에서 청국은 무참히도 패전하여 요동반도와 대만의 옥토를 일본에 진상하였다. 허나 이때에 러시아와 독일과 프랑스의 삼국 간섭이라는 것이 있어, 이미 20여 년의 개화로 그들의 실력을 잘 알고 있는 일본은, 그들의 간섭대로 다아 입에 들어간 요동반도를 도로 게워 내놓았다.

이때가 바로 을미년. 싸움에 진 청국은 말할 것도 없으려니와, 제법 센 줄 알았던 일본이 싸움에는 이기고도 삼국의 간섭쯤을 어쩌지 못함을 보자, 조정에서는 민씨 일파가 일본 세력을 물리치고 다시 러시아의 세력을 끌어들이려 하던 때였다. 그러나 일본은 아직도 조선을 주무를 만한 전승국의 야만심은 있어서, 저 미우라 고로란 자가 주동 세력이 된 을미년 8월의 괴변은 참혹하게도 고종 황후 민비를 죽이고, 개화를 한답시고 단발령을 내리었다.

너무나 무력한 정부에 반대하여 풋설은 일본 놈의 하는 짓에 반대하여, 지방 각지에서는 의병이 일어났다. 그러자 무력한 정부는, 다시 일본 놈의 병대와 함께 이들을 함부로 진압하고 쏘아 죽였다. 허나, 삼국 간섭과 러시아의 세력을 어쩌지 못해 일본 군대가 한바탕 지랄을 떨고 물러가니, 그다음은 러시아의 천지였다. 내각은 순식간에 친러 세력 중심으로 이루어지고, 군대를 이럭저럭하는 일 심지어 정부의 돈 쓰는 일까지 러시아가 전부 참견하게 되었다.

고종은 러시아의 공사관에서 셋방살이를 하고, 내렸던 단발령은 다시 취소되고, 그러나 인제는 그 본래의 사명을 잊어버린 의병의 찌끄러기들은 여전히 산골로 돌아다니면서 도적질로 일을 삼고—

하던 때였다.

우리의 어린 좌진이가 삼불산의 벌 떼에게 쏘인 것은 바로 이러한 때—민비가 죽은 이듬해였다.

훈장 김광호는 영대가 밝은 사람이라, 가끔 이러한 시세의 변천을 학동들에게 이야기해 주고는, 사태를 똑바로 보는 눈을 그들이 갖도록 하였다. 선생이 이렇게 전변하는 나라 이야기를 하며 한탄할 때는, 좌진은 눈을 샛별같이 번쩍이며 그 이야기들을 하나도 빼지 않고 가슴속에 간직하였다.

아마 그해—병신년, 건양建陽 원년 동짓달 그믐께였을 것이다. 여러 해 동안 서울에 가서 있던 갈뫼 청년 김석범이 머리를 깎고 돌아와서 이 서당으로 김광호 선생을 찾은 것은.

그날 저녁때, 마침 서당에서는 뜻밖에도 갑룡이와 영철이와 좌진이 들의 애동이 패가 새를 잡아와서 주인집에서 그걸로 탕을 만들어, 훈장 김광호는 주인 선달 영감과 갑룡이 아버지와 함께, 제자들을 앞에 두고 한바탕 술자리를 벌이고 있던 판이었다. 사실인즉 갑룡이가 어저께 바로 『명심보감』 한 권을 다 마쳤으므로 오늘은 그 책거리 턱을 해야 할 날이어서, 갑룡이네 집에서는 진작부터 약주를 빚어 넣었던 것인데, 뜻밖에도 안주는 갑룡이네 부모를 괴롭힐 것 없이 좌진이 일파가 진짜를 장만해 온 것이다.

그날도 좌진이는 아침 밥숟갈을 떼기가 바쁘게 집을 나섰는데 웬일인지 서당엔 저녁때까지 보이지 않았다. 뿐만 아니라 그와는 단짝인 갑룡이, 영철이, 복돌이, 막동이까지 보이지 않는 것이다.

그러나 이런 일에는 벌써 여러 차례 길이 든 선생은 별로 걱정도 하지 않았다. '아마 또 좌진이 녀석이 모두 데불고 병풍바위나 어데 가서 진치기놀음을 하고 있겠지……' 하도 많이 당하던 일이요, 타일러야 듣지도 않는 그들이므로, 선생은 이렇게쯤 생각하고 안심하고 있는 수밖엔 없었다. 뿐만 아니라 사실인즉 이 어린이들을 충분히 아는 선생은, 어린이란 방구석에 박혀서 책만 읽을 게 아닌 것을 늘 주장하였고, 자기가 솔선하여 아이들을 밖으로 몰아내기까지도 하는 터였다.

그러나 그들이 저녁 술참이 훨씬 지나서 수십 마리나 되는 죽은 참새들을 두루마기 자락에 끼고 와서 그의 앞에 펼쳐 놓았을 때, 선생 김광호는 어안이 벙벙하였다.

"그래 이 새들을 어떻게 잡었느냐?"

선생은 좌진이에게 물었다.

"치를 놓아서 잡었에유."

좌진이는 아무 설명도 없이 대답하였으나, 사실은 치를 놓아서 잡은 것만도 아니었다.

갑룡이네 집은 마을에서도 살림이 몹시 가난하였다. 그래 갑룡이의 책거리는 벌써 세 번째이나 그 집에선 한 번도 그 턱을 해 보지 못했었다. 그러나 이번만은 어떻게 해서라도 기어코 한번 해 보려고, 술만은 어려운 식량을 줄여 간신히 얼마 전에 빚어 놓은 터였으나 한 마리의 닭도 기르지 않는 그 집에, 안주 걱정은 또한 적은 것이 아니었다. 그래서 이것이 어저께부터 갑룡이의 걱정이기도 하였던 것이다.

좌진이는 갑룡이의 걱정을 들었다. 처음 좌진이는 자기 집 닭이라도 한 마리 밤중에 몰래 잡아다 줄까 하였으나, 그렇잖아도 나날이 더해 가는 집안 어른들의 꾸중엔 진절머리가 났다. 그래 까물까물하고 눈을 깜박이고 있다가

"가만있자,"

하고 드디어 입을 연 것이다.

"우리, 그러지 말고 새를 잡자!"

"어떻게?"

갑룡이는 물었다.

"활로 잡지. 내 활로…… 저번에도 석류나무에 앉은 놈을 한 마리 쏘아뜨려서 구워 먹었드니 맛이 참 구수허든데. 그래, 내일 내 활 가지고 돌이네 집으로 갈 테니깐, 영철이랑 막동이랑 모두 데불고 가서 거기서 기둘려! 알었지?"

좌진이는 마침내 명령을 하였다.

하여 이날 일당 다섯 명은 병풍바위 아래 산지기 돌이네 집에 모였다. 아닌 게 아니라 산 밑이어서, 집 주위에 나무가 많은 이 집엔 온갖 새 떼가 모여들어 지절댔다.

먼저 좌진은 아이들을 이끌고 집을 싸고 돌면서 나무마다 활줄을 당기어 보았다. 그러나 새들은 애들의 수선 때문에 활촉이 나가기도 전에 날아나고 날아나고 하였다. 그래 마지막 세 개의 화살이 남자, 좌진은 아이들을 뒤로 물리치고 혼자서 장독대 뒤에 숨어, 울타리

옆에 제일 큰 포플라나무의 까치를 향해 화살을 당기어 봤다.

그러자 까치는 어디를 맞은 것인지, 날개를 추켜들고 하늘 위로 곤두서더니 팔랑개비처럼 뱅뱅 돌다가 울타리 옆 땅에 떨어져 퍼덕거리며 숨을 곳을 찾았다.

"까치를 잡었다! 까치를!"

숨었던 아이들은 앞으로 몰려나오며 큰 소리로 떠들었다.

아이들의 떠드는 소리에, 나중엔 돌이 어머니까지가 절고 있던 멍석을 집어치우고 밖으로 나와 애들의 편을 들었다.

돌이 어머니가 밖으로 나와 보니, 좌진은 화살을 맞아 떨어진 까치를 주워 들고 입으로 똥구멍을 불고 있고, 애들은 턱을 치켜들고 그 꼴을 재미나게 우러러보고 있는 판이었다.

"아이고 어디 눈먼 까치가 다 있든가베."

돌이 어미는 이렇게 말하며, 누우런 이빨을 온통 내놓고 웃었다.

그러나 좌진은 눈도 거들떠보지 않고

"무어? 눈먼 새? 흥 그따위 소리 말고 이 새만큼만 눈이 밝으라지."

하며 여전히 죽은 까치의 똥구멍만 불고 있는 것이다.

"그렇지만 어디 그렇게 잡아서야 내일까지 잡는대도 몇 마리나 잡겠는고? 그러지 말고 돌이한테 새치를 놓으라고 해요. 그럼 해 지기 전에 한 뭇은 잡을 테니!"

맘 좋은 돌이 어미는 드디어 이렇게 말하며 돌이를 불러 새치를 갖다 놓으라 하고, 자기는 방에 들어가 좁쌀을 한 옴큼 쥐고 나와 치

밑에 골고루 뿌리기까지 하였다. 그리하여 그들은 돌이 어머니가 시키는 대로 하여, 얼마 아니 되는 동안에 스물두 마리의 참새를 잡았던 것이다.

처음 그들은, 새를 갑룡이네 집으로 가져가기로 하였다. 그러나 마을로 내려오는 길에 마음을 고쳤다. 역시 서당으로 먼저 가지고 가서 선생과 학동들에게 그들의 사냥을 자랑하고 싶었던 것이다. 선생 김광호는 그만큼 그들에겐 다정한 친구였다.

돌아온 어린 제자들과 참새를 또 한 번 번갈아 보며 김광호 선생은 비로소 빙그레 웃었다.

"새를 잡는 건 좋지만, 어디 갈 때는 먼저 나한테 그 말을 해야지. 그래, 그래, 어, 거 참 많이들 잡었구나. 그런데 좌진이 넌 활을 잘 쏜다면서 그래 겨우 치로써 새를 잡었느냐?"

선생은 말하며 좌진이의 눈치를 슬그머니 살폈다. 그러나 그는 자신만만히 대답하는 것이었다.

"대활촉이라 맞어도 잘 떨어지지 않어유."

어린 제자들이 다시 참새를 옷자락에 꾸리고 갑룡이네 집으로 가져가려는 것을 선생은 말려, 주인집에 주어 끓이게 하고 있을 때, 갑룡이 아버지가 커다란 술병과 약간의 안주 그릇을 받쳐 들고 왔다.

이리하여 드디어 그들은 주인 영감과 같이 술잔을 기울이고 있는데, 때마침 서울서 온 청년 김석범이 놀러 온 것이었다.

석범은, 광호에게는 외척의 생질로서, 그의 아버지 연수는 이 마을에서 약국을 경영하고 있는 터로, 아들에게도 그 업을 계승하게 하려 하였으나, 젊은 석범은 그것이 만족지 않아, 4년 전에 표연히 집을 떠나, 별 하는 일도 없이 서울의 시정市井을 방황하다가 머리를 깎고 돌아왔음은 앞에서도 말한 바와 같다.

석범이, 왼쪽으로부터 가리마를 타 곱게 갈라붙인 하이칼라 머리에, 짙은 윗수염을 남긴 번지르르한 얼굴을 하고 서당 방에 들어서자, 광호 선생 이하 온 방 안 사람들의 눈은, 자기들과는 너무나 다른 이 기이한 손님을 향해 쏘아보았다. 그러나 석범은 이런 그들의 눈총은 보는 체도 않고 방 안에 들어오자 엎드리어 광호에게 인사를 하였다.

"인제 와 뵙기 황송합니다."

인사말은 극히 간단하였다.

그러나 광호는 그 너그러운 성품에도 불구하고 젊은 생질이 머리를 깎은 것까지는 냉큼 이해할 수 없는 모양이다. 그는 석범이 자리를 잡아 앉기가 바쁘게,

"그런데 네 머리는 어쨌느냐?"

하고 약간 노기까지 띤 음성으로 무엇보다 그걸 먼저 물었다.

"네. 작년 동짓달 보름날, 단발령이 내려서 좀 생각해 보다가 깎었습니다. 상감께서 아관俄館으로 옮겨 가시면서부터는 이것도 폐지되다시피 하였지만, 저는 머리 깎은 일을 뉘우치진 않습니다."

청년 석범은 또박또박 대답하는 것이었다.

"흠! 남이 않는 짓을 구태여 왜 너만 혼자! 양친과 선조 신령들 앞에는 무슨 낯으로 대할려고?"

"삼촌!"

그러나 석범은 태연한 음성이다.

"오래잖어 조선 사람도 다 머리를 깎게 될 것입니다. 우리 맘대로 이걸 시행하지 못하고 왜놈들의 참견으로 깎다가 말았다는 것이 좀 창피할 뿐이지요."

"모르겠다…… 그래 네 아버지께선 아무 말씀도 안 하시든?"

"……"

석범은 그러나 그 말에는 아무 대답도 없이 고개를 숙이고 있다가 문득,

"저는 쉬이 또 서울로 가겠습니다."

할 뿐이었다.

광호는 여기 대해서는 더 묻지 않고,

"그래 요즘 서울은 어떻드냐?"

고 화제를 돌렸다. 석범이 어려서부터 남다른 재능과 세찬 정신력을 가지고 있었던 것을 잘 알고 있는 광호는 그가 용감히 머리를 깎도록까지에는 또한 그만한 근거가 있었을 것임을 이해한 까닭이다. 이것은 광호 자기에게는 아직도 당치 않은 일이나 생질에게는 어쩌면 또 당연 이상의 당연한 일인지도 모르는 까닭이다.

"서울에서는…… 뭐 별일은 없지만,"

석범은 천천히 입을 열었다.

"올가을에 서재필 씨가 미국에서 돌아오셔서 새로 독립협회를 만들었습니다. 간단히 말하면 일본에도, 아라사에도, 청국에도, 어느

나라에도 기대지 말고, 내 힘으로 내 나라의 독립과 개화를 해 보자는 것이 그분들의 생각 같드군요."

"생각이야 좋은 생각일시 분명하지만, 어디 그게 쉽다드냐?"

"쉽지 않으니 해야지요……"

방 안은 한참 동안 조용하였다.

"왜놈들이 눈독을 올리고 있다가 조끔 샐쭉해지니, 인제는 또 아라사가 느물거리고 있습니다. 원체가 꽁꽁 어는 치운 나라 놈들이라, 겨울에 쓸 해군 기지를 얻을 양으로 별별 수단을 다아 쓰고 있지만, 독립협회가 있는 날까지는 그대로 내버려 두진 않을 겁니다."

"자네도 그럼 독립협회에 가입해 있나?"

주인 김 선달이 이렇게 물었으나, 석범은 이 말엔 아무 대답도 하지 않고 말을 이었다.

"얼마 전에 독립협회원의 연설하는 것을 처음 들었지만, 정말로 살어 있는 건 그 사람들뿐입니다. 연설하던 사람은 이승만이라는, 아직 새파란 젊은 청년이었는데 '여러분 정신 차립시다. 넋 없이 앉아 있다간 우리는 반드시 집어삼키우고 말 것입니다. 우리는 나라를 지키기 위하여선 너 나 할 것 없이 목숨을 바쳐야 합니다!' 소리껏 부르짖고는 분에 복받쳐서 저도 흑흑 느껴 울고 있었습니다……"

방 안은 또다시 한참 동안 조용하였다.

"서재필이라니 갑신년에 고균과 같이 개화 정변을 일으켰다가 해외로 도망한 사람 말이지?"

김 선달이 또 물었다.

"그렇습니다."

석범은 대답하였다.

"들으면, 상감께서도 요즘은 눈물로만 세월을 보내신다 합니다. 일본 놈의 참견으로 왕후를 죽이고, 내 궁전을 버젓이 두고도 당신은 인제 남의 공사관에 가서 셋방살이를 하시면서요!"

"자네 말 좀 삼가서 하게!"

김 선달은 이렇게 석범을 타일렀다. 그러나 석범은 그 말엔 대답도 하지 않고, 자리를 일어섰다가 다시 엎드려 삼촌 광호와 김 선달에게 다시 인사를 말하고는, 서당 방을 나갔다.

선달네 집을 나와 1마정쯤 가서, 돌다리를 건너는 곳까지 좌진이는 웬일인지 석범을 전송하였다. 전송이 아니라 그냥 따라간 것이다.

"네가 누구냐? 가만있자…… 너, 김 참봉 집 애기 아니냐?"

석범은 뒤를 돌아보며 물었다.

"응…… 나 좌진이야."

좌진이는 빙그레 웃으며 대답하였다.

석범도 가볍게 웃었다.

"치운데 왜 따라오니? 어서 서당으로 들어가거라……"

"안 추워. 그런데 서울 언제 가시우?"

"곧 가야지. 근데 그건 왜 묻니? 어서 들어가거라."

석범은 또 한 번 이렇게 어린 친구에게 권고하고는 돌다리를 건너서 갔다. 좌진이는 그의 모양이 언덕에 가리울 때까지 그대로 서서 석범을 전송하였다. 그러나 그들이 뒷날 조국의 독립 개화를 위한 좋은 동지가 될 것임을 지금은 아는 재주가 없었다.

그로부터 며칠이 지난 후—

광호 선생이 일이 있어 잠깐 집에 간 며칠 동안을, 좌진이는 날마다 수십 명의 또래들을 데리고 병풍바위로 어디로 돌아다니며, 진치기와 접전놀이를 하고 지냈다.

겨울 날씨론 유달리 따뜻한 어느 날이었다.

30여 명의 소년들은 제각기 석류나무 활과 대창과 작대기 총 들을 나눠서 가지고, 두 패로 갈라져 한 패는 한 10여 명이 병풍바위를 에워싸고 그 밑에 한 줄로 늘어서서 진을 치고 있고, 다른 한 패—20여 명이 넘는 소년들은 다시 세 패로 나뉘어서 병풍바위를 상대로 각기 골짜기와 언덕과 평지에 진을 치고 있다가, 북소리(이 북은 복돌이네 집 사랑에 걸려 있는 마을의 굿물로서, 그것 때문에 소년들은 늘 경을 쳐야 하는 것이나)—이 소리를 신호로, 한 패씩이 병풍바위를 향해 무기를 휘두르면서 몰려가기도 하고, 세 패가 전부 합세하여 습격하기도 하였다. 세 패는 각기 '일본', '아라사', '청국'이라 쓴 조그만 헝겊 조각의 기치를 자기네 진지에 꽂고 있었으니, 골짜기에 나풀거리는 빨건 것이 일본, 언덕 위에 팔랑거리는 파아란 헝겊 조각이 아라사, 평지에 보이는 누런 기폭이 청국이었다. 일본과 청국은 용하게도 한문 글씨로 쓰여져 있었으나, '아라사'라 쓴 것은 국문이었다. 그러고 병풍바위 위에는 '대한국大韓國'이라는 비교적 넓은 기폭이 꽂혀 있고, 바위 아래에 대한국을 지키는 10여 명의 병정들의 맨 앞엔 다시 '억강부약抑强扶弱'이라는 한문으로 쓴 깃대를 들고 있는 소년이 있으니, 이는 물론 두말할 것도 없이 대한국의 장수 김좌진인 것이다. 그러고 일본이니 아라사니 청국이니 대한국이니 억강부약이니 하는 지식은 물론 선생 김광호와 또 한 사람—일전에 서당을 찾아왔던 김석범에게서 귀동냥한 것이다.

"우리 대한국은 말이지, 기대서는 안 된단 말이지."

혼자서만 활을 등에다 둘러메고, 대창을 짚은 김좌진 대장은 열 명의 용맹한 부하를 앞에다 두고 일장 훈시를 하는 판이다.

"우리가 사람은 적긴 적지만 말이지, 저놈들한테 져서는 안 된다! 알었지!"

"네!"

하고 소년들은 쬐그만 입을 나란히 대답하였다.

"만일에 말이지, 일본이나 아라사나 청국이 저희들끼리만 따로 오면 말야. 그까짓 건 일곱밖에 더 돼? 그렁깐 말이지, 이렇게 진을 한 일자로 벌리고 있다가 에워싸 버리면 돼! 그래도 항복 않으면 막 부시면 돼! 이것이 사문진蛇門陣이다! 알었지!"

"네!"

"그러고 말야, 만일 저놈들이 모두 함께 덤비면, 막동이허고 돌이는 우리나라 깃대를 가서 지켜! 그러고 느이들은 모다 나 시키는 대로만 하란 말야. 알었어?"

"네!"

하고 소년들은 또 한 번 대답하였다.

그러자, 일본 편의 대장이 되어 있던 복돌이가 북을 울리며 붉은

기를 휘두르고, 병풍바위의 대한국을 향해 으아! 소리와 함께 쳐들어왔다. 그러나 대한국 군사들은, 그들이 바로 앞에 당도해서 총과 창을 겨누고 있을 때까지 한 줄로 늘어서서 움씩도 않고 있다가 드디어,

"에워싸!"

하는 장수의 명령과 함께 재빠르게 그들을 휙 둘러싸 버렸다. 그들은 독 안에 든 쥐와 같이 나갈 길을 잃고 탄환 없는 작대기 총만 휘두르고 있었다. 그러나 빵 둘러싸서 대창을 길게 겨누고 있는 대한국의 병사 앞엔 어쩔 수가 없어 쩔쩔맸다.

"항복할 테냐?!"

대한국의 대장은 크게 외쳤다.

"……"

그러나 포위된 일본군에선 대답이 없다.

"항복하지 않을 테냐?"

"……"

그래도 일본군에선 대답이 없다.

"그놈들 제법이다. 너희들의 대장은 누구냐?"

"갑돌이여유!"

살구나뭇집 명범이네 아들 유길이가 대답한다.

"이 자식아 갑돌이가 뭐야? 호리모토라고 그래! 호리모토! 몇천 번 가르쳐 줘도 그래 그걸 몰라? 바보 자식아!"

대한국 대장의 이 호통은 벌써 전쟁은 아니다. 그는 어머니한테

가끔 그의 아저씨 김옥균과 갑신정변의 이야기를 듣다가, 어느 때인지 임오군란 이야기가 나서, 그때 죽었다는 일본인 군사 교감 호리모토 레이조의 이름을 잊지 않고 기억하고 있는 것이다.

이때였다. 전쟁놀음에 팔려 있는 소년들의 바로 눈앞에 수십 명의 의병의 떼가 나타난 것은—

아무런 총소리도 고함 소리도 신호도 없이, 그들은 우두머리인 듯한 몇 사람의 말 탄 사내를 앞세우고 묵묵히 갈뫼를 향해 걸어 들어오고 있는 것이었다. 커어다란 통영갓을 쓰고 도포를 입고 행전을 치고 미투리를 신은—이러한 차림새는 어깨에 멘 총대 아니면 마을 사람과 다를 것도 없었다. 그러나 가까이서 보면 그들의 눈알은 굶주린 늑대들과 같이 버얼겋게 번쩍이고 있었다. 옷이 훨씬 사치스러운 걸로 보아 두목인 듯한 풍채 좋은 마상馬上의 사나이는 검은 돌 안경을 썼다.

처음 이들을 발견한 산골의 소년들이 그들의 정체를 알 리가 없었다. 무슨 잔칫길인가 하여 소년들은, 작대기 총과 깃대를 손에 든 채 의병의 행렬을 구경하기 위하여 바로 한길가로 내려와서 늘어섰다. 그러자, 그들의 둘러멘 총이 이상하여서 소년들은 서로 돌아보며 히죽거리고 웃었다.

이때 맨 앞으로부터 네 번째에서 말을 타고 가던, 검은 풍안風眼을 쓴 풍신 좋게 생긴 자가 잠깐 말을 멈추고 소년들에게 물었다.

"너희들 가진 건 거 뭐냐?"

"총이에유!"

"칼이에유!"

소년들은 입입이 대답하였다.

"그래 그걸로 너희들은 무얼 하든 판이냐?"

"싸움을 했어유!"

"이 애는 아라사요!"

"이 애는 일본이오!"

"이 애는 청국이오!"

또 한 번 소년들은 벌 떼처럼 왕왕거렸다. 그러나 사내는 입만 픽 하고 웃었다.

"그래 너희들의 대장은 누구냐!"

그러나 뒤에 있는 대장은 좀처럼 나서지 않고, 이 신기한 손님들을 바라보며 이상한 눈망울을 굴리고 있을 뿐이었다.

"좌진이에요."

하고 소년들이 드디어 활을 메고 있는 그들의 대장을 손으로 가리켰다.

그러자 수상한 사내의 풍안은 좌진이를 향해 한참 동안 쏘아보고 있었다. 그러고는 또 한 번 픽 하고 이빨만 웃었다.

"그 녀석이 나를 아주 흘겨보는데그래. 이리 오너라. 손에 든 그 기폭 좀 보여 다오!"

이 말에 좌진이는 비로소 말 옆으로 가서 손에 든 기폭을 펼쳐 보였다.

"억강부약抑强扶弱이라? 강한 놈을 억누르고 약한 놈을 도와준단 말이지? 아하하하 이놈 봐라, 그럼 넌 세상에선 제일 센 놈이구나. 하, 그 녀석! 그래 그 글은 네가 썼니?"

"……"

그러나 좌진이는 아무 대답도 없이 여전히 그를 노려보며 손으로 기폭을 꾸겨 조끼 호주머니에 집어넣었다.

"이 녀석이 노려보긴 왜? 억강부약은 나도 찬성이니 노려보지 마라, 응? 아하하하 그 녀석들……"

하며 검정 풍안은 드디어 앞을 바라보고, 서 있는 말 머리를 고삐로 가벼이 때렸다. 소년들도 그들의 꽁무니를 따라서 마을로 들어갔다.

의병들은 마을에 들어서자 객줏집을 물어, 선봉이네 집 마당으로 마악 들어가려고 하는 때였다. 이때 마침 공교롭게도 어디 갔다 오던 김석범이 담 옆을 지나가다 그들과 딱 마주치고 말았다.

단발령과 민비의 참변에 반대하고 일어났다가 마침내는 동지의 군량 때문에 약탈까지도 행해야만 하는 그들—단발령과 민비 소살의 정말의 이유는 애써 알려고도 하지 않는 무식한 그들이, 김석범의 머리 깎은 까닭을 알 리가 만무하였다.

석범의 하이칼라 머리를 발견한 검정 풍안은 생각해 볼 여지도 없다는 듯이, 뒤에 따르는 패들을 돌아보고 호령하였다.

"저기 가는 저 머리 깎은 놈을 잡어라!"

명령이 떨어지자 순식간에 놈들은 석범을 에워싸고 총을 내려 겨눴다.

누구보다도 놀란 것은 소년들이었고, 그중에도 어린 좌진이었다.

"형님!"

소리와 함께 좌진이는 에워싸고 있는 의병들을 헤치고 석범의 앞에 달려가서 막아섰다.

"이 양반은 독립협회요! 당신들보단 더 나랏일을 많이 해요!"

좌진의 이 말을 알아들었는지, 그 흉한 검정 풍안은 선봉이네 집에 들어서려던 말 머리를 돌려 이 자리로 오더니 좌진이와 석범을 번갈아 보며,

"이 하이칼라가 정말로 너이 형님이냐?"

하고 날카롭게 좌진이를 향해 물었다. 좌진이는 머리만 끄덕끄덕해 보였다.

그러자 사내는 또 한 번 픽 하고 입만 웃었다. 그러더니,

"독립협횐지 뭔지 모르지만, 네 아우로 봐서 놓아주니 어서 가거라!"

하고, 둘러싸고 있는 놈들에게 손짓을 한 다음 좌진이의 옆으로 와서,

"억강부약이야? 이 녀석아!"

하고 또 한 번 크게 소리쳐 웃었다.

"아하하하하하핫! 너도 크거던 인제 의병이나 되어라, 이 녀석아……"

제2편

청년

제1장

여기에서 나는 잠깐 동안 주저하지 않을 수 없다. 청년이라 하면, 요즘 사람들은 적어도 스무 살은 넘은 나이를 말하는 것이 보통이요, 또 사실 그만큼 한 나이는 돼야만 청년으로서의 온갖 구실을 다 할 수 있는 것이다. 그러므로 이런 전기 같은 걸 쓰는 사람이, 어떤 이의 청년 시절의 이야기를 쓸 때에도 경우는 마찬가지로, 적어도 스무 살은 넘었을 때의 행실을 기록해야지 열대여섯 살 적 이야기를 가지고 청년 시절로 잡는다면, 옛날 사람들은 곧이들을는지 모르지만, 요새 사람들은 흔히 정말로 여기지 않는 것이 상식이다.

그러나 김좌진 장군은 우리들의 상식으로서는 좀처럼 이해하기가 어려울 만큼 일찍부터 청년 이상의 구실을 하였고, 또 그것들은 당시의 여러 목격자의 기억이 일치하는 것으로 보아, 엄연한 사실이다.

그러므로 나는 어떤 독자들에게는 좀 상식 이상이 될는지도 모르는 그의 청년 시절을 소재 그대로 여기 기록하면 그만이라고 생각한다. 그의 뚜렷한 활동 연대를 내 맘대로는 줄일 수도 늘일 수도 없는 지라, 사실을 사실대로 취급하는 수밖에 나에게는 별다른 도리가 없는 까닭이다.

맨 처음 나는 그의 열세 살 적부터를 청년으로 잡을까 생각도 하여 보았다. 그는 분명히 열세 살 되던 해에 자기보다는 두 살 손위인 오씨 부인을 맞이하여 결혼을 하였고, 결혼을 한 사내라면 또 요새 상식으로서는 물론 청년 이상이다. 그러나 좀 더 생각해 보면, 불과 몇십 년이라고는 할망정 요새와 그때와는 현저한 시대적 차이가 있다. 그때에는 열 살이나 열두 살짜리 소년도 장가쯤은 보통으로 갔던 것이다. 그러니까 나는 그의 결혼을 바로 그의 청년으로 삼지 않아도 괜찮다.

그러나 아무래도 나는 열여섯 살부터를 그의 청년 시대로 잡지 않을 수 없다. 실로 열여섯 살에 그는 벌써 수십 명의 식솔을 거느린 김참봉 집의 대주였고, 노비 해방과 같은 어려운 일을 손수 행하였을 뿐만 아니라, 이듬해 을사년에는 또 벌써 사립 호명학교湖明學校의 설립자요 학감이 되기까지도 하였던 것이다. 그만큼 그는 일찍 숙성하였다면 숙성하였고, 장대하다면 또 장대하였던 것이다.

그러므로 의병의 총부리 밑에서 개화 청년 김석범의 목숨을 구한 때로부터 8년이 지난 후, 인제 옥색 도포를 입은 한 집안의 주인으로 자기 집 바깥사랑 아랫목에 두 발을 개고 앉아 오기吳起의 병서兵書를 읽고 있는 것은, 벌써 기골이 장대한 한 사람의 청년 김좌진이다.

그는 적지 아니 열중한 듯이, 펼친 책장 위에 눈을 떨어뜨리고 앉아서 서당에서처럼 몸을 흔들흔들하고 있다. 그럴 때마다 망건 위의 관자와 상투 끝의 은동곳이 번쩍번쩍 빛난다.

온 방 안엔 친척과 마을 사람들이 모여서 끼리끼리 도란거리고 있고, 좌진의 바로 옆에, 역시 좌진처럼 『오자吳子』 한 권을 손에 들고 앉아서 책장을 뒤적뒤적하고 있는 것은 인제는 삼십이 다 된 하이칼라 한 김석범이다. 석범은 어느새인지 아랫수염마저 까맣게 길렀다. 말이 났으니 말이거니와, 석범은 그때 의병들에게서 놓이자 며칠 후에 다시 서울로 올라가서 배재학당에 입학하여 업을 마치고 3년 전에 이 마을로 돌아온 터로, 이미 작고한 선친의 뒤를 이어 인제는 할 수 없이 마을의 약국을 경영하고 있는 터였다.

"문후왈文候曰 과인은 불호군려지사不好軍旅之事라…… 어떤가, 좌진이? 꼭 우리나라 사람들의 허는 말 같지?"

석범은 이렇게 좌진보고 물었으나, 들었는지 어쩐지 좌진은 대답이 없다.

"하일의지즉불량夏日衣之則不凉이라…… 가죽을 여름에 입으니 서늘할 리가 있나. 그래도 그 사람들은 가죽이나 입었으니 낫지, 이 나라의 벼슬아치들을 볼작시면…… 아이고……"

석범도 인제는 혼잣말처럼 중얼거리는 것이었다. 그러나 좌진은 여전히 아무 말도 없다.

"고로, 당적이부진故當敵而不進은 무체어의의無逮於義矣요, 강시이애지僵屍而哀之함은 무체어인의無逮於仁矣이니라…… 원수에게 쓰러진 송장을 보고 서러워한단 말이지? 서러워하기만 한들 무슨 소용이 있나?"

석범은 또 한 번 중얼거렸으나, 좌진은 역시 잠잠하다.

때는 가을의 오후, 석범의 중얼거림에 느꼈음인지 온 방 안 사람들마저 한참 동안 잠잠하다. 파리가 웡 하고 지나가는 소리까지가 들릴 정도다.

그러자 뜻밖에, 책에 정신이 팔려 있던 좌진이

"우차여하憂此如何!"

하고 큰 소리로 외치며 자리에서 불쑥 일어서더니, 두 활개를 치며 발로 방바닥을 툭! 하고 굴렀다. 그 모양은 실성한 사람 같기도 하고, 또 어찌 보면 포효하고 일어서는 커다란 짐승 같기도 하였다. 서슬에 그는 천장까지 솟아올랐다가 쿵! 소리와 함께 다시 방 위에 내려섰다.

방 안 사람들이 보니, 그의 얼굴은 빨갛게 상기되고, 천장 상량에 머리끝이 맞부딪치는 바람에 망건 위의 관자와 상투 끝의 은동곳은 떨어져 내려 데굴데굴 방바닥에 굴렀다.

"우차여하! 우차여하! 석범이! 이게 무슨 말인지 알겠는가? 진나라는 서쪽에서 협박하고! 초나라는 남쪽을 떼어 가고! 조나라는 북쪽을 찌르고! 제나라는 동쪽에서 먹어 들어오고!…… 어쨌으면 좋겠는가? 석범이!"

좌진이 석범을 보고 이렇게 부르짖는 것으로 보아, 그를 그처럼 감동시킨 것은 역시 보고 있던 오기의 글 때문이었던 모양이다.

석범이 대답 없이 코를 빠뜨리고 있음을 보자, 비로소 좌진은 방바닥에 구르는 동곳을 주워 상투에 다시 꽂으며 자리에 앉아서, 벌써 오슬오슬한 기운이 돌 때임에도 불구하고 오른쪽 미닫이를 두 쪽 다 환하게 열어젖혔다.

열어젖힌 미닫이 밖으로는 담장 너머 삼불산의 세 봉우리와 그 위에 육중히 푸른 하늘이 손에 잡힐 듯이 내다보였다. 방 안에서는 좌진의 숨소리만이 유난히도 더 크게 들렸다.

지난 8년 동안 국가와, 좌진의 집과, 좌진 개인에게 일어난 사건들을 우선 줄거리만 적어 보면 아래와 같다.

그 8년 동안—조선을 노리는 일본과 러시아의 두 눈알은 나날이 벌겋게 타오르고 있었다. 더구나 일본은 더욱 그러하였다.

건양建陽이란 연호가 서기가 무섭게 사라져 버린 이듬해인 광무원년光武元年, 친절하게 굴던 러시아는 드디어 그 본색을 나타내어, 전라도 목포 밑에 있는 섬 고하도를, 자기네들의 해군 근거지로 하기 위하여 돈으로 사려 하였다. 그러나 당시의 목포 감리 이상언은 줏대가 센 사람이라 이를 완강히 거절하자, 할 수 없이 인제는 또 경상도 마산을 손에 넣으려고 하였다. 허나 이 계획 역시, 그때의 유일한 국민 운동 기관인 독립협회의 맹활동 때문에 수포로 돌아가지 않을 수 없었다.

그러자 이듬해 광무 2년에는 서로 원수인 일본과 러시아가, 속은 딴판이면서도 겉으로만 소위 3차 협상이라는 것을 맺었다. 내용인즉 두 나라가 다아 인제부터는 한국에 대해서 직접의 간섭을 말자는 것이다. 그러나 그것은 말뿐이요 사실은 아니었던 것이니, 러시아는 이해 바로 청국으로부터는 요동반도를 조차지로 빌리고, 여순에 육해군의 제반 설비를 하고, 만주 철도 부설권을 차지함과 동시에, 광무 3년 3월에는 드디어 마산 남해에 있는 밤구미라는 이 나라의 섬마저 조차지를 삼고 말았던 것이다.

이러구러 이듬해 광무 4년이 되자, 청국에서는 또 청국대로 오랑캐의 무리를 물리쳐야 한다는 주장 밑에 의화단義和團의 내란이 일어났다. 그러나 여기엔 열강의 각국이 가만히 있을 리 없었다. 청국 조정이 의화단을 후원했다는 트집을 잡아 열강국의 군대들은 북경을 보기 좋게 점령해 버렸다. 그러다가 각국의 군대는 천진과 북경에 약간씩의 수비대를 남기곤 모조리 철퇴했으나, 러시아만은 그렇지 않아 동청철도東清鐵道를 지킨다는 구실로 만주에 아주 주저앉아 버렸다.

이러한 러시아의 짓거리가 누구보다도 눈에 거슬려만 보이는 것은 물론 일본이었다. 만주도 만주려니와, 거기다가 뿌리를 박고 앉아서 남쪽으로 내려와 자기네들보다 먼저 조선을 먹어 버리면 어떻게 하나?—이리하여 그 염려를 막고 여기 대비하기 위해서 이루어진 것이 세상에서 말하는 바 일영동맹이라는 것이다.

광무 6년 정월, 일본과 영국 사이에 맺어진 동맹조약 속엔 아래와 같은 내용의 사연이 들어 있다—즉 일본은 한국(조선)에서, 영국은 청국에서 정치나 상업상의 특별한 권리를 가지고 있다. 그러므로 만일 이 권리가 침해당할 때에는 필요한 조처를 할 수가 있으며, 만일에 일본이나 영국이 다른 나라와 전쟁을 하게 될 때에는 두 나라는 서로 중립을 지키자, 하는 것이다. 그러고 여기 대항하여 이해 3월에 러시아와 프랑스가 '동양에서의 이익을 서로 옹호하자'고 또 하나 동맹을 맺은 것도 어쩔 수 없는 일이었다.

광무 7년 3월에, 일본은 영국과 미국과 짜고, 만주에서 물러나지 않는 러시아 군대에 대하여 항의를 하였다. 그러나 러시아는 진작부터 청국에 대하여 그것을 약속했음에도 불구하고 속눈썹 하나 까딱거리지 않을뿐더러, 마침내 그해 4월에는 우리나라 땅인 평안도 용암포에까지 손을 벌리어 그곳에 온갖 설비를 하기 시작하였다. 그나 그뿐인가. 그들은 또 너무나 뻔뻔스럽게도 그들의 공사 파블로프를 시켜 정식으로 한국의 외부外部를 통해 조차권을 청구하기까지 하였던 것이다.

불쌍한 한국, 불쌍한 한국의 내각—내장원경 이용익은 처음, 그들의 청구를 듣자 야스락한 꾀로 그들의 힘을 빌려 일본을 물리칠 양으로, 그것을 승낙하라고 고종에게 권하여 고종 또한 그럴 양으로 있었다. 그러나 이 용암포의 조차 협정은 일본과 영국 등 여러 나라의 반대로 그냥 깨지고 말았다.

이에 회가 동한 일본은 몇몇 대표를 보내 고종 황제의 앞에서 어전 회의를 열고 그들을 감언이설로 달랜 후에, 마침내 8월 12일은 러시아와의 사이에 소위 러일담판이라는 것을 열고, 그들의 조선에 대한 의견과 야심을 토로했으니, 이제 그들이 주고받은 말들을 잠깐 참고로 여기 적어 보면 아래와 같다.

일본 만주에서 청국의 주권을 확보해 주는 것이 한국(조선)을 위하여 필요하다.

러시아 안 그렇다.

일본 한국의 독립과 영토의 보전은 인증하지만, 일본의 이익을 보호할 필요가 있으면 군대를 출동하겠다.

러시아 한국의 독립과 영토의 보전을 인증하는 건 우리도 찬성이다. 그러나 일본의 군략적 사용엔 반대한다.

일본 ……

러시아 차라리 북위 39도 이북의 한국을 중립지대로 하면 어떻겠는가?

일본 ……

이리하여 러일담판은 드디어 아무런 해결도 없이 결렬되고 말았다. 뿐만 아니라 러시아는 한층 더 만주에 군비를 갖추고 앞에 올 전란에 대비하고 있었다.

마침내 광무 8년 2월 6일 일본과 러시아의 국교는 끊어지고, 2월 8일 러일전쟁은 벌어지고야 말았다.

러일전쟁이 시작되자, 또 한 번 뒤집어진 건 한국의 정부였다. 그들의 전쟁이 벌어진 지 보름 뒤인 2월 23일엔 재빠르게도 일본과의 사이에, 시정 개선施政改善의 의정서가 정해지고, 또 3월 17일엔 특파대사 이토 히로부미가 와서 "전쟁엔 우리가 꼭 이길 테니, 염려 말고 우리 말만 들으라"고 살살 달래고 가더니, 5월엔 한국과 러시아 사이의 모든 조약과 협정을 없애 버리고, 8월엔 드디어 (아, 통탄할진저!) 한일 합병과 통감 정치의 전신인, 일본 사람을 고문으로 하는 고문정치가 발표되었다. 한국 내각의 중요한 자리마다 일본인의 고문이 지키고 서게 된 것이다.

우리들의 청년 김좌진이, 갈뫼의 자기 사랑에서 두 개의 미닫이를 환하게 열어 놓고 앉았던 것은, 바로 이 고문정치가 발표된 다음 달이었다. 서울의 소식을 김석범과, 또 가끔 거기서 오는 손님들에게서 들었다. 뿐만 아니라 그 자신이 이따금씩 서울을 갔다 오는 일도 있었던 것이다.

여기에서 우리는 그사이 그와 그의 집에 생겼던 일들을 잠깐 동안 굽어다 볼 필요가 있다. 위에서도 말한 것처럼 그는 열세 살에 결혼을 하였고, 결혼을 하자 또 바로 집안 살림을 맡아서 봐야 하게쯤 되었다. 그의 형 경진이 없었던 건 아니지만, 경진은 일찍부터 서울 일갓집으로 양자를 가서 집에는 있지 않았고, 또 그는 열여덟 살 때부터 잠깐 동안 이조 말기의 참봉이 되었다가, 바로 한 해 전에 스무 살의 젊은 나이로 일찍 세상을 하직하고 말은 터였다. 그러니 인제 좌진은 할 수 없이 집안의 어른이 되었고, 더구나 그의 형이 돌아간 이듬해부터는 쓰나 다나 자기 손으로 크나큰 살림살이를 운영해야만

하게쯤 되었다.

열여섯 살의 어린 나이로? — 그러나 그는 열여섯 살의 나이로 살림을 훌륭히 하였을 뿐만 아니라, 그 살림에 한 개의 적지 않은 혁명을 일으키기까지도 하였던 것이다.

제2장

담장 너머 짙푸른 하늘을 무심코 바라보고 앉았던 좌진은 드디어,

"가 볼까."

하고 혼잣말처럼 중얼거렸다.

여전히 바깥을 내다보고 앉았는 걸로 보아, 이 말은 누구를 보고 하는 말인지 또 어디를 가 보겠다는 말인지, 방 안 사람들은 도무지 알 수가 없었으나, 석범만은 어떻게 그걸 아는지,

"가 보지."

하고, 그 말을 받으며 먼저 자리에서 일어섰다.

좌진도 따라 일어서, 벽에 걸린 새 통영갓을 머리 위에 얹었다.

두 사람은 나란히 밖으로 나와서 마을 길이 두 갈래로 갈리는 데까지 오자, 앞에서 걷던 좌진은 석범을 돌아다보며,

"자네는 올 것 없어. 나 혼자 가서 물어보고 오지."
하고는, 미처 석범의 대답은 들어 보지도 않고, 동쪽으로 뚫린 골목을 뚜벅뚜벅 걸어서 갔다. 석범은 고개를 끄덕끄덕하고 서서, 한참 동안 그의 건장한 뒷모양을 바라보고 있었다.

좌진은 얼마 후에, 행랑채가 뺑 둘러 있는 한가운데 널따란 두 개의 대문짝이 열려져 있는 커다란 기와집 앞에 와서 섰다. 김창규—라는 문패로 보아, 이것은 그의 오촌 숙부의 집임에 틀림없었다. 그러고 김창규는 좌진의 아버지 형규가 작고한 후론, 아직도 이 마을의 김씨 일문을 대표하는 인물이었다.

창규는 마침 안방에 그의 아내와 두 양주가 나란히 앉아서 아무 하는 일도 없이 담배만 빨고 있었다.

좌진이 들어와서 두 양주에게 인사를 하고 자리에 앉자, 창규는 그렇잖아도 찡그려진 양미간을 한층 더 찌푸리며,

"어찌 왔는고?"
하고 재빠르게 담뱃대를 빽빽 빨았다.

그러나 좌진은 말머리가 손쉽게 떠오르지 않는지 한참 동안은 방바닥만 내려다보고 있다.

그가 오늘 그의 오촌을 찾은 것은, 사실인즉 다름이 아니라 그는 금년에 들어서면서부터 늘 한 가지 생각에 머리를 쓰고 있었으니—그것은 즉 노비 해방이었다.

'양반과 상놈이란 대체 어쩌자는 차별이냐? 행실로 보거나, 재주로 보거나, 양반보다 나은 상놈이 얼마든지 있다. 고루하고 완고한

유자 노릇을 안 했기 때문에, 탁상공론과 당쟁으로 일을 삼는 벼슬아치가 안 되는 대신 들녘과 바닷가에서 생업에 종사했기 때문에, 상놈이란 불명예스런 이름을 가져야 하는 수많은 그들—그들이 없었더라면 그나마 조선이란 어떻게 목숨인들 붙어 있었겠는가. 이천만 민족의 대부분을 점령하고 있는 그들 근로자의 두상에서 이 욕된 이름을 하루바삐 떼어 버리고, 무엇보다 먼저 그 소위 배틀어진 양반이란 것들의 집에서 종의 무리부터 해방해야 한다. 먼저 우리 집에서부터 해방해야 한다! 대체 우리가 무슨 자격으로 수십 명의 남녀를 고스란히 가둬 두고, 천대하고 부려먹어야 한단 말인가? 뻔뻔스러운 일이다! 그들을 모조리 해방하여 누구에게나 똑같은 인권을 주기 전에는, 조선은 몇 개 안 되는 그 양반 썩은 것들의 손으로 기어이 망해 버리고 말 것이다. 기어이 기어이 망해 버리고 말 것이다!'

이러한 생각이 떠오를 때마다 손수 수십 명의 종을 거느리고 있는 그는 괴로웠고, 드나드는 종들에게 '서방님' '나으리' 소리를 들을 때마다 그의 고개는 점점 수그러만 지는 것이었다. 어느 날 그가 안방에서 점심 밥상을 받고 있는데, 친구가 대문 밖에 찾아왔다. 춘봉이네가

"서방님 손님이 오셨에유."

하고 뜰 아래서 말하자,

"네, 곧 나간다고 그러시오."

하고, 반은 의식적으로 대답하여 어머니와 종들을 깜짝 놀라게 한 일도 있었거니와 (대체 무슨 까닭으로 노인에게까지 '해라'를 해야

한단 말인가?) 인제 그는 하인들에게도 좀처럼 하대하는 말이 쓰여지지 않았다.

생각건대 이 사상은 올에 와서 처음으로 그의 가슴속에 생긴 것은 아니었다. 그것은 벌써 두 해 전 그의 형이 아직 살아 있을 때, 서울에 있는 형의 집에 갔을 때 정동에 있는 배재학당을 구경한 뒤부터였다. 그때 학교의 운동장에선 마침 체조를 하는 학급이 있어서, 수십 명의 굵다란 학생들이 저고리 바람으로 사열횡대로 늘어서서 선생의 호령을 따라 규칙 정연하게 움직이고 있었다. 5, 60명이 넘는 학생들은, 각 개인으로서가 아니라 전체가 한 덩어리가 되어 앞으로 앞으로 나아가고, 나아갔다간 뒤로 돌아서서 또 가고 있는 것이었다. 그들의 나란히 움직이는 손과 발은 벌써 그들 한 사람 한 사람의 것과 같지는 않았다. 그들의 대열은 어떠한 어렵고 무서운 일이 있을지라도 절대로 흐트러지지 않을 것도 같았다.

'저들은 모두 양반의 집 자식들인가. 혹은 그중에는 종이나 상놈의 아들도 있는가?'

이런 것을 생각하며 좌진은 그들이 체조를 다 마칠 때까지 운동장가의 철봉대 옆에 기대서서, 처음 대하는 신기한 광경을 바라보고 있었다.

그래 그는 형의 집에 돌아가자 바로 그의 의문을 형에게 물었다.

"형님 배재학당엔 상사람들도 다닙니까?"

그리하여 그는 형에게서 학교 교육엔 상하의 차별이 없다는 걸 들었다. 그러나 이때부터 그에겐 또 하나의 의문이 생기고 말았다.

'그렇다면 조선의 양반들은 왜 아직도 그들의 종들을 모조리 해방하지 않는가? 그렇게도 든든한 한 덩어리를 만들기 위하여 왜 해방하지 않는가?'

그 뒤 갈뫼로 다시 돌아와서 두 해 동안 그는 틈틈이 배재학당의 졸업생인 석범이한테 수학과 역사, 지리 등의 신학문을 공부하는 한편 또한 노비 해방에 대해서도 여러 가지 궁리를 기울여 왔고, 석범에게는 또 거기 대해서도 서로 통정을 하고 지내 온 터였다.

그리하여 인제 그의 이 사상은 익을 대로 익었다. 그래 지금 그의 오촌을 찾아온 날로부터 바로 며칠 전의 어느 날 밤, 조용한 틈을 타서 그의 어머니에게 이 뜻을 말해 보았다. 그러나 두말할 것도 없이 어머니는 거절이었다.

"종을 놓아주다니 그게 무슨 말이냐? 나라에서도 아직 아무 말씀이 없는 일을 방자하게! 더구나 집안 어른들이 아직도 계시는데 네 맘대로 그게 될 법이나 한 일이냐? 안 된다. 이 일만은 절대로 안 된다!"

그리하여 그는 다시 잠 못 이루는 여러 밤을 밝혔고, 석범과는 또 대책을 상의하였다. 그래서 인제는 또 한 사람 그의 오촌 숙부 창규에게 의논을 해 보러 온 것이다.

차설. 좌진이 하도 방바닥만 보고 있음이 딱했던지 이번엔 그의 숙모가

"사뢸 말씀 있으면 어서 허지?"

하고 재촉했다.

"……다른 게 아니라,"

좌진은 드디어 고개를 들어 오촌을 보며 묵중한 입을 열었다.

"때가 때인 만치, 인젠 우리도 종들을 거느릴 때가 아니라고 생각돼서 아저씨께 그걸 좀 문의해 보려고 왔습니다."

그러나 그 말이 채 입 밖에 떨어지기가 무섭게 창규와 그의 처는 입을 나란히

"뭐?"

"아니 그게 무슨 말이냐?"

하고 펴고 있던 한쪽 무릎을 일으켜 세우며 눈을 동그랗게 뜨고 좌진을 쏘아보았다.

"종과 양반으로 적은 민족을 갈러서는 안 될 때이고…… 또 그렇지 않다고 해도 그들을 압제하여 똑같은 인성人性을 구속하는 것은 죄입니다."

"그래서!"

창규는 인제는 담뱃대를 방바닥에 놓아 버리고 얼마쯤 좌진의 앞으로 다가앉으며 장히 급한 음성이다.

"종이다 상놈이다 하여 양반의 발부리 밑에 짓밟혀서 산송장 노릇을 하는 백성들은 참으로 많습니다! 그러고 양반들은, 멫 테기 안 되는 양반들은 지금 모조리 썩어 갑니다!"

"뭐야?"

다시 담뱃대를 잡아 쥐는 창규의 손은 부르르 떨린다.

"그러니까, 조선은 인제 다 썩은 양반들만을 믿을 수 없습니다. 종

도 상놈도 다아 놓아주어서 같이 한몫을 보게 해야 할 것입니다. 지금은, 지금은…… 조선의 사내라는 사내가 다아 한 덩어리가 되어 나선대도, 까딱 잘못하면 조선의 운명을 벌써 건지기가 어렵게 된 마당입니다!"

"……"

창규는 잠깐 동안 말이 없이 뒷창문 쪽으로 외면을 하고 있더니, 마침내 낯을 돌리며 상처를 입은 짐승처럼 부르짖었다.

"안 된다. 안 돼! 어림도 없는 소리지, 거. 그것들이 놓였다고 무슨 국사를 볼 것 같으냐? 텍도 안 닿는 소리를! 그것들이 무얼 알어야지? 응? 무얼 알어? 날보고 종들을 놓아주라고? 흥, 그것들이 들을까 두려웁다 두려워! 재목을 쓸려면 그 가음을 봐서 쓰라고 옛날부터 말이 있는 것인데, 아니 그것들이 무슨 일을 해? 응? 무슨 일을?"

적지 않게 격한 듯이 창규는 이렇게 큰소리를 하며 자기도 모르는 사이에 조금씩 조금씩 다가앉은 것이, 인제는 좌진의 바짝 옆에 와서 쉬지 않고 삿대질이다. 좌진은 할 수 없이 한 걸음 뒤로 물러나 앉았다. 합의하기는 아무래도 벌써 틀린 것 같았다.

"아저씨 댁에서까지 그러시라고 시방 당장 권하지는 않습니다. 허지만 제 집 일은 이미 작정헌 배니 그대로 하겠습니다."

좌진의 말씨는 그의 오촌이 더 침범할 수 없을 정도로 단호하고 태연하였다.

"흠! 집안일 잘되어 간다! 나는 모르겠다 몰라! 형님이 계셨으면 뭐라고 하실까? 고연 놈 같으니…… 이 고연 놈! 썩 물러가거라! 그러고 다시는 내 앞에 어른거리지 마라!"

이렇게 최후의 선고를 내리며 창규는 아랫목에 번듯이 누워 버렸다. 보면 그의 눈에는 눈물까지도 두어 방울 흐르고 있는 것이었다. 좌진은 못 본 체 일어섰다가 공손히 두 양주에게 인사를 하고 유유히 이 집을 물러나왔다.

바깥은 벌써 석양이었다. '나는 이 일을 기어이 실행하리라! 내 혼자의 힘으로 인제는 어떤 일이 있더라도 실행하리라!' 속으로 굳게 결심하며 좌진은 뚜벅뚜벅 골목길을 걸어가고 있었다. 그러나 그의 발길은 자기 집보다 먼저 석범의 집으로 향하였다.

석범은 그가 돌아오기를 기다리고나 있었던 듯이 반가이 그를 안방으로 맞아들이며,

"그래 어찌 되었는가?"

하고 무엇보다 먼저 그것을 물었다.

"어찌 되긴 어찌 돼. 그 완고 몽매한 사람이 반대할 것은 빤한 일이지."

하며 좌진은 방 아랫목 석범의 곁에 가 털썩 주저앉았다.

"그래 어쩔 작정인가?"

석범은 또 한 번 물었다.

"어쩌고 저쩔 것이 있나. 그래도 집안 어른이라고 대접해서 한번 상의해 본 것이지. 그래 자넨, 내가 한번 맘먹은 일을 안 하고 말 것 같은가?"

"아니야 이 사람아!"

하고 석범은 그의 물음을 취소나 하는 듯이 아하하하 웃었다.

좌진도 낯에 미소를 띠우고 석범의 웃는 모양이 장히 신기나 한 듯이 빤히 바라보고 있더니, 그의 시선은 무심코 석범의 기름 바른 하이칼라 머리로 향하며,

"나도 인제 자네 모양으로 머리나 깎을까?"

하였다.

"아니 뜻밖에 머리는 또 왜?"

"인제 조선 사람도 모두 머리를 깎게 될 것입니다—고, 왜 언젠가 자네가 광호 선생한테 말하지 않었나?"

좌진은 빙그레 웃었다.

"이 사람이……"

하며 석범도 따라 웃었다.

"그것도 그렇고,"

좌진은 말하였다.

"내 상투가 없어진 것 보고 우리 어머니 놀라시는 것 좀 보게."

"아직은 좀 일러."

석범은 대답하였다.

"머리 깎는 그것이 이른 것이 아니라, 노비 해방—우선 그놈이나 해 놓고, 머리는 그다음에 깎는 것이 순서일 것 같애. 두 가지 일을 한꺼번에 다 하는 건 자네한텐 좋겠지만, 자네 어머니나 오촌한텐 좀 과할 것 같네. 당하는 감정에도 한도가 있으니까……"

"글쎄……"

좌진은 한참 동안 무엇을 생각하는 눈치다.

"자네 말도 그럴듯하긴 하이. 너무 놀라게 하면, 그 양반들의 조그만 창자는 그만 끊어져 버릴는지도 모르니까 그래 자네 말이 옳아. 그럼 석범이, 내 머리는 좀 더 있다 깎지…… 그러고 석범이 자넨, 내일부터 내가 부를 때까지 우리 집에 오지 말게!"

"왜?"

뜻밖에 오지 말란 말에 석범은 적지 아니 놀란 표정이다.

"아하하하 이 사람! 대단 섭섭한가? 섭섭할 테지. 암, 그래야 사람이지. 하여간 내가 부를 때까지 오지 말게. 알었나? 그러고 또 한 가지,"

"무엇 말이야?"

석범은 저으기 궁금한 듯이 좌진의 눈치만 살핀다.

"혹 자네 집에 찹쌀 남은 것 있나?"

"있긴 좀 있지만…… 찹쌀은 또 왜?"

"그걸로 시방 바로 나, 찰밥 좀 쪄 주게. 한 두어 되만."

좌진은 여전히 천연한 표정이다.

"아니 이 사람이…… 난데없는 찰밥은 또 뭐야? 자네 어디 갈라는가?"

석범은 아직도 어디까지가 농인지 참말인지를 몰라 당황해한다.

그러나 좌진은 수월찮이 정색을 한다.

"허, 그 사람이, 먹을 일이 있으니까 부탁이지. 그래 자네가 나한테 그까짓 찰밥 좀 대접해서 안 되겠나? 이 사람."

"어허허허, 원 사람도…… 무슨 꿍꿍이속인지는 모르겠네만, 내 쪄 주긴 쪄 줌세. 쪄 주어. 어허허허!"

석범은 아직도 싱글거리며, 그러나 어쩔 수 없이 부엌에서 저녁을 짓고 있던 아내를 불렀다.

"여보! 여보! 이리 좀 와 보우."

"네."

하고 그의 아내가 방에 들어와 좌진에게 인사를 하고 일어서자, 석범은 아무 설명도 없이,

"찰밥 좀 찌우. 한 두 되만 시방 바루."

하고, 그의 아내에게 명령하였다.

난데없는 찰밥 명령에, 석범의 처가 슬쩍 좌진의 눈치를 보니, 그는 여전히 시치미를 떼고 앉아서, 앞의 바람벽만 쳐다보고 있는 것이었다. 석범의 아내는 웬 영문인지는 모르지만, 좌진과 남편의 하고 있는 모양이 하도 우스워서, 픽 하고 금시에 터져 나오려는 웃음을 억지로 참고

"네, 바로 찌겠어요."

대답하고는 손으로 입을 가리며 밖으로 나가 버린다.

두 사람이 같이 저녁밥을 마치고 나서도 한 세 시간쯤 지나서야 부탁한 찰밥은 완성되었다.

마루 아래서 석범의 처가

"다 되었는데요."

하고 전갈을 하자, 석범은 또 한 번 어허허허 하고 김빠진 웃음을 웃

고는, 아랫목에 누워 있는 좌진을 흔들어 깨웠다.

"이 사람? 찰밥이 다 된 모양인데 어떻게 할려나? 지금 좀 먹겠는가, 가지고 가겠는가?"

"응? 다 됐어?"

하며 좌진은 눈을 비비고 일어나 앉았다.

"큰 그릇에 담어서 그놈을 이리 다 가져오시라고 그래."

얼마 뒤에 석범의 처는 분부대로 김이 무럭무럭 오르는 찰밥을 큰 밥통에 그득히 담아 가지고 들어왔다. 보니, 그것은 대추와 팥까지 양념한 제법 먹음직한 약밥이었다.

"그 참 맛있게 되었는데."

하고 좌진은 웃으며 석범을 보았다.

"그런데 미안하지만, 자네 집에 실한 창호지 있으면 한 두어 장 끄내게."

"어허허허, 이 사람이 무슨 요술을 할려나? 그런데 자넨, 대체 무슨 속심인가? 응?"

"속심은 무슨 속심? 필요하니 부탁이지. 어서 그러지 말고 창호지나 가져오게."

할 수 없이 석범은 벽장문을 열고 몇 장의 창호지를 꺼내 놓았다. 그러면서도 아직까지도 무슨 농이거니 하여 여전히 싱글거린다. 석범의 아내 역시 웃음을 참느라고 자꾸만 손으로 입을 가린다.

그러나 좌진은 어디까지나 정중한 표정으로 앉아 있더니, 뜻밖에 밥통의 찰밥을 펼친 창호지 위에 들어붓고는 단단히 그것을 꾸리며

"이놈을 가지면 사흘 군량은 넉넉하겠지?"
하였다.

"어어 부인께서 거 수고하셨네. 뒷날 내 톡톡히 사례함세."

"허허어 인사는 그만큼 해 두고— 그런데 좌진이, 이게 무슨 요술인가? 대체?"

석범은 또 한 번 물어보지 않을 수 없었다.

그러나 좌진은 그 말에는 아무 대답도 하지 아니하고, 찰밥 꾸러미가 다 되자 그것을 도포 안에 넣고 자리를 일어서며 비로소 큰 소리로 웃었다.

"아하하하하하하! 석범이 이것은 비밀일세. 내가 말해도 괜찮다고 할 때까지는 아무에게도 이 말을 해서는 안 되네. 알겠나? 그러고, 아까도 말했지만 내가 부를 때까지는 절대로 우리 집에 와선 안 되네!"

석범은 대문 밖까지 그를 선송하였으나, 좌진은 더 질문할 여유를 주지 않고 핑 걸어서 자기 집으로 향하였다.

그는 집에 들어서자 먼저 아무도 없는 안사랑으로 들어가서, 가지고 온 찰밥 뭉치를 슬그머니 벽장 속에 감추고는 의미 있는 듯이 픽하고 한 번 속웃음을 웃었다. 그러고는 갓과 도포를 벗어 걸고 안방으로 향하였다.

그때까지도 어머니와 그의 아내는 자지 않고 기다리고 있다가, 그가 들어옴을 보자 아랫목 자리를 비켜 주며,

"어디 갔다가 이렇게 늦게 오늬? 저녁은 어떻게 했늬?"

하고 어머니는 물었다.

"저녁은 먹었어요."

좌진은 간단히 대답할 뿐 그러나 아랫목에 가 펵지거니 앉아서는 영 아무 말도 없다.

"아까 저녁 뒤에 느이 오촌께서 오셨더라…… 너 저녁때 거기 갔었니?"

"……"

그러나 그는 여전히 대답이 없이 바람벽만 바라보고 있다.

그러자 별안간,

"너 거기 가서 뭐라고 했기에, 그분이 그렇게 노발대발이시냐?"
하고 어머니는 언성을 높이며, 좌진의 옆으로 바짝 다가앉았다.

"그래 내 다아 들었다, 다아 들었어! 한번 안 된다고 어른들이 말하면 그런 줄 알지, 너는 대체 무슨 놈의 고집이 그렇게 세냐? 벌써 여러 대를 거느리고 살었어도 도망치는 놈 하나 없는 우리 집 종들이다! 놓아준다고 어디 가서 이버덤 더 호강할 줄 아니? 안 된다 안 돼. 그것만은 안 되는 줄 알어라!"

어머니 말을 들으면, 오촌 창규는 그 뒤에 바로 집으로 쫓아왔던 모양이다.

그러나 좌진은 역시 일언반구의 대답도 없이 눈망울만 굴리고 앉아 있더니,

"어디 되나 안 되나 봅시다!"
단 한마디 말을 남기고는 자리에서 불쑥 일어서서, 자기 혼자서 거

처하는 안사랑으로 들어가 버렸다. 그는 오래잖아 종을 불러 냉수를 청했고, 곧 이어서 또 한 번 냉수를 청했다.

'망할 녀석! 속이 타는 모양이로구나.'

그의 어머니는 생각하였고, 그의 아내도 별걱정은 하지 않았다.

그러나 이튿날 아침 해가 둥둥 떠오를 때가 되어도 그의 방에선 아무 기척이 없었고, 그래서 종 삼월이가 그 앞에 나가,

"서방님! 서방님!"

하고 불러 보아도 그 속에선 역시 아무 대답도 없었다. 닫힌 문을 흔들어 보니, 문은 또한 세 쪽이 다 안으로 굳게 잠겨 있는 것이었다.

제3장

문을 흔들며 아무리 불러도 대답이 없는지라, 비로소 겁이 덜컥 난 삼월이는, 안으로 되돌아가서 마님에게 당황한 언사로 연유를 말하였다.

"문은 모두 안으로 걸리고 방 안에서는 아무 기척도 없에유."

그 말을 들은 어머니의 얼굴이 파랗게 질렸음은 물론이다. 그러나 '설마한들 그 애가?' 하는 생각도 들어 종종걸음으로 안사랑 밖에까지 와서,

"좌진아! 좌진아!"

큰 소리로 불러 보았다. 그러나 정말로 그 속은 그냥 조용할 뿐 세 쪽의 창문이 안으로 잠긴 것도 삼월이의 말과 다름없었다. 그때 마님은 세상이 아찔하여지며, 비로소 떨리는 손가락으로 창구멍을 뚫고

그 안을 들여다보았다. 그와 동시에 마님의 입에서는 뜻밖에도

"저 망할 녀석!"

소리가 튀어나왔다.

"내버려 두어라! 저 자식 뒤어지게 내버려 두어!"

아닌 게 아니라 마님이 들여다보니 무슨 큰일이나 난 줄 알았던 좌진은 도포를 입고 갓을 쓴 채 방 한가운데 천연히 앉아서 눈을 감고 있는 것이다. 그래 오히려 아직도 화를 어쩌지 못하는 어머니는 뒤도 안 돌아보고 안으로 들어가 버렸다. 걱정스러운 듯한 며느리를 보고도

"내버려 두어라. 인제 시장하면 나올 테지."

할 따름이었다.

그러나 이것은 아직도 아들의 결심을 얕잡아 본 어머니의 오해에 불과하였다. 그날 해가 꼬빡 저물어도 안사랑 문은 열리지 않았고, 또 그날 밤이 점점 깊어 들어와도 까딱도 않았다. 어머니의 아들을 얕보는 생각과 아들에 대한 노여움은 차차로 사라지고 인제는 다시 걱정과 두려움이 움트기 시작했다. 그래 이번엔 며느리를 시켜, 가서 조용히 한번 불러 보라 하였다. 그러나

"저 좀 보세요…… 네……"

하고 그의 아내가 가서 아무리 불러도 방 안에 있는 것은 캄캄한 침묵뿐이었다.

며느리가 하릴없이 돌아와서 울음 섞인 음성으로

"어머니, 아이 어쩌면 좋아요?"

하고 그의 어머니를 조른 것은 벌써 밤이 다 기울어진 뒤였다. 여기저기서 첫닭 우는 소리가 교교히 들릴 무렵이었다.

어머니는 그때까지도 잠자코 기다리고 있었다. 그러나 첫닭 우는 소리가 들리자 복받치는 설움을 어쩌지 못하였는지 흑흑 느껴 울며 며느리에게 신세 한탄을 하기 시작했다.

"아이고 그런 망할 녀석이 어디 있니 글쎄? 재가 네 살에 제 아버지를 잃고…… 어린 삼 형제를 내 손으로 길러내며…… 고생한 일은 생각지도 않고…… 인제는 제 형 하나 있는 것마저 죽었으니 제가 이 살림을 지킬 생각을 해야지…… 아이고…… 그렇게 고집만 부리니 집안일은 인제 어떻게 된단 말이냐…… 아이 망할 자식……"

이렇게 온 집안이 잠을 이루지 못하는 중에 그날 밤은 밝았다. 그러나 아침이 환하게 밝고 다시 낮이 때가 기울어도 안사랑으로부터는 움직이는 기색도 없었다.

또 한 번 밤이 되었다. 그의 어머니 역시 어제저녁부터는 먹는 것을 전폐하다시피 지내 온 터라, 인제는 지쳐 번듯이 자리에 눕고, 그의 아내는 아내대로 두 눈뚜껑이 다 울음으로 팅팅 부었다.

이러구러 그날 밤 삼경이 훨씬 지난 뒤였다. 또 한 번 첫닭의 울음소리가 꼬꼬오 하고 들렸다. 그러자, 여직껏 자리에 누워서 굳이 입을 다물고 있던 어머니는 무엇을 생각했음인지 뜻밖에 자리를 털고 일어서더니, 아직도 옆에 앉은 며느리를 보고 일어서서 자기 몸을 좀 부축하라 하였다. 일찍이 가져 보지 못한 새로운 결의를 한 듯 비장한 얼굴을 하며

"내가…… 내가 미친년이다…… 가자…… 그 애 있는 데로 어서 가자……"

어머니는 말하는 것이었다. 마침내 어머니는 아들에게 지고 말았음인가? 어머니의 애정은 모든 것을 이기고 만 것인가? 아니면 또다시 아들에게 호통과 하소를 퍼붓기 위해선가? 며느리는 그 어느 편인지를 아직도 판단할 수는 없었으나, 지친 어머니를 부축하며 좌진이 있는 안사랑 문 앞에까지 이르는 수밖에 없었다.

그러나 어머니는 역시 어머니일 따름이었다. 아들이 들어 있는 방 문고리에 매달리듯이 하며

"좌진아……"

소리를 다해서 부르고는, 그만 목이 메어 흐느껴 버리고 마는 것이었다.

"네 맘대로 시켜 줄 테니 어서 문 열어라…… 인제부터 무엇이든 네 맘대로 하게 할 테니, 어서 나와서 무엇 좀 먹어라…… 아이!"

아닌 게 아니라 몇 마디 안 되는 어머니의 이 말씀은 수천 개의 열쇠보다도 위협보다도 효과가 있었다. 그 소리가 떨어지기가 바쁘게 안사랑 문은 와닥닥 열리며 여전히 도포 입고 갓을 쓴 좌진이 버선발로 뛰어나와 느껴 우는 그의 조그만 어머니를 두 손으로 부축하여 이끌고 안방으로 들어갔다.

그는 어머니를 아랫목에 모셔 앉힌 후 그 앞에 가 마음으로부터 꿇어 엎드리었다.

"어머니, 감사합니다! 참 장하시고 좋은 일을 하셨어요……"

이렇게 말하며 그는 얼굴을 들어 아직도 눈물에 잠겨 있는 그의 어머니를 우러러보았다.

그의 얼굴엔 요 몇 해 동안에 처음으로 보는 기쁨의 빛이 어리고, 또 그와 마주 대하여 고개를 끄덕끄덕하고 있는 그의 어머니의 양미간에도 인제는 아들을 이해하는 웃음이 저절로 어리어 있었다.

그리하여 이튿날 조반 후부터 이 집은 닥쳐 올 잔치 차림에 상하가 분주하였다. 바깥종들은 돼지를 잡고, 술을 구해 나르고, 안종들은 또 떡을 하고, 전을 부치는 데 마님과 아씨까지 나와서 거들었으며, 좌진은 좌진대로 문서를 정리하기에 또 여간 바쁘지 않았다.

드디어 벼르고 벼르던 그날, 말썽 많던 그날—노비 해방의 날이 되었다.

천지엔 국화 냄새 그윽한 늦가을의 한낮 때—모든 영창을 환하게 열어젖힌 김 참봉 집 바깥사랑방엔 벌써 여러 대째 이 집에 매여 지내 오던 30여 명의 남녀의 노복들이 젊은 주인 앞에 모여 앉아서, 어서 주인의 입이 열리기만 기다리고 있었다. 벌써 허리가 꼬부라진 늙은 종으로부터 아직 열 살도 채 못 되는 그들의 총생들에 이르기까지 모두 처음 들어와 보는 이 사랑방에 무릎을 꿇고 앉아서, 문서더미 앞에 묵묵히 앉아 있는 그 기이한 젊은 주인의 묵중한 입이 어서 빨리 열리기만을 기다리고 있는 것이다. 그들 가운데는 늙은 춘봉이네 부부와 그 아들 며느리들과 손자들도 있었고, 젊은 주인을 하늘처럼 여기는 삼월이의 내외도 물론 끼어서 고개를 수그리고 앉아 있었다.

새로 다린 도포에 통영갓을 말쑥이 갖춰 쓰고 있는 주인—좌진의 옆엔 얼마 전에 기별을 듣고 온 석범이, 역시 오늘따라 하이칼라 머리 위에 탕건과 갓을 갖추고 앉았을 뿐 일가친척들은 오늘의 이 일을 못 들은 바 아니나 비위에 거슬렸음인지 하나도 참석한 이가 없었다.

매만지고 있던 문서에서 손을 떼고 좌진은 시선으로 그들을 어루만지며 입을 열었다.

"너희들보고 오늘 하로만 또 너희들이라고 하는 것을 나뻐 생각마라."

이렇게 말을 꺼낸 것은, 물론 그들을 하시하려 함이 아니라 오늘 중대한 이 마당에 돌연히 그들을 존대함으로써 도리어 그들의 당황을 사지 않으려는 그의 노파심에서였다.

"벌써 들어서 잘들 알고 있겠지만, 오늘 이렇게 모이게 한 것은 다름이 아니라…… 오늘은…… 오랫동안 매여 지내던 너희들을 놓아주려 함이다. 너희들이나 우리나 본래는 똑같은 사람으로서 한편은 양반이 되어 너희들을 맘대로 부려먹고, 너희들은 또 노복이라는 억울한 이름 밑에 압제받고 지내던 그 더러운 누습을, 오늘부터는 없이하려 함이다. 인제부터는 너희들도 남의 집 종은 아니요, 우리도 또 너희들의 상전은 아니다. 다 똑같은 대한나라 사람으로서 나라를 위해 쓸모 있는 백성이 돼야 하겠다. 농사짓는 사람은 농사짓는 사람으로서, 장사하는 사람은 장사하는 사람으로서, 글하는 사람은 그 글과 아는 것으로서, 군사는 또 군사로서, 나라와 세상을 위해 다아 꼭 있어야 할 똑같은 자격자들이지 그 사이에 차별과 상하를 두어서는 안 될 일이라 생각했다. 지금 세상은 발이나 개고 앉어 에헴 소리나 치거나, 또 남에게 매여 허리를 굽히고 지낼 때는 아니다. 세계는 시방 억센 파도와 같고, 나라는 시방 까딱하면 큰일 날 난처한 때에 다다렀다. 이런 제일 불행한 때에 시방 우리들은 살아 있다. 얼마 되지도 않는 이 나라 사람들이 양반이다 상놈이다 하여 서로 압제하고 압제당하고 지내서야 쓰겠느냐? 그러고 있다간 어느 귀신이 잡어가는 줄도 모르게 이 나라와 이 백성을 언제 통째로 삼켜 버리고 말는지도 모른다! 그렇다고 지금부터 당장 뛰어나가 나랏일을 맡어보라는 말은 아니다. 그러고 싶어도 너희들은 너무 몰라서 시방 당장은 그럴 수도 없을 것이다. 그러니 위선 너희들은 제각기 헤어져서 농사도 짓고 장사도 하고 온갖 생업에 종사하면서 애써 배우려 하고, 세상일을 인제는 알기에 힘써라. 내 인제 곧 이 마을에다가도 누구나 글을 배울 수 있는 학교도 짓겠지마는, 자식들은 또 낳는 대로 가르치도록 해라. 응…… 그러고 너희들은 시방 바로 이 집 문전을 나선다고 하여도 살 방도가 아득한 사람도 있을 것이다. 하지만 그것은 남에게 매여만 지내 버릇한 나쁜 근성이다. 우리는 무엇보다 먼저 제 손으로 제 먹을 것, 제 입을 것, 제 살 것을 장만할 줄 아는 사람이 되자. 응…… 그렇지만 너희들이 그런 단단한 마음씨만 가져준다면, 시방부터 살 일에 대해선 그렇게 과히 걱정할 것은 없다. 우리 집 살림이 결코 그렇게 많지는 못하지만, 너희들 지어 먹고 살 전답 마지기쯤은 되니, 그건 얼마씩 모두 나눠 주마. 자, 여러 대 묵어

온 너희들의 종 문서가 여기 있다…… 내가 차례로 이름을 부르거든 나와서 받어들 가거라. 불을 사루든지 찢어 버리든지 그것은 너희들 맘대로 해라."

좌진의 말은 여기에서 중단되었다. 조용히 앉아서 머리를 숙이고 젊은 주인의 말을 듣고 있던 노복들 사이엔 여기저기서 흐느껴 우는 소리가 들렸다.

좌진은 따로따로 정리해 놓은 문서들을 들고 그들의 성명을 하나씩 부르기 시작했다.

"팔만이 나와서 이걸 가져가거라."

이 소리에, 이 집 바깥종들 중에선 힘이 제일 센 팔만이―그래서 억센 일을 늘 도맡아 하는, 소같이 우직한 팔만이가 엉금엉금 나오더니 주인이 주는 것을 받아 들고 엉거주춤하고 꿇어앉아서, 두 손이 사시나무 떨듯 한다. 좌진은 종 문서와 함께 한 장의 논 문서를 그에게 주며

"이것은 새터에 있는 일곱 마지기 논 문서다. 너희 네 식구 양식은 잘만 벌면 나올 것이다. 네 이름으로 아주 고쳐 놓았으니 부디 없애지 말고 착실히 해라. 살 집은 새로 짓도록까진 위선 우리 집 행랑채에 살면 되겠지. 오래 애썼다…… 어서 아까 자리로 물러가 앉었거라."

하였다. 그러나 팔만이는 그것들을 받아 들고 여전히 엉거주춤하고 꿇어앉은 채 좀처럼 일어설 줄을 모르더니 드디어

"서방님…… 저……"

하고 깨어진 징과 같이 떨리는 목소리로 중얼거리고는, 그 자리에 가 딱 엎드리었다. 그러나 좌진은

“어서 뒤로 물러나거라.”

하고 냉엄히 명령한 후 다시 다음을 불렀다.

“춘봉이 이리 나오너라.”

부르는 소리에 나와 엎드리는 것은 늙은 할미종 춘봉이네의 큰아들 춘봉이였다. 그도 역시 벌써 사십이 넘은 터로, 통칼 고치고 멍석잘 절고—무슨 연장이든 그의 손이 닿으면 말끔하니 서슬이 서는, 이를테면 이 집안의 공인이었다.

“너의 권속이 우리 집에 매여 지내기는 벌써 4대째다. 그동안 너의 식구들은 우리 집 살림을 많이 늘려 주었느니라……”

좌진은 저으기 감사하는 듯이 엎드린 춘봉이를 일어 앉히며 말하였다.

“더구나 너의 어머니는 우리 집의 은인이요 또 내게는 좋은 선생님이었다. 항시 너의 어머니는 종노릇을 면하기가 소원이었고, 또 논 백 석지기만 가지기가 소원이었느니라. 논 백 석지기를 오늘 소원대로 주고야 싶지만, 너희를 그렇게 주고 나면 딴 사람 차지가 너무 적다. 어렸을 때 약속을 못 지켜서 죄가 된다만, 왜 뒷골 스무 마지기 논이 있지 않냐? 그것하고 귀염다래에 있는 밭 다섯 마지기 그걸로 위선 농사를 지어 봐라. 너의 10여 명 식솔쯤은 부지런히만 하면 아마 굶지는 않을 것이다.”

이때 여러 종들 틈에서 진작부터 흐느껴 울고 있던 춘봉이네의 울

음소리가 점점 높아지더니, 드디어 못 견디겠는지 부르지도 않는데 주인 앞으로 나와 아들과 나란히 엎드리었다. 그러고는 울음 섞인 음성으로 부르짖는 것이었다.

"서방님…… 이 늙은것을 죽여 주세유 네. 서방님…… 늙은것이 주책없이 입을 놀린 죄로 서방님과 마님은 어떻게 하시라고…… 네? 서방님! 이 늙은것은 죽을 때까진 마님과 서방님을 모시겠어유……"

한정 없이 솟아 나오는 늙은이의 차탄을 그러나 좌진은 그대로 두지 않았다.

"어서 네 어머니 모시고 물러나 가거라."

하고 춘봉이를 재촉하며 할미를 보고는

"이렇게 좋은 날 울어서야 쓰나? 내 인제 성세가 늘면 자네 백 석 채 줌세."

하고 너그러이 웃으며 타일렀다.

그다음엔 삼월이의 남편을 불러 그들의 다섯 식구를 위해 아홉 마지기의 논과 세 마지기의 밭을 주었다. 그다음은 또 소와 돼지를 먹이는 걸 맡아 보던 종 셋째를 불러 논 네 마지기와 밭 두 마지기와 수소 한 마리를 맡겨 주었다. 이리하여 한 시간 남짓한 동안에 그들은 제각기 섭섭지 않을 만큼 재산을 받고, 또 그 누추한 종이란 이름에서 완전히 해방되었다.

좌진은 비로소 허리를 펴고 기지개를 켜며 그들을 둘러보고 빙그레 웃었다.

"10년 묵은 체증이 인제는 다 내려앉는 것 같다! 나도 좋지만 너희들도 즐겁지 않으냐? 자, 그럼 인젠 안에 들어가서 장만해 논 음식이나 좀 내오너라. 돼지고기랑 떡이랑 나물이랑 술이랑!"

그리하여 안종들은 안으로 들어가더니 건 음식과 술상을 보아 들여왔다.

좌진은 그들을 모조리 상 가로 가까이 불러 앉히고 손수 그들에게 술을 따라 권하기도 하고, 또 그들을 시켜 자기와 석범의 잔에 술을 따르게도 하였다. 그들은—상전을 상전으로밖엔 섬길 줄 모르는 그들은, 처음엔 왠지 어색하여 늘 사양만 하였으나, 한 잔 한 잔 들어가는 동안에 마침내는 자진해서 좌진에게

"한 잔만 더 드세유."

하고 술을 권하기도 하고, 소리를 내어 마주 웃기도 하였다.

잔치는 저녁 술참 때가 지나서야 끝이 났다. 그들은 좌진의 부탁을 받아 다시 안에 가서 마님과 아씨를 찾아뵈옵고, 치하를 올렸다.

그날 밤이었다. 춘봉이네가 살고 있는 행랑방에선 오래도록까지 불을 켜고, 늙은 할미가 소반 위에 냉수를 떠 놓고서 젊은 주인 좌진의 수명장수와 오복을 빌고 있었다. 그러나 이것은 그들밖엔 아무도 모르는 일이다.

이튿날.

좌진은 뜻밖에 광천에 볼일이 있다 하여 황망히 길을 떠났다. 그러더니 며칠 후엔 커다란 호마胡馬 한 마리를 사 가지고 손수 이끌고 왔다.

그는 그 뒤부터 늘 이 말을 타기에 읽던 병서도 게을리하였다. 가

끔 길거리에서 그의 오촌을 만나는 일이 있어도 그는 절대로 말 위에서 내리지 않았고, 말에게 채찍을 더할 뿐이었다.

제4장

그 이듬해 을사년 가을 한국의 운명을 결정할 러일전쟁은 뜻하지 않은 일본의 승리로 끝이 났다. 그리하여 9월엔 미국 대통령 루스벨트의 주선으로 일본과 러시아 사이에 포츠머스조약이 성립되니, 그 제2조에는 다음과 같은 어마어마한 글발이 적히어 있었다—즉 한국에서의 일본의 특수한 지위를 인증한다! 하여, 두 달 뒤인 11월에는 이 포츠머스조약 제2조를 근거로 하는, 한국의 일체 외교권을 일본에 맡긴다는 또 하나의 조약이 일본과 우리나라 사이에 생겼으니, 이것이 이른바 을사조약 혹은 보호조약이란 것이다.

그러고 다음 달엔 한 걸음 더 나아가서 여태껏 시행해 오던 고문정치 대신에 통감부 설치를 발표하고, 해가 바뀌자 2월엔 하세가와 요시미치란 자가 임시 통감대리가 되더니 3월엔 바로 이토 히로부미가 통감이 되어 왔다. 이때 이토 히로부미의 손으로 꾸며진 것이 허수아비들의 집단인 소위 이완용 내각이다.

이야기의 선후가 좀 뒤바뀌게 되었거니와 을사조약이 체결되고 민충정공이 순사하였다는 소식을 좌진이 들은 것은, 을사년도 마지막 기우는 선달 보름께였다. 그는 볼일이 있어 홍성엘 나갔다가 여관에서 이 말을 들었다. 그러나 소식을 전하는 사람이 버젓한 서울 사람이고 또 선비임에도 불구하고 처음 그는 그 말이 도무지 믿어지지 않아,

"거 쓰잘데없는 거짓말 좀 작작하라."

고 하며 도리어 그 사람을 꾸짖기까지 하였다. 그러나 사실을 어쩌는 수는 없었다.

"안 믿어지거든 이걸 보시오."

하고 서울 사람이 주머니 속에서 내주는 신문 조각에서 '보호조약保護條約'이라는 커다란 네 개의 글씨 밑에 박혀 있는 자잘한 활자의 뜻이 이해되자, 좌진의 돌 같은 머릿속은 빙빙 돌았다. 그러자, 그 사람은 또 한 장의 신문쪽을 꺼내 주었다. 그건 비교적 최근의 신문으로, 그 제1면 첫째 줄에는 '통감부 신설'이라는 큰 제목 아래 통감대리에 하세가와 요시미치가 부임했다는 사실이 게재되어 있었다.

'한국은 겨우 이 꼴이 되고 만단 말인가?' 하는 생각이 들자, 좌진은 무의식중에 손에 들고 있던 신문지쪽을 뭉개어서 힘껏 땅바닥에 팽개쳐 버렸다.

"그 자식을 잡어서 간을 씹어 먹지!"

소리와 함께 좌진은 당황해하는 그 사내에게 한마디의 인사말도 없이 밖으로 쫓아 나와 말 위에 오르더니 한길로 나오자, 말이 아파서 깜짝 놀라도록 배를 발길로 찼다.

놀란 말은 쏜살과 같이 흥흥거리며 달려갔다. 그러나 좌진에게 급히 가야 할 일이 있는 건 아니었다. 섣달의 찬 바람 속을 뚫고 달려가는 말등 위에는, 쉬지 않고 확확 치달아 오르는 그의 분노가 있을 따름이었다.

어느새인지 말은, 갈뫼가 내려다보이는 수리잿골을 내려가고 있었다. 조금만 더 내려가면 거기엔, 오른쪽 골짜기 위에 좌진의 선친 형규 씨의 무덤이 있다. 좌진은, 무슨 성묘를 자주 다니는 성미도 아니었으나, 얼마 안 가면 아버지의 산소가 보이리라는 생각이 들자, 오늘따라 웬일인지 아버지의 뭇등 앞에 엎드려 보고 싶어져서, 자꾸만 말의 배를 발길로 찬다.

그러자 산소가 거의 가까워 왔을 무렵, 한 번 세게 말을 찬 것이 너무 지나쳤음인지, 있는 힘을 다하여 달리던 말은 뜻밖에 무엇에 되게 걷어챈 것처럼 흥— 소리를 치며 내려가는 비탈길에다 네발을 뻗고 자빠져 버렸다.

좌진은 말타기엔 벌써 익숙한 터로, 무릎 위에 안긴 말의 무게로 다리가 좀 뻐근했을 뿐 별로 다친 데는 없는지라, 옷의 먼지를 털고 일어서서 고삐를 잡아당기며 말을 일으켜 세우려고 하였다. 그러나 주인의 속을 모르는 짐승은 적지 아니 노여워한 모양으로 이빨을 내놓고 코만 벌름거릴 따름이요 좀처럼 일어나려 하지도 않았다. 이렇게 승강이를 한참 동안을 하였으나 말은 여전히 뒹굴고만 있었다.

드디어 좌진의 분노는 극도에 달하였다. (따져 보자면 이건 말에 대한 분노는 아니었지만……)

"비룡아!"

하고 그는 큰 소리로 말을 불렀다. 비룡飛龍은 그가 손수 애마에게 붙여 준 이름인 것이다.

"비룡아! 일어나지 못하겠냐?"

소리와 함께, 그의 주먹은 번개와 같이 말의 머리를 갈겼다.

그와 동시에 말은 불에나 덴 것처럼 뜻밖에 펄쩍 뛰며 일어서더니 응흥— 외마디 소리를 지르고는 거꾸로 드러누워 네 발목을 하늘로 쳐들고 부르르 떨었다. 그러고는 그만 눈을 뒤집어 뜨고 명이 끊어져 버렸다.

좌진은 숨이 넘어가는 애마의 머리를 두 손으로 끌어안고 흔들어 보았다. 그러나 말은 주인의 마음을 아는지 모르는지 떨리는 사지와 같이 머릿박도 부르르 떨리기만 할 따름이었다. 좌진의 눈에서도 비로소 하염없는 눈물이 흘러내렸다. 그러나 아무도 없는 곳이기에 흘렸던 눈물은 자취도 없이 또 이내 그쳐 버렸다.

얼마 후에 좌진은 말을 거기 그대로 놓아두고 일어서서 아버지의 산소가 있는 골짝길을 올라가고 있었다. 그는 드디어 묏등 앞에 당도하자 수북히 쌓인 가랑잎을 깔고 공손히 그 앞에 엎드리었다.

"아버지! 아버지의 유언대로 저는 인제 정말로 불호랑이가 되겠습니다……"

그의 입에서는 이런 맹세의 말이 저절로 흘러나왔다.

그는 저녁때 집으로 돌아오자, 아직도 집이 마련되지 않아 이사를 못 하고 있는, 그전의 종이었던 몇 사람의 머슴들을 보내 말의 시체를 그 쓰러져 누운 근처에다 묻게 하였을 뿐, 자초지종의 사실에 대해서는 아무런 설명도 하지 않았다.

저녁밥을 마친 뒤에 밖이 조용하여지고, 방에는 어머니와 그의 아내와 동생 동진이만이 모여 앉게 되자, 그는 비로소 어머니를 향해 인제는 벌써 또 한 고비 넘어선 그의 생각을 말하였다.

"어머니. 원체가 부족한 자식이라 항상 불효만 끼쳐 드리는 것 같어서 안되었습니다만, 또 한 가지 일을 해야겠습니다. 인제는 정부도 믿을 것이 없고, 거기 있는 사람들은 하나도 믿을 것이 없습니다. 내가 나를 믿고 무슨 일을 해 보는 수밖에는 별도리가 없습니다. 들으니, 벌써 달포 전에 나라의 권리를—그중에도 제일 중요한 외국과의 외교권을, 그만 일본에다 넘기고 말았다는군요…… 그렇게 된다면 나라라는 건 인제 궁궐 안에 갇혀서 소꿉장난하는 것밖에 더 돼요? 거기다가 놈들은 또 고문정치만으로는 부족하여 통감부라는 것을 세웠다고 하니, 보나 안 보나 빤한 일이지요. 소꿉장난이 되어 버린 우리나라 정부의 일거일동을 그나마 낱낱이 감시하고 참견하려는 것입니다! 못생긴 정부의 벼슬아치들! 권리 앞에는 언제나 굽힐 줄밖에 모르는, 목숨이 무엇인지도 모르고 먹고사는 걸로만 능사를 삼는 놈들! 제집과 제 가족의 영화라면 하늘이라도 팔아먹을 구더기 같은 벼슬아치들! 그것들만 믿고 있다간 큰일이 나겠습니다.

어머니. 시방 조선엔 참사람이 필요합니다. 정말로 제 나라를 받들 줄 알고, 나라를 위해서는 목숨을 애끼지 않는 젊은 사람들이 많이 많이 얼마든지 필요합니다. 어머니, 나는 갈뫼에다 학교를 세우겠습니다."

"학교라니?"

어머니는 무심코 반문하였다.

"양반만 다니는 서당이 아니라, 누구든지 배울 수 있는 학교 말이에요. 사람을 병신으로 만드는 한문이 아니라 새 개화를 가르치고, 몸을 튼튼하게 만들어 주는 학교, 왜 석범이가 서울 가서 다니던 그 학교 말이에요. 석범이 같은 사람이 백 명만 있다면 나는 지금이라도 당장 서울로 올라가서 왜놈들을 모조리 무찌르고 정부를 새로 뜯어고쳐 놓겠습니다. 이쪽에 단 한 사람이라도 목숨이 남아 있을 때까지는……"

"……"

"어머니, 위선 학교 교사로는 우리 집을 내놓읍시다. 처음엔 사랑채만 써도 되겠지만, 수가 늘면 안채까지도 써야 할 겝니다. 학생 수효가 수백 명이 되는 때는 이 집은 모두 뜯어고쳐야 할 것이고, 우리는 딴 데 어디 작은 집을 구해 이사해야겠습니다."

어머니는 한참 동안 아무 말도 하지 않았다. 그러나 드디어,

"내가 아니? 네가 요량해서 할 일이지."

하고 가느다란 소리로 대답하였다. 젊은 좌진을 지배하고 있는 영혼은 역시 그의 모태인 어머니에게도 깃들여 있었던 것이다.

"드는 비용은 금년에 우리 집 몫으로 추수한 나락이 백 석은 되니, 위선 그걸 얼마쯤 팔아서 쓰고…… 드는 거래야 석범이하고 나하고 가르치면 선생 학채는 필요 없을 것이고…… 부족한 것은 석범이도 좀 당할 것이고……"

이미 어머니의 승낙을 얻은지라, 좌진은 인제 혼자서 속궁리에 잠겼다.

"가만있자, 동진이 너도 서당 그만두고 봄부터는 학교엘 다녀라."

"학교도 학교지만,"

하고 어머니는 말한다.

"저것도 설 쇠면 벌써 열다섯 살이나 되는데, 어디 골라서 성혼을 시켜야지 어떻게 허니?"

그러나 좌진은 여기 대해서는 진작부터 안 된다고 대답한 바 있는지라, 다시 더 대꾸하지 않고 자리를 일어서서 자기 혼자서 거처하는 안사랑으로 갔다.

이튿날 그는 석범을 찾아 머리를 하이칼라로 깎고 갈뫼에 학교를 차릴 준비에 착수하였다.

제5장

국가는 다난하건마는 계절의 되풀이엔 변함이 없어서 겨울이 지나고 봄이 또 돌아왔다. 하늘은 또 한 번 조용히 풀려, 온화한 햇볕 아래 모든 생명 있는 것들을 자라게 하는 고운 3월이 되었다.

좌진의 집 대문 옆에는 어느새인지 호명학교湖明學校라는 검은 먹 글씨의 간판이 붙었고, 그 안에서 생도들의 글 읽는 소리가 담장 너머 밖에까지 들렸다.

좌진과 석범의 노력의 보람이 있어서, 지난달부터 개교는 하였으나, 아직 생도의 수효는 40명이 좀 넘을 정도였다. 그나마 반수 이상은 석범과 좌진의 집 젊은 하인배와 그 자녀들이었고, 나머지는 아직까지 영 학문이라는 것을 닦을 기회를 가져 보지 못했던 미천한 집 아들들이 태반이었다. 다만 그 가운데 석범의 아들 영호와 좌진의 아우 동진이가 참가한 것과, 옛날의 스승 김광호 선생이 그 막내 아들에게 개화 교육을 시키기 위하여 일부러 광천에서 이곳까지 유학을 보내, 좌진의 집에 유숙시키고 있는 것이 이색이라면 한 이색이었다.

그러나 이만큼 한 수효를 모아 놓기에도 그들은 여간 힘이 든 게 아니었다. 거의 호별 방문을 하다시피 하며 꼬빡 한 달 동안을 근방 마을들을 샅샅이 찾아다녔지만, 완고한 산골 사람들은 좀처럼 그들의 뜻을 알려 하지 않았고, 또 그 자리를 마지못해 코대답은 해 놓고도 막상 개교 날이 되었을 땐 잊어버린 듯이 아들을 보내지 않는 사람도 많이 있었다.

개교한 지 며칠 후에 석범과 좌진은, 생도들의 단발을 시행하려고 우선 몇몇 그전 하인 아이들의 머리를 깎았다. 그러나 이 소문이 마을에 전해지자 이튿날부터 생도들의 수는 그나마 반감해 버리고 말았다. 그래 할 수 없이 두 사람은 다시 호별 방문을 하고 단발은 전연 학부형들의 의사에 맡기도록 하여, 다시 모아 놓은 것이 현재의 마흔두 명이었다. 그러니 그들의 태반수는 아직도 머리를 치렁치렁 땋아 늘인 아이들이거나 상투를 똥그랗게 맺은 청년들이었던 것이다. 우선 이 모양이라도 개화 교육을 실시하여, 단발은 그들의 자각을 기다리는 수밖에 별도리가 없었다.

그러느라니 자연 애초의 의도와는 수월찮이 달라져서, 그들의 수효를 유지하고 조금이라도 더 늘리기 위해서는 한문 교육에도 상당히 치중해야 하였다. 학과론 한문, 산술, 언문(지금의 한글)과 조선 역사와 지리, 체조를 가르치는 외에 그들에게 민족의식과 새 도덕을 고취하는 시간이 따로 있었으나, 이것은 일정한 과목으로서의 이름이 없었고 또 언제나 때를 따라 하는 것이어서 시간표에도 들어 있지는 않았다. 조선 역사와 지리와 언문과 한문을 석범이가 맡았고, 애국심과 도덕을 가르치는 일종의 수신 시간과 산술, 체조를 좌진이가 맡아서 가르치기로 했으나, 한동안은 체조까지도 배재학당을 나온 석범이가 맡아보는 수밖에 없었다. 그러기로 특별히 결정한 건 아니나 어느새인지 좌진은 이 호명학교의 학감 격이 되어 버리고, 석범은 일종의 단독 교수가 된 것이었다.

이렇게 되니 석범은 자연 학교에 전력을 기울이지 않으면 안 되게 되어서, 그가 경영하는 약국은 밤이나 공일에만 일을 보는 일종의 부업이 되어 버렸고, 그러자니 그의 생활은 또한 휘갈리지 않을 수 없었다. 이 사정을 아는 좌진은 처음 쌀섬, 장작 평을 보내 그를 도왔으나 그걸로썬 부족함을 느끼자, 나중엔 그의 살림살이의 전부를 맡아 버리다시피 하였다. 그러나 약국과 의원이 부족한 이 근방에선 석범은 한낱 학교 선생으로서보다도 약방의 의생으로서 더 필요한 경우가 많았다.

그래 좌진은 선생을 한 사람 구하고, 학교 용품도 살 겸 3월엔 서울을 다녀왔다. 배재학당 출신으로 석범보다 몇 해 후배인 박성태란 청년이 오래잖아 부임하게 되었다. 성태는 지리와 산술, 국어에 능한 사람으로서, 국어에 대해서는 특히 그 발달사와 문법을 전문으로 여러 해 동안 연구까지 한 터였다. 그는 석범의 소개장을 보고 좌진의 포부를 듣자, 여러 가지 복잡한 가정 사정을 물리치고 단연 좌진의 뒤를 따라나섰으니, 그도 뒷날엔 좌진의 동지로서 광복단에 가입하여 조국 광복을 위해 활동하게 될 한 사람이었던 것이다.

좌진은 서울에 도착하자 바로, 이토 히로부미가 통감이 되어 왔단 말을 듣고 치를 떨었다. 그러나 그 혼자의 힘으로써는 아직 어쩌는 수도 없었다. '우리 학생들을 어서 가르쳐야 한다! 강철 같은 한 덩어리를 만들어 놓아야 한다!' 그렇게 생각하며 우선 참는 수밖에 없었다. 그는 서울서 내려올 때 감나무 묘목을 한 3백 주 사서, 철도편으로 조치원까지 부쳤다. 좋은 국민이 되기 위해서는 풍부한 지식과 동시에 씩씩한 몸을 가져야 한다고 늘 주장해 오는 그는, 삼불산 밑 황무지를 학생들을 시켜 개간하여 밭을 이루는 한편, 그 변두리에 감나무 과수원을 만들려는 계획이 있었던 것이다. 밭과 과수원뿐이 아니라 장차는 선생과 생도들의 먹을 것만은 자급자족하려는 것이 그의 계획이었으니, '일하면서 배우자'는 포부야말로 그의 교육가로서의 근본 사상이었던 것이다.

그는 박성태가 부임하자, 석범에게는 역사와 한문만을 맡기고, 정식으로 자기는 교장으로 취임하였고, 또 오래지 않아서는 기호흥학회 한성 본부의 위촉을 받아 홍성 지부장의 직책까지 짊어져야 하게 되었으나, 교장의 행투라고는 조금도 하지 않았을 뿐만 아니라 수신 시간 외에 체조까지도 여전히 맡아보았고, 학생들과 씨름하기도 일쑤였고, 또 황무지를 개간할 때에는 누구보다도 더 많이 일을 하였다. 허나 이 너무나 사람 좋은 교장 선생을 범보다도 더 무섭게 만들

수 있는 일이 단 하나 있었으니—그것은 약한 자를 압제하는 강한 자의 비겁이었다. 한번 이 비겁을 저지른 학생은 누구나 그의 표변한 얼굴 앞에서 생전 처음 당하는 무서움을 느껴야 하며, 그리고 다시는 그의 앞에선 그런 비겁을 저지를 수가 없게 되는 것이었다.

4월 초승의 어느 날 오후였다. 햇볕이 이젠 완전히 따뜻하여 극락세계와 같이 온갖 화초가 다 피어나고, 강남 갔던 제비가 다 다시 날아 들어오는 다정스런 날씨였다. 오전의 학과를 마친 학생들은 점심을 먹은 뒤에 저마다 삽과 괭이와 곡괭이와 삼태기 들을 들고 삼불산 밑 어반잇골 묵정밭에 모여들어, 거센 잡초와 돌멩이로 가득한 황무지에 기름진 옥토를 꾸밀 양으로 전력과 정성을 집중시키고 있었다. 벌써 여드레째 솟아나는 정성을 쏟고 있었다. 다섯 명이 한 소대씩 아홉 소대가 되어, 한 소대가 한 평씩을 날마다 닦아 가야 하는 것이다. 선생 중에 석범만은 그의 약국 때문에 가끔 나오지 못할 때가 있었지만, 오늘은 그도 참가하여 제일 나어린 학생들의 소대에 끼어서 진땀을 흘리고 있다.

좌진이 가서 끼어 있는 곳은 유달리 큰 돌멩이가 많고 가시덤불이 거센, 제일의 황무지였다. 그는 억센 찔레 덤불을 손수 베어 내고, 어린애만큼씩이나 한, 길고 둥근 돌멩이들을 모조리 들어 날랐으며, 학생들에겐 헝거운 일만을 시켰다. 구슬 같은 땀은 이마에 맺히고, 힘드는 일에 그의 두 볼은 붉게 물들었다. 그는 드디어 저고리를 벗어 버리고 웃통을 빨갛게 벗었다.

뭉친 쇳덩이와 같은 좋은 몸이었다. 그의 벗은 웃통을 보고 아이

들이 탄복의 미소를 하니 좌진도 두 줄의 희고 가지런한 이빨을 내놓고 따라서 웃으며,

"너희들도 벗어라."

하였다.

이러한 짓의 전염이란 참으로 빠른 것이다. 학생들은 하나씩 하나씩 웃통을 벗기 시작하더니 잠깐 동안에 그 전부가 웃저고리를 벗고 눈부시는 햇볕 속에 새로 모두 일어섰다.

"너희들 제일 무서운 게 뭐냐?"

좌진은 아이들에게 물었다.

"호랑이요."

"귀신이요."

"아니요, 사자요."

아이들은 제각기 대답하였다.

"아니다. 그까진 것들이 무서울 건 없다."

좌진은 말하였다.

"호랑이나 사자는 잡으면 그만이요, 귀신 같은 것보다는 우리들의 정신이 훨씬 더 세다."

"그럼 무어에요?"

하고 어떤 아이가 물었다.

"가르쳐 주랴?"

좌진은 깔깔거리고 소리쳐 웃으면서 대답하였다.

"우리한테 무서울 것은…… 아무것도 없다!"

이때 춘봉이네와 삼월이가 술참거리를 이고 왔다. 이 두 사람의 가족들은 진작부터 따로 제금나서 이 마을에 오붓한 살림살이를 차리고 있었으나, 그들은 늘 옛 주인집을 잊지 못해 무시로 드나들며 일을 거들어 주는 것이었다. 그러나 좌진은 벌써부터 약속대로 그들을 존대해 오는 터였다.

"무거운데 거 수고들 하시오."

좌진은 이렇게 그들을 보고 말하며, 머리에 인 것을 손수 받아서 내려놓기까지 하였다.

참거리는, 선생들을 위한 한 병의 술과 안주와, 학생들을 위한 비빔밥—여러 가지 산나물과 고추장과 참기름을 치고, 두 개의 커다란 널버기에 그득히 비빈 먹음직한 비빔밥이었다.

마흔두 명의 학생들에게 두 개의 비빔밥 널버기를 맡기고, 선생들은 그 옆에서 서로 권하거니 붓거니 하며, 석 되들이 이조 백자병에 그득히 담긴 호박빛의 약주를 꿀꺽꿀꺽 들이켰다. 학생들도 비지땀을 흘리며 얼큰한 비빔밥을 먹기에 숟갈들이 바쁘다.

봄여름에 들밥이란 별미인 것이다. 더구나 들일을 한 뒤의 들밥 맛이란 각별한 것이다. 학생들은 크나큰 두 널버기를 금시에 비워 놓고, 선생들도 어느새인지 술병이 바닥나서 인제는 곰방대에 담배를 피워 물었다.

"내, 이야기를 하나 허랴?"

좌진은 풀밭에 나란히 앉아 있는 학생들을 향해 입을 열었다.

"태항산이란 산은 청국에서도 젤 큰 산 이름이다. 옛날 옛적 호랑이가 담배 먹던 시절에, 그 산 밑에 우공愚公이라는 아흔 살 먹은 늙은이하고 아홉 살 먹은 그 손자가 살았는데, 우공은 갑갑한 걸 못 견디는 노인이라, 자기 집 앞에 태항산이 떡 버티고서 가려 있는 것이 한평생 지내도록 울홧가심이었드란 말이지. 그래 하루는 집안 식구들을 모아 놓고 산을 헐어 버릴 공론을 했드란 말이야. 그렇지만 모다 노인보고 미쳤다고만 생각했지, 아무도 그러자고 찬성하는 사람은 없었다. 그런데 아홉 살짜리 어린 손자만이 '그러세요' 하고 할아버지 편이 되었단 말이지. 그러나 막상 태항산을 둘이서 헐기로 하고 다시 생각해 보니, 태항산 제까진 게 아무리 높드래도 언제까지든 헐기야 헐겠지만, 그걸 헐어 낸 흙은 또 모두 어따 갖다 두느냔 말야. 어디거나 땅 우이다 그 흙을 모두 갖다 놓으면 되루 태항산이 또 하나 생겨서, 남들이 또 갑갑할 것 아닌가. 그래 생각다 못해 흙은, 거기서도 몇천 리나 되는 발해의 바닷물 속에다 갖다 버리기로 했다. 그래 단단한 들것을 만들어, 맨 처음으로 태항산 흙을 한 들것 그득히 담어 가지고 발해 바다로 갈려고 하는 참인데 말야. 마침 우공의 이웃집에 서른아홉 살 된 과부허고 아홉 살짜리 유복자 외아들이 살고 있는데, 이 말을 듣고 대단히 감동해서 '우리도 같이 태항산을 헐겠어요' 하고 나왔단 말이지. 이런 고마울 데가 어디 있나. 그래 넷이서 번갈아 가며 흙을 버리러 다니기로 하고, 과부와 유복자보고는 위선 흙을 파 놓고 기대리고 있으라고 하고, 우공과 그의 손자는 그냥 발해 바다까지 걸어서 갔겠다. 그래 마악 들것의 흙을 바닷물에다 버리었는데, 바닷속의 용왕이 그 두 사람 꼴을 보니 하도 이상하여서 일부러 밖에 나와서 '거 무슨 짓이냐?'고 물어봤거든. 그랬드니 우공은 사실이 여차여차해서 흙을 버리러 왔습니다, 하고 바른 대로 말했다. 용왕이 들어 보니 기절할 일 아니겠나. 그래 '에이 미련한 늙은이 같으니. 저렇게 늙은 사람이 언제 그 큰 산을 다 허물어? 자네 한 번이나 더 여길 올 수 있을까 모르겠네' 허고 핀잔을 주었것다. 그랬드니 우공이 말이야. 되려, 용왕을 나무래며 '거 모르는 소린 말우' 한단 말이지. '그래 내 목숨이 이게 내 혼자 목숨인 줄만 알우? 여기 내 손자가 있지 않소? 이놈이 아들을 낳으면 또 내 증손자가 생기지 않소? 그 증손자 놈은 또 아들을 날 것 아니오? 그래서 이 목숨은 끝이 없을 것 아니오? 허지만, 그까진 태항산은 뭐요? 제가 언제든지 기어코 뿌리가 빠지겠지. 그래 그까진 게 우리들 목숨보단 더 오래 갈 수 있단 말이오? 흥! 그것도 모른다면 당신이야말로 참말로 어리석소' 하고, 떠억 그런단 말이지. 이렇게 말하는데 용왕인들 또 뭐라고 대답할 말이 있나. 용왕은 우공의 말에 크게 감동해서 '내가 잘못했다'고 깔깔 빌었다. 그러구선 노인과 그 자손들의 수고를 덜어 주기 위해서 손수 많은 용 떼를 거느리고 가서 힘을 합해서 그 큰 태항산을 송두리째 업어다가 발해 바다에 집어넣어 주었다는 이야기다. 어떻냐? 용이 만일 그래 주지 않었다고 우공이 산 허무는 일을 멈췄을 것 같으냐? 누구 대답해 보아라."

그러나 아무도 냉큼 대답하는 학생은 없었다. 다만 그들은 제대로의 감동에 모두 눈을 먼 곳에 보내고 있을 따름이었다. 얼마 뒤에사 김광호 선생의 아들 재현이,

"죽도록 우공은 멈추지 않었을 거요."
하고 대답하였을 따름이었다.

이렇게 충분하고 사치한 휴식이 지났다. 좌진은 다시 일을 시작하기 위하여 먼저 일어서서,

"일어섯!"
하고 그들에게 호령을 내렸다. 그리하여 그들은 각 소대로 갈려서 다시금 황무의 땅 위에 개척의 괭잇날을 휘두르기 시작하였다.

이들의 동무인 해가 서쪽 산 위에서 아직도 망설이고 있을 무렵 그들은 일찌감치 일손을 멈추고, 인제는 제각기 집으로 돌아가기 위하여 연장을 챙기고, 아직 웃저고리를 벗고 있던 사람들은 그걸 찾아 입고 하였다.

그러고 있을 때였다. 학생들은 인제 선생들과 같이 해산의 인사를 나누기 위하여 이열횡대로 늘어서고 있는데, 배재묵이라는 학생과 박상만이라는 학생만이 웬일인지 대열에 들어서지 않고 따로 떨어져서 타시락타시락 다투고 있는 것이 좌진의 눈에 뜨였다.

"박상만! 배재묵! 대열로 들어서거라!"

좌진은 병아리를 부르듯 그들을 불렀다. 그러나 그들은 못 들은 체할 뿐만 아니라 대열에 들어서기는커녕, 드디어는 박상만이라는 아이가 혼자 좌진의 앞으로 나와서,

"교장 선생님. 제 장두칼을 배재묵이가 가져갔어요!"
하고 손가락으로 지금 마악 대열로 들어가는 배재묵을 가리켰다.

좌진과 두 선생은 뜻밖의 일에, 손가락질하며 말하는 박상만과 엉

금엉금 열로 들어가고 있는 배재묵 두 학생을 번갈아 보았다. 배재묵이라면 가난하고 미친한 홀어미의 아들이요, 지금 나와 섰는 학생 박상만은 마을의 동장 박정수의 아들로서, 양반 축에는 끼지 못했으나 판에 박은 상놈도 아니었고, 먹고살기에는 넉넉한 터로, 그러자니 자연 늙은 술장수 퇴물의 아들인 배재묵쯤은 깔보는 경향이 없다고도 할 수 없었다.

"장두칼이라니?"

좌진은 날카로운 소리로 박상만의 위아래를 훑어보며 물었다.

"제 것이예유. 아버지가 준 건데 재묵이가 아까 몰래 훔쳐다가 제 조끼 호주머니 속에다 감춰 놓았어요. 이것이예유……"

하며 상만은 조그만 은장도를, 인제는 제 조끼 개화에서 꺼내 보였다. 그의 설명을 들으면 아까 웃저고리를 벗고 일을 할 때, 명감나무 덩굴을 베 내느라고 은장도를 꺼내다가 쓰고는 분명히 도로 제 조끼 주머니에다 넣어 놓았는데, 나중에 저고리를 입을 때 더듬어 보니 없어서 그래 아무래도 배재묵이가 수상해 보여서, 그놈을 붙들어 잡고 조끼 호주머니를 뒤져 보니 과연 그 속에서 칼이 나왔다는 것이다. 사건인즉 극히 명백한 일이요, 또한 어디서나 항다반 있을 수 있는 일이었다. 박상만의 말이 거짓일 리 없고, 그렇다면 그의 말을 그대로 채용하여 배재묵을 처벌하면 그만인 것이었다. 그러나 좌진은 웬일인지 죄인이 되어 있는 배재묵보다도 죄인을 만들고 있는 박상만이 비위에 거슬려서

"어째서 하필 배재묵이가 수상해 보이더냐?"

하고 상만을 노려보며, 대열에 끼어 있는 배재묵을 불러냈다. 그러나 재묵은 아까 상만이가 쫓아와서 자기 조끼 호주머니를 뒤질 때까지에는 그 속에 칼이 들어 있는 걸 전연 몰랐고, 그러니까 누가 넣은지를 아직도 모르겠다는 것이다. 그렇게 말하며 재묵은 비분함을 참지 못하는 듯이 흑흑 소리를 내어 느껴 울었다.

이때 좌진의 눈은 우연히도 그 두 학생의 입은 조끼가 똑같은 검은빛임을 보았다. 혹은 상만이가 칼을 쓰고서 갖다 넣을 때, 제 조끼에다 넣는다는 것이 그와 비슷한 재묵의 조끼에다 집어넣은 게 아닌가? 만일에 그렇다면 배재묵은 너무나 억울하고, 상만이야말로 그 경솔한 의심과 남을 얕보는 오만심에 상당한 벌을 받아야 할 것 아닌가? 만일 이 상상이 옳다면, 실사회에서도 이런 일이 날마다 되풀이될 때, 죄의 탈은 언제나 배재묵과 같은 약하고 의지할 곳 없는 사람만이 뒤집어써야 하는 것이 상식이라면 그것은 얼마나 지나친 모순인가? 학교란 한 개의 사회로 가는 문이다. 여기에서 이런 것을 단속하지 못한다면 언제 할 것인가?—두 아이의 같은 조끼 빛깔을 번갈아 보며 좌진의 머릿속에 이런 암담한 생각들이 꼬리를 물고 일어나자, 좌진의 눈방울은 한층 더 날카로이 배재묵보다도 제자 박상만을 쏘아보았다.

"그래 상만이 넌 몇 소대였느냐?"

"7소대요."

상만은 태연히 대답하였다.

"너는?"

좌진은 이번엔 재묵을 보고 물었다.

"저도요."

재묵도 역시 같은 대답이다.

"그럼 너희들은 한군데다 옷을 벗었느냐? 멀리 떨어져서 벗었느냐?"

"한군데다 벗었어요."

둘은 나란히 말하였다.

"그럼 상만이 넌 장두칼을 쓰고 갖다 넣을 때, 네 조낀 줄 알고 재묵이 조끼에다 넣은 것이 아니냐?"

"……"

그러나 이 말에는 상만은 만만히는 대답을 못 하고 주저하는 걸로 보아, 그건 어쩐지 분명하지 못한 모양이다. 그러자, 대열 속에서 같은 7소대에 있던 학생들이,

"그랬을 거예요!"

"재묵인 옷 벗어 놓곤 일이 끝날 때까지 우리허고 늘 같이 일했어요!"

하고 재묵을 변호하였다.

좌진의 상상은 역시 적중하였던 것이다.

"예잇! 고연 놈 같으니!"

소리와 함께 상만의 따귀를 철썩하고 갈기는 좌진의 얼굴은, 아까 우공의 이야기를 할 때와는 딴판일 뿐만 아니라 벌써 열여섯 살이나 먹은 박상만이 새파랗게 강그라질 정도로, 맨 처음으로 보는 무서운

얼굴이었다.

"어따가 넣은지도 똑똑히 모르는 놈이 남을 의심해?"

좌진은 이렇게 부르짖으며 학생들을 향해,

"차렷!"

하고 산이 쩌르릉 울릴 만큼 커어다란 소리로 호령을 하였다.

학생들의 이열횡대는 화석의 수풀같이 찍소리도 없다.

"정신을 채리고 똑똑히 들어라! 이다음부터는 말이지, 만일에 무슨 물건을 잊어버렸다고 하는 놈이 있으면 그놈을 먼저 벌할 테니까 그리 알어라! 알겠느냐?"

"네잇!"

학생들은 소리를 나란히 대답하였다. 역시 산울림이 쩌릉 하고 울릴 만큼 분명한 음성이었다.

제6장

또다시 두 해의 세월이 흘러갔다.

삼불산 밑 황무지엔 10여 두락의 학교 밭이 마련되고, 그 변두리의 감나무들도 싱싱히 자라고 있었으며, 학생들의 수효도 부쩍부쩍 늘어서 인제는 백 명이 훨씬 넘었고, 또한 실력과 평판도 상당하여서 서울의 고등학교에서는 자진하여 유학 의뢰장을 보내는 곳도 있었으며, 근린의 각 고을에서도 수십 명의 유학생들이 모여들어 갈뫼에 묵고 있을 만큼 학교는 발전하고 향상하였다. 그래 좌진의 집 식구들은 학급 증설을 위해 집을 비워 주고 상촌上村에 초가집을 지어 이사를 하였다.

그러나 호명학교의 발전과는 반대로 국가의 운명은 나날이 험악해져, 인제는 거의 수습하기 어려운 난국에 빠지고 있었으니, 갈뫼에 학교가 선 이듬해인 광무 11년 정미년 6월에는 헤이그밀사사건이 생겨, 일본의 기막힌 책임 추궁으로 광무제가 양위하고 황태자가 새로 등극하여 융희황제가 되어 창덕궁으로 옮겼으며, 또 그해 7월엔 한일협약 7조가 새로 마련되니, 정치와 법률 제정에는 물론 심지어는 높은 벼슬을 주는 데까지도 일일이 일본인 통감의 승낙을 받아야 하며, 일본인 관리를 정부의 요직에 고루 채용해야 한다는 것이다. 이 일곱 조목의 협약으로 말미암아 7월 31일 한국의 군대를 전부 해산하고, 내각의 각 부에는 일본인 차관이 자리를 차지하게 되었으니, 각부 대신이라는 것은 이름 좋은 허수아비요, 사실은 이때부터 완전히 일본인 차관의 손으로 나랏일이 움직이게 되었던 것이다.

청년 좌진에게 이렇게 엄청난 국가의 변천이 영향을 끼치지 않을 리 없었다. 헤이그밀사사건—네덜란드 서울 헤이그에서 만국평화회의가 열렸을 때, 일본의 부당한 침략과 대한국의 독립과 평화를 세계 각국에 선포하고 승인을 얻기 위하여 이상설, 이준, 이위종 세 분이 특사로 파견되어, 주장할 것을 능히 주장하려 했으나 거기서도 일본인의 참견으로 열국 대표의 무시를 당하자, 이준 선생이 그 자리에서 자결하였다는 헤이그밀사사건과 그것 때문에 생긴 여러 가지 변동의 기별을 들었을 때, 좌진은 끓어오르는 의분을 넘어서서 인제는 이대로 갈뫼에서 학교나 경영하고 있을 자기가 아님을 뼈에 저리게 느끼는 것이었다.

헤이그에서 비참한 죽음을 한 이준 선생의 이야기를 학생들을 모아 놓고 하며, 그들의 눈에서 고이는 눈물과 그들의 부르르 떨리는 주먹을 볼 때, 좌진은 그들을 가르치는 보람과 그들을 끝까지 지도해야 할 의무감을 느꼈다. 그러나 나랏일은 호명학교 학생 속에서 백 명의 이준이 나올 때까지를 기다리지 않고 너무나 빨리 뒤바뀌고 있는 것이다.

정미년이 다 가고 이듬해 봄이 되도록까지 그는 많이 많이 생각해 보았다. 그러나 역시 전 민족이 깜깜한 밤 속으로 끌려만 들어가고 있는 이 거창한 해 어스름의 비명하는 소리는 한 개의 호명학교를 그 속에 진동시킬 수 있을 만큼 너무나 컸던 것이다.

그래 당분간 학교를 경영할 비용을 장만하여 동지 김석범에게 맡기고, 그는 서울 길을 뜨기 위하여 한 마리의 말을 샀다. 벌써 4년 전부터 경부선 철도가 개통되어 있었으나, 일본 놈들 때문에 이를 갈고 나서는 마당인지라 그놈들의 손으로 된 화차도 인젠 타기 싫어서, 좌진은 수백 리 길을 말로 달리려는 것이다.

그런데 여기 한 가지 난처한 문제가 생겼다. 그것은 그의 아내의 일이었다. 그는 이 봄의 출발을 앞두고 생각다 못하여 지난해 겨울에 아우 동진이를 어머니의 뜻을 받아 결혼을 시켰다. 그러니 어머니는 우선 동진이에게 맡기면 그만이었다. 그러나 좌진의 아내 오씨는 한사코 남편을 따라서 가겠다는 것이다. 남편의 결심을 아는 아내인지라, 그의 신변이 위험할 걸 염려했음인가. 좌진의 눈에 어린 불이 아무래도 맘 놓이지 않았음인가. 몇 해만 어머니 모시고 기다리라고, 아무리 타일러도 듣지 않는 것이었다.

남편의 거창한 출발을 앞두고 울음으로 밤을 새는 젊은 아내—아닌 게 아니라 까딱 잘못되면 이 아내는 남편을 다시 보지 못할는지도 모르며, 배운 것이 그뿐인 양반의 구실을 지켜 뭇등에 묻히는 날까지 청상의 과부로서 앉아 있을지도 모르는 일이다.

'가긍하다……' 하는 생각이 들자 좌진은

"그럼 따라오지."

하고 그의 아내를 데리고 가기로 작정하였다.

"그 대신 언제든지 내려가라면 내려가야 허고, 무슨 일이 있드래도 참어야만 되오!"

그러나 좌진의 이 '가련하다'는 느낌은 자기의 아내라서 특별히 생긴 그러한 느낌만은 아니었다. 실상인즉 이것은 이러한 처지에 놓일 수 있는 모든 젊은 여자들에 대한 일종의 종합적인 느낌이기도 하였던 것이다.

이리하여 좌진이 스무 살 되던 해—무신년 봄 4월, 좌진은 조그만 꽃가마에 그의 아내를 태워 앞세우고, 자기는 그 뒤에서 천천히 말을 몰아, 다난한 혁명가의 길을 떠났다. 서울에 당도하면 집을 구하도록까지는 우선 가회동 일갓집에 머무르기로 미리 연락은 해 놓은 터였다.

가족과 학생들의 전송을 받으며, 이른 아침에 집을 나서서 그들이 서산 땅에 들어선 것은 벌써 황혼이 가까울 무렵이었다. 마침 길가에 돼지를 잡아 놓은 술집을 본지라, 좌진은 한잔 들이켜고 갈 양으로 잠깐 말에서 내리며, 가마보고는 어서 앞에서 가라고 하였다.

그래 네 사람의 가마꾼이 아씨를 태우고 앞서가는 동안 그들은 어느새인지 대호지라는 큰 못물가에 다다랐다. 용봉산의 거센 산맥 사이에 있는 이 대호지 근처는 수월찮이 외진 곳인데, 때마침 술참이 힐끈 지난 뒤인지라, 가마꾼들은 '혹시나' 하는 생각에 그들의 주인이 뒤따라오기를 속이 타도록 기다리면서 주춤주춤 발길을 옮기고 있을 때였다.

그때였다. 못물가를 다 지나서 산모퉁이를 마악 돌아가려 할 때, 뜻밖에도 10여 명의 괴한의 무리가 나타나

"거기 가는 가마 게 있거라!"

소리와 함께 부인의 탄 가마를 에워싼 것은.

염려하지 않은 건 아니었으나, 너무도 급작스레 당하는 일인지라, 교군들은 가마를 맨 채 어쩔 줄을 모르고 부들부들 떨기만 할 뿐이었다.

이때 뜻밖에도 그 옆 솔밭 속에서 형체는 보이지 않으나 누군지,

"거 어디로 무엇 하러 가는 가만지 물어보아라!"

하고 소리를 치는 자가 있었다. 이로 미루어 보건대, 놈들의 무리는 시방 가마를 에워싸고 있는 자들 뿐만도 아닌 모양이요, 또 그 괴수되는 자는 아직도 솔밭 속에 은신해 있는 모양이다.

'주인은 어째서 아직도 오시지 않을까? 또 주인이 온들 이 많은 무리들을 어떻게 막아 낼 수 있을까?' 하는 생각에, 네 사람의 교군은 한참 동안은 아무 대답도 못 하고 이마 위에 식은땀만 죽죽 흘렸다. 그러나 '이러고 있을 일이 아니다'라고 생각한 것은, 교군 중의 한 사람인 춘봉의 아우 춘삼이었다. 그는 자원해서 자기 집의 평생의 은

인이요 또 옛날의 상전인 '교장 선생님'의 서울 행차에 가담한 터인지라, 설만들 말하면 도적들이라고 우리의 교장 선생을 몰라 주랴 싶어 용기를 다하여,

"예에, 이건 갈뫼 호명학교 교장 선생님이 서울 가시는 가마요!"

하고 한번 말하여 보았다.

그러나 보이지 않는 자는 다시 입을 열어,

"갈뫼 호명학교? 거 어디서 듣던 말 같다. 어디 그놈을 이리 끄내 오너라!"

하였다.

명령에, 가마를 둘러싸고 있던 놈들 중의 한 자가 가마 영창문을 열고 한참 동안 들여다보더니, 그 속에 새파랗게 질려 있는 오씨 부인을 발견하자,

"이이키 이건 이쁜 여잔데…… 두목님 이건 여자올시다!"

하고 외치며 징글맞게 웃었다.

그러자 솔밭 속에서는,

"아카카카카카카카—"

하고 이것 역시 음흉한 웃음소리가 터져 나왔다.

"난 또 두두룩한 놈이 하나 걸린 줄 알았더니 겨우 예펀네야? 하여간 늙지 않은 계집이면, 거 이리 끄내 오너라!"

말이 떨어지기가 무섭게, 놈들은 교군들을 그 자리에서 밀쳐 내고 달려들어 가마 문을 열었다.

당황한 건 춘삼이었다. 그는 아씨를 보호하기 위하여 죽음을 각오

하고 달려들어 가마 문을 열고 있는 녀석의 데수기를 낚아채어 있는 힘을 다해 메어붙였다. 그러나 그 녀석이 땅에 떨어지기가 무섭게, 더 우악스럽게 생긴 두 녀석이 뒤에서 춘삼이를 잡아 엎치고, 또 한 녀석이 그 서슬에 가마를 향해 엉금엉금 걸어가더니 후닥닥 문을 열어젖히고는 반쯤 기절해 있는 오씨 부인의 팔목을 밖으로 끌어 잡아 당기는 것이었다.

"아이고 이런 쌍놈이! 춘삼아! 춘삼아!"

부인은 무심코 부르짖으며, 잡힌 팔목을 뿌리치려고 몸부림을 쳤다.

그러자 놈은 손쉽게는 안 될 것을 알았음인지, 이번엔 두 팔을 벌리고 달려들어 부인을 보듬어 내려 하였다.

이때다. 멀리서 네굽을 치는 말발굽 소리가 들리더니, 좌진이 대호지의 못물가를 구부러져 달려오고 있는 것이 아스라이 보였다.

좌진이 가마 옆에 당도한 순간, 그는 잠깐 동안 말고삐를 잡아당기며 주춤하였다. 그러나 그것은 눈 깜짝할 동안이었다. 전개되고 있는 사건의 성질이 이해된 다음 순간, 그는 번개와 같이 말 위에서 뛰어내리더니, 아직도 가마 속에서 부인을 끌어내려고 승강이하고 있는 녀석을 뒤에서 두 손으로 번쩍 치켜들었다. 그것은 참으로 순식간이었다.

이것을 본 놈들은 인제는 교군들을 놓고 좌진에게로 몰려들어 왔다. 그러나 높이 쳐든 좌진의 두 손 위에서 버르적거리고만 있는 동료를 보자, 본능적으로 몇 걸음 물러섰을 때, 좌진의 입에서는 돌연히,

"에잇! 즘생 같은 놈들!"

하는 벼락 같은 소리가 나와 산을 울리는 동시에 그의 두 손이 힘껏 팽개질을 치는 곳—무슨 조그만 돌멩이와 같이 그 녀석은 호수 위의 공간을 날아가더니 못물 저쪽 산비탈에 가서 턱하고 떨어져 뻐드러져 버렸다.

거기는 대호지의 넓은 수면에서도 제일 면적이 작은 한 귀퉁이인지라, 불과 여남은 발 사이밖에 되지 않긴 하였으나, 크나큰 장정 하나를 그 너머로 팽개쳐 던진다는 건 여간한 힘으로썬 못 할 일이었다. 그만큼 김 장군은 힘이 세었던 것이다.

눈으로 이 모양을 보았는지라, 모두 그 자리에 선 채 움씩도 않고 있는 놈들을 향해 좌진은 비로소 입을 열었다.

"너희들은 대체 무엇 허러 다니는 놈들이냐? 나랏일이 다난한 이때, 그래 아무것이면 할 일이 없어 이 누추한 추접을 떨고 다니느냐 이 못생긴 놈들아! 허고 다니는 소행으로 따지면 당장 이 자리에서 모조리 때려죽일 것이로되 길이 바빠서 그냥 가니 썩 물러나거라! 그러고 너희 동무를 하나 없애게 된 것은 유감이지만 그건 너희들이 저지른 죄의 벌이니 나쁘 생각 말고, 따뜻한 데나 골라서 묻어 주어라……"

좌진의 서릿발 같은 음성은 이렇게 차차로 누그러지며, 허리에 찬 돈 전대를 끌러 약간의 은전을 꺼내서 그들에게 주라고 춘삼이한테 그것을 전하였다. 그러곤 다시 말을 계속하였다.

"적지만 그걸로는 비명에 횡사한 너희 친구의 장비에나 보태 써라. 그러고…… 너희들한테 부탁할 일이 있다면 한 가지 있다. 이 망할 놈들아! 육신이 멀쩡한 젊은 놈들이 겨우 할 일이 이 짓뿐이드냐? 약한 동포를 협박해서, 약한 유부녀 따위나 협박해서 누추한 창자나 채우고 살어선 무엇 헌단 말이냐! 너희들도 사람이거든 허물어져 가는 나라를 위하여서 헐 일은 다 못 할지언정, 부디 착한 사람이나 되어, 고향으로 돌아가 농사도 짓고 가족들을 부양하여라! 김좌진이가 너희들에게 이것을 부탁한다."

드디어 좌진은 말을 멈추고 교군들을 불러 가마를 메라 한 후, 인제는 얼마 남지 않은 대호리 객줏집까지 대어 가기 위해 자기도 말 위에 올라탔다.

그러자 이때, 길 옆 수풀 속에서 뜻밖에도 또 10여 명의 괴한이 뛰어나오며, 기골이 장대한 그중의 한 자가 좌진의 앞에 나와,

"김 선생!"

소리와 함께 땅에 엎드렸으니, 이것이 아까 수풀 속에서 치던 소리의 주인공이요, 놈들의 두목인 모양이다. 그와 동시에 20여 명의 그의 부하들은 이때를 기다리기나 했던 것처럼 나란히 나와서 그 뒤에 엎드렸다.

"당신이 김좌진인 줄은 우리는 꿈에도 몰랐소."

수상한 사내는 엎드린 채 천천히 말했다.

"당신은 나를 모를 테지만, 나는 당신을 조금은 아오. 병진년이던가, 당신이 아직 어린 청년으로서 수십 명의 종들을 놓아주었다는 소식을 나는 들은 일이 있었소. 사실인즉……"

그는 잠깐 동안 말을 머뭇거렸다.

"왜 그해에 댁에서 떠난 젊은 사내종 판술이가 있지 않았소? 그 사람이 바로 내 외척의 형이오! 그때 판술이는 논산에 있는 우리 집을 찾아와서, 한동안은 나를 도와주다가, 재작년 봄에 그만 죽어 버렸소. '하늘에 나는 새 모양으로 내가 이렇게 맘대로 살 수 있는 것은 김좌진이 덕이다!'라고, 늘 까불며 당신을 칭송하다가 죽었지요…… 나도 선생을 한번 만나기가 소원이었지만, 이렇게 뵐 줄은 천만뜻밖이오. 하도 이리저리 부평초 모양 떠돌아다니는 놈이라 나는 그 뒤 당신이 학교를 세운 것도 모르고 있었소. 그래 아까, 교군이 '학교 교장 선생님'이라고 했을 때에도 웬 '양반 친일파' 녀석이나 아닌가 의심했던 것이오. 김 선생! 당신이 말씀한 것처럼 우리는 누추하다면 아닌 게 아니라 누추하게도 되었소! 허나 우리 아버지가 논산골 사또에게 억울한 죄로 매를 맞어 죽은 뒤로, 내가 이 길로 나선 지도 어언 10여 년이 되었지만, 노리는 건 언제나 썩은 양반이거나 못된 벼슬아치였지 약한 백성은 아니었소. 허지만 김 선생에게 나는 큰 죄를 지었소. 너그러이 용서해 주시오."

사내의 이야기는 끝이 났으나, 그는 여전히 엎드리어 있었다.

좌진은 적지 아니 감동하였다. 그가 옛날의 종 판술의 친척이라는 것도 감개무량한 일이거니와, 상상보다는 그렇게까지 썩지 않은 그들의 사상이 고맙기도 하였다.

좌진은 넌지시 말 위에서 내려와, 엎드려 있는 의병 두목을 일으켜 세우며 비로소 누그러진 음성으로,

"긴 이야기는 밤에 하기로 하고, 벌써 저물 때가 되었으니, 우리 같

이 대호리 객줏집으로 갑시다."

하였다.

드디어 좌진의 일행은 뜻하지 않은 20여 명의 의병의 무리를 얻어 앞세우고 석양의 산모퉁잇길을 걸어가고 있었다.

그날 밤, 좌진은 대호리의 객줏집에서 그들과 술잔을 나누며 밤이 깊도록 환담하였다. 의병 두목 채기두—그 사내는 자기 이름을 이렇게 소개하였다—그는 거듭 맹세하는 것이었다.

"선생께서 급한 일이 있으면 언제나 불러 주십시오. 이까짓 목숨이라도 쓸데가 있다면 언제든지 내어던지겠습니다."

하고……

그래 좌진은 장차 그와 연락할 곳을 수첩에 적었다.

제7장

좌진은 서울에 당도하자, 곧 가회동 일갓집에서 멀지 않은 취운정 솔밭 밑에 조그만 오막살이집을 한 채 구하여 자리를 잡고는 이내 활동을 시작했으니, 이로부터 2년 후 저 경술년 합병의 치욕이 이 민족을 억누르도록까지 그가 활동한 범위는 질적으로 보아서도 아마, 이러한 때 이 나라에 목숨을 가지고 있는 청년으로서 할 수 있는 온갖 범위와 정도를 훨씬 넘어선 것이었다. 합병까지의 두 해 동안 그는 늘 줄달음질치는 것 같은 상태 속에서 살았다.

그러나 그와 같이 용감하고, 그와 같이 단단하고, 그와 같이 나라를 사랑하는 사람의 힘으로도—그와 그의 동지들의 일단의 힘으로도 이미 할 수 없는 나락의 구덩이로 굴러 들어가고 있는 한 국가의 전체 운명을 떠메기에는 부족하였던 것이다.

독자 제군은 저 열자列子의 이야기 속에 나오는 힘센 사람 과부夸父의 이야기를 기억하시는가. 서쪽으로 서쪽으로 지는 해의 앞을 서려다가 도중에서 숨이 차고 목이 말라 죽은 과부—그가 던진 지팡이는 그의 시체를 거름으로 하여 수천 리의 수풀을 이루었다. 그러나 아무리 지는 해를 보고 달려가도 목도 안 마르고 숨도 차지 않는 좌진과 같은 사람은 과부처럼은 죽을 수가 없기 때문에 해가 떨어져 버린 밤에도 쉬지 않고 달려가야만 하는 것이다.

그는 대한협회에 가입하여 노백린, 윤치성 등의 동지와 손을 마주 잡고, 내각의 소장파들을 선동하고 지도하기에도 힘썼으며, 지방으로는 논산에 있는 채기두를 통하여 각지에 산재해 있는 의병의 병력을 집결하도록 연락도 하였고, 또 한쪽으론 비굴해져 가는 언론을 바로잡기 위하여 손수 한성신문의 이사가 되어서 신문쟁이 노릇도 하였으며, 심지어는 당시 조선에 단 하나뿐인 이춘수 고아원의 총무 노릇까지를 겸하였다.

그러나 그뿐만이 아니었다. 일본인의 손으로 잠시 한양에 무관학교가 생기자, 배워서 그들을 무찌르기 위하여 한동안은 입학해 신식 군사 교련도 받았고, 오성학교에서 수백 명 학생을 가르치기도 했으며, 또 돈이 필요함을 절실히 느끼자 누추함을 무릅쓰고 현재의 관철동 대관원 자리에다 이창 양행이라는 물감 가게를 내기까지 하였다. 그야말로 좌충우돌이요, 피나는 싸움이요, 너무나 바쁜 걸음이었다.

그러나 이 겨레 전체의 힘으로써도 어쩌지 못하는, 참담한 낙일落日

의 때는 오고야 말았다. 만주의 하얼빈 역두에서 이토 히로부미가 안중근의 손에 쓰러진 이듬해인 융희 4년 경술년, 일본은 이 나라에 삼엄한 헌병 경찰망을 벌이더니, 데라우치 마사타케가 통감이 되어 오자, 바로 8월 22일 오후 5시 창덕궁에서는 한일합병조약이 조인되었다. 이조가 선 지 519년, 27대 만에 나라는 망하고, 완전히 일본의 손아귀에 들어가고 말았다.

드디어 8월 29일, 합병의 조서가 발표되었다.

유달리도 하늘이 맑은 날이었다. 무더운 여름도 거의 지나고, 인제는 바람 끝에서도 새 가을의 기운이 도는, 거울같이 갠 날씨였다. 앞을 가리는 산만 없으면 삼천만의 얼굴이 모두 다 보일 것 같은 그러한 날이었다. 그러나 합병의 조서가 발표된 뒤의 서울 장안은 커다란 한 개의 상가와 같았다. 집집마다 시민들은 안으로 빗장을 걸고, 구석구석에서 통곡하는 소리가 밀물 쳐 흘렀다. 길거리엔 만일을 경계하는 일본 헌병의 말발굽 소리가 요란히 울릴 뿐 무 배추 장수 하나 드나들지 않았다. 다만 통곡 소리…… 크지 않으나 뼈에 사무치는 어두운 통곡 소리만이 그치지 않았다. 그리하여 하루가 지나고 이틀이 지나는 동안, 이 통곡 소리는 삼천리에 뻗쳤다.

하아얀 도포 자락과 맑은 마음씨만을 자랑으로 삼고 지내던 참으로 약한 이 나라의 선비들—그러므로 그들은 쓰러지는 나라를 어쩌는 재주도 없었고, 나라가 쓰러지자 또 거기서 그냥 살 배짱도 없었다. 하나씩 둘씩, 그들은 연달아 스스로의 목숨을 끊었고, 어떤 이들은 가족과 고국을 버리고 먼 나라로 떠났다.

이러한 며칠이 지난 뒤의 어느 날 저녁, 가회동 막바지에 있는 김좌진의 집 건넌방에는 주인 좌진을 비롯하여 여러 동지들이 모여 조그만 술상을 둘러싸고 있었다. 노백린, 윤치성, 권태진, 신현대, 신두현, 임병한, 박상진, 김한종, 최한영 등의 여러 사람과 함께, 봄에 갈뫼에서 올라온 호명학교 교원이었던 박성태도 끼어 있었으니, 실상은 내일 상해로 떠나게 된 노백린의 출발을 앞두고, 여러 가지 행동 방침을 토의하려는 것이다. 다만 유감이라면 동지 서상경徐相京이 합병의 이튿날 밤 배를 가르고 이 자리에 참석하지 못하게 된 것이었다.

"어서들 술잔을 드시오."

바윗돌과 같이 묵묵하여지기가 쉬운 벗들에게 술을 권하며, 좌진은 바로 옆에 앉아 있는 선배 노백린을 보고도,

"어서 선생도 한 잔 더 드십시오. 청국엘 가면 얼마동안은 조선 약주 맛은 보고 싶어도 못 보실 테니까요."

하였다.

그러나 벌써 젊은이가 아닌 노백린 선생은 길게 자란 구레나룻을 쓰다듬으며 빙그레 웃고만 있더니 드디어 술잔을 들어 꿀꺽 삼키고는,

"김 동지!"

하고 좌진을 불렀다.

"천도가 무심하여서 나라는 망했어도, 아닌 게 아니라 약주 맛은 좋소…… 청국에 가서도 기필코 이놈 생각이 더러 날 것이오."

하였다.

"서상경이 이 자리에 없는 것이 섭섭습니다……"

하고 윤치성이, 자수自手해 버린 약한 동지의 명복을 비는 듯이 두 눈을 감으며 입을 열었다.

"나도…… 그 생각은 있었지만…… 분이 아무래도 허락지 않았습니다."

"천도가 무심타고 노 선생님은 말씀하셨지만,"

좌진은 말하였다.

"나는 머지않아 이 나라가 다시 광복될 것을 믿고 있습니다. 나도 윤 군과 같은 생각을 잠깐 동안 해 보기는 했지만, 그건 너무 아녀자의 일 같습디다. 백 번이라도 이 나라에 목숨을 다시 탈 수만 있다면 타 가지고 살면서 싸워 보는 것이 사내 된 자의 할 일인 줄 아오."

"고마운 말씀이오."

노백린은 대답하였다.

"김 형과 같은 동지를 나라 안에 두고 가니 내 마음이 저으기 든든소. 청국에 가서 내가 할 일은 아무 걱정 말고, 부디 동지들은 그 기개 변하지 말고 일 많이 해 주시오. 좁은 숨통이라 이 어려운 공기를 호흡해 보지 못하고 그냥 죽어 버린 동지들을 탄해선 무엇 하겠소. 그 사람들을 위해서는 우리는 여가 있을 때마다 명복을 빕시다…… 그러고 우리들은…… 백 번은 고사하고 될 수 있으면 천 번이라도 태어나서 원수를 갚읍시다!"

"노 선생님!"

하고 좌진은 조용하나 묵중한 소리로 백린을 불렀다.

"여기 있는 우리들이 살어 있는 동안 국내의 일은 아무 염려 마십시오. 그러고 선생은 청국에 가시는 길로 우리 정부를 그곳에 만들도록 힘써 주십시오. 선생님께서 아까도 말씀하신 것처럼 이조가 망한 것은, 참으로 썩은 이조를 물리치는 천도의 명령이었습니다. 그만, 그것이 우리 손으로 고쳐지지 못하고 왜놈의 손에 넘어간 것이 분할 뿐이지요. 그러니 우리는 인제 우리 손으로 정부를 세우고 그것을 떠받들어 나아가기에 있는 힘을 다해야 할 것입니다."

"……"

노백린은 소리 내어 대답은 하지 않았으나 고개를 끄덕끄덕하며, 회심의 미소를 띠고 있었다.

"그러고,"

좌진은 한층 더 조용한 소리로 말하였다.

"무기 구입에 많이 힘써 주십시오. 특히 육혈포와 폭탄은 될 수 있는 대로 많이 구해 두십시오. 부족한 자금은 연락하시는 족족 어떻게 해서라도 보내 드리겠습니다……"

"……"

"그러고…… 여기 있는 이 사람들은 언제든지 죽을 수 있고, 그 뒤를 따를 사람도 얼마든지 내세울 자신이 있습니다!"

"폭탄만 있다면야 당장이라도 그놈들을 모조리 가룰 만들 수 있을 텐데!"

하고 여태껏 잠자코 있던 박성태가 큰 소리로 외쳤다. 그러나 일동은,

"쉿!"

하고 그를 말렸다.

그들은 다시 술을 서로 받고 권한 뒤, 밤이 깊어서야 헤어졌다.

이튿날. 노백린은 그들 동지들의 전송을 받으며, 몰락한 고국을 뒤로 남기고 의주행 열차에 몸을 실었다.

그로부터 여섯 달이 지난 뒤인 신해년 2월.

상해에 당도한 노백린은, 벌써 가정부假政府가 이루어지고 있다는 소식과 함께, 경비와 무기 구입에 꼭 필요하니 어떻게 해서라도 10만 원 돈만 즉시 만들어 보내라는 밀사를 보내왔다.

그러나 예상보다는 너무나 빠른 이 지령을 받고 기쁨을 어쩌지 못하는 동시에, 또한 적지 아니 당황한 건 좌진이었다. 그는 이때가 있을 것을 예상하고, 그동안 들어오는 돈이란 돈은 모조리 모아 두었다. 심지어는 양식을 절약하면서까지 그것을 모으기에 힘을 썼다. 그러나 모인 금액은 겨우 3만 원을 조금 지날까 말까 하였다. 갈뫼에 백여 두락의 전답 문서가 아직도 있긴 하였으나, 그까짓 것은 전부를 판대도 만 원도 못 될 것이다. 거기다가 그가 한쪽으로 경영하고 있던 이창 양행은 합병 후 유야무야한 상태가 되어서 요즘 와선 아무런 수입도 없었다.

생각다 못해 그는 밀사를 가회동 집에 머무르게 한 후에, 갈뫼에 내려가서 소유 토지를 전부 팔아 가지고 올라왔다. 좀 여유가 있는 친구들의 현금이란 현금은 모조리 털었다. 그러나 그것은 모두 합해야 5만 원이 채 다 못 될 정도였다.

초조해 있는 밀사를 아랫목에 앉혀 놓고, 그는 "가만있자, 가만있자" 연달아 중얼거리며 아무리 궁리를 하여 봐도 별 신통한 수가 없었다. 마련된 것만이라도 그냥 전할까. 그러나 그것은 아무래도 안 될 일이었다. 10만 원이 꼭 필요하니 10만 원을 청한 것이요, 5만 원만 필요하다면 그것만 청하였을 것 아닌가. 조국 광복을 위하여서—가정부의 설립과 무기 구입을 위하여서 10만 원은 지금 당장에 꼭 있어야만 하는 것이다!

윗목 책상에 기대서 끙끙거리고 앉아 있던 좌진은, 뜻밖에

"가만있자!"

하고 큰 소리로 입 밖에 내어 외치며 일어섰다. 그는 무엇을 생각했음인지, 의관을 갖추고는 벌써 어스름 때를 밖으로 나가더니, 그날 밤이 깊어도, 그 이튿날이 되어도 또 그 이튿날이 되어도 영영 돌아오지 않았다.

그날은 신해년 2월 초닷샛날—드물게 추운 날이었다.

제8장

좌진이 집을 나간 지 이틀 뒤인 2월 초이렛날, 총독부 기관지인 매일신보에는, '양반 강도의 출현'이라는 큰 제목 밑에 대략 다음과 같은 기사가 게재되었다.

지난 5일 저녁 돈의동 ××번지에 사는 김종근 씨 댁에는 한 명의 괴한이 나타나서, 때마침 사랑방에 있는 주인 종근 씨에게 현금 5만 원을 요구하므로 이를 거절하였더니, 괴한은 마침내 완력으로써 협박하는지라, 주인이 큰 소리로 고함을 치자 가족들이 알아듣고 즉시 이 급보를 경찰 당국에 알렸다 하며, 급보를 받은 경찰에서는 현장에 형사대를 출동하여 일장 격투 끝에 무사히 그자를 포박하여 방금 엄중한 취조를 받고 있다는데, 그자는 가회동 ××번지에 주소를 둔 김좌진(23)이라 하며, 조사한 바에 의하면 그는 일찍이 양반의 집 자제로 태어나서 사회적 지위도 상당하였고, 피해자 김종근 씨와는 먼 친척의 관계까지 있는 터로, 그가 이번 이 행동을 취하게 된 것은 가산을 탕진한 궁여지책이 아닌가 하고 일반은 관측하고 있다더라.

신문의 보도를 보고 들은 그의 친지와 가족들의 당황과 의혹은 말로썬 형용할 수도 없었다. 그가—사리사욕이라고는 조금도 모르던, 의로웁고 인자하기론 둘째가라면 설워할 그가 정말로 매일신보의 전하는 것과 같이 궁여지책으로 그런 죄를 저질렀을까? 하는 것이 일반으로 그를 아는 사람들의 의혹이었고,

"환장한 놈! 어디 갈 데가 없어서 친척의 집에 강도질을 가다니!" 하는 것이 사건의 진상과 총독부 기관지의 허위 보도의 성격을 모르는 무지몽매한 사회의 여론이었다.

그러나 그의 품격과 마음을 아는 동지와 가족들을 놀라게 한 것은 그러한 의혹은 아니었다. 그들은 온 천하가 나서서 그에게 돌을 던지며 죄인이라 하여도 그의 앞장을 서서 그를 변호할 만큼 그를 믿고는 있었다. 그러나 그가 이러한 죄명을 쓰고 잡혀서는 안 될 마당에—죄명이야 어떻든간에 단 하루라도 부자유한 몸이 되어서는 안 될 마당에, 원수의 손아귀에 걸린 것이 몹시 초조하고 원통할 따름인 것이었다.

더구나 놀라고 당황한 것은 그의 아내 오씨와, 상해에서 온 밀사였다. 한 사람은 안방에서, 한 사람은 건넌방에서, 심부름하는 조그

만 계집아이 하나를 새에 두고 지내면서 사흘 동안을 30년만큼 지루하게 느끼며 주인이 돌아오기를 분초를 세면서 기다렸다. 그러나 드디어 7일 날 저녁 그의 동지 박성태가 매일신보를 들고 와서 그들에게 보였을 때, 부인은 오랫동안 초조하였던 긴장이 풀리며 비분에 사무친 울음을 억제할 길이 없었고, 상해의 밀사 역시 성질은 다르나, 끓어오르는 의분에 주먹을 부르르 떨었다. '3년 전에 갈뫼를 떠날 때 남편의 눈에 어린 불을 보고 염려했음은 오늘 때문이었던가?' 부인은 이러한 생각이 들자, 남편의 몸에 닥칠 왜놈들의 형벌을 생각하고 가슴이 막혔고, 밀사는 밀사대로 속이 탔다.

그러나 그들은 무엇 때문에 좌진이 이 꼴을 당하게 되었는가를 둘이 다 알고는 있었다. 부족한 돈을 채우기 위하여 동분서주하는 그를 두 사람은 보았고, 그 돈이 건넌방에 있는 밀사에게 주어 보내기 위한 것이란 것도, 남편에게서 직접 들은 건 아니지만 영대가 빠른 오씨는 벌써부터 눈치채고 있었다. 미련하지 않은 아내란 참으로 남편의 속을 모두 다 아는 것이다.

오씨는 이러한 때 남편을 위해서는 어떻게 해야만 될 것인가를 생각해 보았다. '무슨 일이 있더라도 참고 견디라'고, 3년 전에 갈뫼를 떠나올 때 남편은 부탁하였다. '참고 견딜 뿐만 아니라 남편을 위해 어떤 때는 그를 대신해서 일을 처리할 줄도 알아야 하지 않을까?' 여기에 생각이 미치자, 오씨는 우선 한시바삐 남편을 위해서 실행해야 할 일은 앞닫이 속에 있는 5만 원을 부족한 대로나마 상해서 온 밀사에게 전하는 것임을 즉각으로 느꼈다. 남편이 이 자리에 있다면 그는 반드시 그렇게 할 것이었다.

그래 박성태가 밀사와 같이 저녁상을 받고 돌아가자, 곧 앞닫이의 지전 뭉치를 책보에 든든히 싸서 들고, 계집아이도 데불지 않고 혼자서 건넌방으로 상해 손님을 찾아갔다. 내외를 가려야 하는 양반의 집 딸이요, 양반의 집 며느리인 오씨에게 있어서, 이건 나서 처음으로 가지는 커다란 용맹이었다.

뜻밖에 고개를 숙이고 들어오는 부인을 보고, 엣비슥이 누웠다가 당황히 일어서는 밀사에게 책보에 싼 것을 내어주며, 부인은 그러나 태연히 말하는 것이었다.

"남편이 선생님께 전하려 한 것이 이건 것 같고, 또 다 채우지도 못한 것 같습니다만, 이대로라도 전해 드려야 할 것 같아 가져왔으니 받어 줍시오. 그러고 언제 순검들이 우리 집에 올는지 모르니 한시바삐 길을 뜨옵시오……"

"고맙습니다, 부인……"

밀사는 그것을 받아 들며 머리를 숙였다.

"사실은 이것 때문에 김 동지가 그렇게 된 것도 잘 알았고, 또 제가 먼저 이거나마 전해 줍시사고 말씀 여쭐라고 생각도 하고 있었습니다. 부인…… 고맙고, 또 죄송합니다. 부인께서 얼마나 비분해하시는지, 김 동지가 얼마나 못 당할 일을 당하고 있는지, 모두 다 눈에 뵈는 것 같습니다. 과히 낙심 마시고, 안녕히 계십시오! 저는 이 길로 바로 상해로 떠나서 노 선생님 뵈옵고, 이 말씀을 여쭙겠습니다……"

이렇게 말하며 그는 바로 조그만 행장을 꾸려 가지고 먼 상해 길을 떠나기 위하여 여러 날 묵던 방을 나섰다.

"부인, 안녕히 계십시오……"

거듭 말하며 사라지는 밀사의 뒷모양을 뒷마루에 서서 우두커니 바라보고 있던 오씨 부인은, 안방으로 들어가자 아랫목에 그대로 있는 남편의 잠자리옷에다 얼굴을 묻고 비로소 걷잡을 수 없는 설움에 흐느껴 울기 시작하였다.

오씨는 울음을 멈추고 박성태가 두고 간 신문을 다시 펼쳐 들었다. 돈의동 김종근이라면 오씨에게도 전연 생소한 이름은 아니었다. 생소하지 않을 뿐만 아니라, 이 김씨 일문의 일갓집에서도 돈 많고 인색하기로 유명한—좌진에게는 몇 촌뻘이 되는지는 모르나 조카항렬에 당하는 사람이었다. '돈을 채우기에 골몰한 남편은 그 구두쇠를 다 찾아갔던 것인가? 그러고 그 구두쇠는 인정도 의리도 없이 남편을 왜놈에게 밀고하였다!' 하는 생각이 들자, 오씨는 치미는 분함에 전신을 떨었다.

이튿날 아침 일찍이 부인은 계집아이를 앞세우고 신문에 난 주소를 물어 돈의동 김종근의 집을 찾아갔다. 남편에게 강도의 누명을 씌운 그들 자신의 입에서 나오는 소리를 들어 보고도 싶었고, 될 수만 있으면 경찰에 나가서 그들의 잘못을 사과하라고 권하고도 싶었다. 그러나 김종근의 집 대문은 굳게 잠겨 있었고, 한 시간이나 흔들어 대니 겨우 하인 아이가 나오긴 나왔으나, 찾아온 사람이 누구라는 것을 되돌아가서 알리자, 대문은 삐걱 소리와 함께 다시 안으로 잠기고 말았다.

좀 조급한지 모르겠으나, 나는 여기서 매일신보가 전한 양반 강도 사건의 진상을 독자 제군의 앞에 간단히 밝히는 것이 순서일 것 같다.

아시다시피 2월 초닷샛날 해 어스름 때, 집을 나선 좌진은 꽁꽁 얼어붙은 골목길을 걸어서 돈의동 한가운데 있는 친척 김종근의 집을 찾아갔다. 찾아갔다고 하기보다는 아무리 궁리해도 인제는 할 수 없이 된 그의 발걸음이 저절로 이 돈 많은 일갓집을 향하였다 하는 것이 타당할 것이다.

때마침 막 이른 저녁 식사를 마치고 난 김종근은, 그의 안사랑에 나와 혼자서 게트림을 하고 있다가 아무 알림도 없이 방에 들어서는 좌진을 보고,

"아니 웬일이오?"

하며 당황해할 뿐, 비록 자기보다 나이는 몇 살 적지마는 그래도 오래간만에 보는 아저씨에게 앉으라는 인사말 한마디도 없었다. 그러나 좌진은 별로 무안해하는 기색도 없이 한쪽에 노인 방석 위에 가 털썩 주저앉았다. 하지만 그가 종근에게 아무 알림도 없이 안사랑에 들어선 데에는, 그들이 나중 경찰에 무고한 것과 같은 별다른 강도의 의사는 없었던 것이니, 좌진이 아무 내통도 없이 그저 열려져 있는 대문을 들어서서 마침 마주친 하인한테 주인이 안사랑에 있음을 알자 자기 집처럼 문을 열고 들어선 것은, 좌진 그의 성격이었지 무슨 흉측한 마음을 가졌기 때문은 아니었던 것이다. 더구나 한 가지 일에 정신을 집중시키고 있는 때에는 벙어리와 같이 잠잠해지는 것

이 그의 성미였다.

그러나 종근은, 자기와는 종류가 다른 이 손위 일가가 벌써 여러 해 동안 발걸음도 하지 않다가 뜻밖에 이렇게 들어서는 것이 못마땅하여서,

"아니, 그래 웬일이오?"

하고 눈살을 찌푸리며 또 한 번 물었다.

"음, 좀 얘기할 게 있어서……"

하며 좌진은 우선 방바닥에 놓인 담배합에서 궐련을 한 개 집어 붙여 물었다.

꽤 오랫동안 두 사람 사이엔 무언의 침묵이 흘렀다.

"여보게 종근이!"

하고 좌진이 먼저 입을 열었다.

"자네가 아니면 안 될 절실한 청이 하나 있네만."

"무슨 청이오?"

하며 종근은, 내 그럴 줄 알았다는 듯이 쯧 하고 혀를 다신다.

"다른 게 아니라 꼭 절실히 필요한 일이 있으니, 자네 나한테 돈 5만 원만 돌려주게."

그러나 이 말을 듣는 순간 종근은 불에나 덴 사람처럼 머리를 벌떡 뒤로 잦히며

"무엇!"

하고 외마디 소리를 쳤다.

"어떻게 해서든 내 언제 기어코 갚을 테니 어떻게 좀 변통해 주

게."

그러나 그것은 종근에게는 너무나 예상 밖인 일이었던 모양이다. 그는 뜻밖에 뛰듯이 자리를 일어서더니,

"아니 당신이 미쳤소?"

하고 오른손을 바짝 좌진의 얼굴 앞에다 대고 삿대질을 하며 큰소리를 하였다.

"무슨 까닭으로 당신이 나한테 그 큰돈을 청구하시오? 응? 무슨 까닭으로? 돈 5만 원이 누구네 집 아이 이름 같은 줄 알우? 생전 낯바닥 한 번 뵈이지 않다가 불쑥 홍두깨처럼 나타나서 조르니. 나 참, 재수가 없을라니까 별꼴을 다 보네!"

그러나 좌진은 끓어오르는 분노를 억제하고,

"그래 자네같이 잘사는 사람이 그만 돈을 못 마련하겠는가? 내 그예 갚겠다고 그러지 않는가? 내 말이 그렇게 안 믿어지는가?"

하며 종근을 쏘아보았다. 그러나 그는 '자네 집도 그전엔 늘 우리한테 와서 아쉰 소리를 하지 않았는가?' 하는 소리가 목구멍까지 솟아나오려는 것을 억지로 참았으니, 사실인즉 김종근의 집 수백만의 재산은, 합병 전후에 누추한 수단으로 얻어진 것이요, 그전엔 늘 곤란하여 갈뫼에까지 아쉰 소리를 하러 온 일도 한두 차례가 아니었던 것이다.

그러나 이때 종근은 좌진과 얼굴이 서로 마주치자 어이없는 듯이 픽 하고 웃더니, 슬쩍 외면을 하며,

"아이 참 낯짝도 좋다! 누구를 시방 협박하러 온 셈인가?"

하고 혼잣말을 하였다.

그 순간 좌진은 인제는 참을 수 없는 분노가 훅하고 달아오르며, 뜻하지 않은 사태가 전개되고 말았다.

"그렇다! 이 흉악한 구데기 같은 놈아! 너를 협박하고 네 집에 강도질을 하러 나는 왔다!"

크나큰 소리와 함께, 좌진의 우악스런 두 손은 기겁한 김종근의 머리통을 방바닥에다 대고 내리눌렀다.

"돈을 내놓을 테냐! 안 내놓을 테냐! 안 내놓으면 오늘 밤 너는 죽는 줄 알아라!"

그러자,

"앗! 사람 죽인다!"

하고 김종근이 단말마의 아우성 소리를 친 것은 바로 이때였다.

신문의 보도와 같이 주인의 고함 소리를 듣고 주인의 신변을 염려한 가족들은 경찰서로 달려갔다. 그래서 그는 포박되었고, 강도미수죄로 심문을 받게 되었다.

여기에 한 가지 에피소드가 있으니, 그것은 매일신보가 말한 그 소위 '일장 격투'라는 것이다. 실상은 아무 격투도 없이 좌진은 조용히 웃으면서 형사들의 포승을 받았다. 그러나 그들이 너무나 수월하게 그를 묶어 놓았을 때 돌연히 그의 조소를 띤 입에서는,

"이 숭거운 놈들아!"

하는 부르짖음이 솟아 나오며, 와지끈하는 소리와 함께 그의 몸을 동였던 포승은 갈기갈기 끊어져서 방바닥에 떨어졌다.

"네놈들이 묶는다고 안 도망하고, 안 묶는다고 도망할 내가 아니다. 가자, 경찰서로! 어서 가서 네놈들의 법률이라는 걸 나한테 좀 구경시켜라!"

그래 할 수 없이 형사들은 그를 묶는 걸 단념하고 그대로 데리고 갔다.

세상이 다 아는 것처럼, 그는 이 사건 때문에 예심까지 합하여 두 해 반의 감옥살이를 하였다. 그러나 그의 아내와 상해서 온 밀사와 몇몇 동지 외에는 아무도 이 사건의 정말의 동기를 아는 사람은 없었다.

4월 초승의 어느 날, 서대문 감옥으로 그를 면회하러 갔던 부인 오씨는, 그의 부탁대로 며칠 뒤에 갈뫼로 내려갔다.

제9장

2년 반의 억울한 형을 마친 후에 좌진이 출옥한 것은 계축년 9월이었다.

그러고 9월은 가을이었다.

말도 살찐다는 온전한 가을의 하늘 아래 감옥은 그 육중한 쇠대문을 열고 좌진을 밖으로 내놓았다.

문밖에서 그의 출옥을 기다리고 있는 가족과 동지들의 곁으로 달려가기 전에 좌진은 얼마 동안 실성이나 한 사람처럼 이 미칠 듯한 자유 앞에 홀로 서 보았다. 그러고 그는 기인 기지개를 켰다. 공중에 나는 새와 같이, 바닷물의 고기같이 산다는 것이 무엇인지를 처음으로 그는 아는 것 같았다.

"그래 별 변한 일들은 없었나?"

그를 기다리는 사람들이 거기 있음을 보자, 비로소 그는 이렇게 말하며, 그들의 뒤를 따라서 서대문으로 내려가는 길을 마치 처음 디디는 길과 같이 아껴서 밟고 내려갔으나 변하지 않은 것은 사실은 좌진 자기뿐이요, 세상은 실상 너무 많이 변하였던 것이다.

길거리엔 기모노를 입은 일본 계집과 사내들이 네 활개를 치고 다녔으며, 그들에게 추파를 보내는 이 겨레의 서투른 일본 말이 여기저기서 들렸고, 눈깔사탕 같은 것을 놓고 파는 왜사람의 가게도 인젠 군데군데 보였다.

그러나 변한 것은 이뿐이 아니었다. 그가 들어가 있는 두 해 반 동안에, 인제는 아무것도 없이 된 갈뫼의 가족들은 조석을 어렵사리 살다시피 하였고, 가회동의 오막살이마저 생각다 못해 팔아 버린 것도 벌써 지난해의 일이었다. 그런지라, 지금 감옥을 나온 그에게는 어디 마음놓고 들어가 앉을 자기의 방 하나 없는 터였다.

할 수 없이 그는 아우 동진이가 올라와서 묵고 있는—옛날의 호명 학생 김재현의 이태원에 있는 하숙에 가서 며칠을 쉰 후에 어머니를 뵈오러 갈뫼로 떠났다.

그러나 갈뫼 역시 인제는 벌써 그가 단 하루라도 마음 편히 쉴 수 있는 곳은 아니었으니, 호명학교가 서 있던 옛날의 자기 집터엔 어느새인지 면소와 헌병 분견소가 생겨 있었고, 또한 변하는 시세를 따라 마을을 지배하는 세도에도 많은 변동이 생겨서, 아직도 군색스레 뿔관과 양반을 고집하고 있는 김씨 일문의 권세는 여지없이 땅에 떨어지고, 헌병대와 면소에 아첨하는 누추한 친일파의 신흥 세력이 역시 여기서도 행세하고 있는 것이었다. 더구나 면장 박정수의 세도는 가뭄 때의 햇볕과 같이 찬란하였으니, 이 사람이 옛날의 갈뫼 동장이요, 언젠가 은장도를 잃었다고 하여 말썽을 일으킨 호명 학생 박상만의 아버지였음을 독자는 기억하리라.

좌진은, 이자가 첩을 셋이나 거느리고 있으며 또 왜놈 헌병들과만 늘 붙어 다닌다는 이야기를 석범에게서 들었을 때 쓴웃음을 웃었다. 그러나 그가 마을의 노인들에게도 함부로 반말을 하기가 일쑤며, 자기의 어머니에게도 언젠가 한번 그런 적이 있다는 말을 직접 어머니의 입으로 들었고, 또 아내에게서 "언젠가는 그자가 왜놈 헌병과 같이 지나가다가 나를 보고 손가락질을 하며 씨석거리더라"는 말까지 들었을 때, 좌진은 바로 쫓아가서 이자의 버릇을 고쳐 놓으려 하였다. 허나 그때엔 어머니와 아내의 말림으로 일어서지 못하였다.

그로부터 며칠 뒤의 어느 날이었다. 좌진은 헌병 분견소에 호출을 당하여 강도 미수의 전과자로서 심문을 받고, "어디를 가든지 인제부터 여기를 뜨게 되면 반드시 먼저 헌병대에 알리라"는 지시를 받은 후에 분견소의 앞을 나서려는 때였다. 마침 면소를 나오던 박정수와 두 사람은 길거리에서 딱 마주치고 말았다.

"거 박정수 아닌가?"

좌진이 먼저 말을 걸었다. 그 소리에 박정수는 주춤하고 섰으나, 제 죄를 제가 알았음인지 이 뜻하지 않은 만남에 적지 아니 얼떨떨한 눈치다.

"응…… 예…… 그런데…… 언제 오셨어?"

정수는 이렇게 물으며 얼버무렸으나, 정말로 좌진이 온 걸 몰랐음은 물론 아니다.

"왜, 내가 왔단 소문을 못 들었든가? 알았으면 진즉 와서 양반을 찾아뵐 일이지."

좌진은 시침을 떼고 웃었다.

"아니야 정말로 깜빡 모르고 있었어…… 참 반가운데! 이것 참 얼마 만인가? 술이나 한잔 우리 같이해야 헐 텐데…… 바쁘지 않으시면 우리 집으로 같이 가실까? 바쁘지 않으시면…… 응? 이것 참 반가운데."

"내야 바쁠 것 있나. 그러잖어도 자네를 좀 보고 싶어 허든 참인데 거 마침 잘됐네."

"그럼 가시겨…… 이것 참 꼭 죽은 사람을 만난 것 같구먼…… 참 반가운데……"

어쩌고저쩌고 중얼거려 대며, 그러나 할 수 없이 정수는 앞장을 서서 좌진을 자기 집으로 인도하는 수밖에 없었다. 설명할 수 없는 좌진의 압력에 정수는 자기도 모르는 사이에 그렇게 눌리어 있었던 것이다.

자기 집에 들어서자, 정수는 방문을 열기도 전부터 아내를 불러내어(그것은 셋째 첩이었다)

"서울서 김 선생님이 오셨으니 술상 좀 채려! 거 말른 노루포 있지 않어? 그거랑 좀 내어놓고……"

하며 야단을 떨었다.

그들이 건넌방에 자리를 잡은 지 얼마 되지 않아, 아닌 게 아니라 마른 노루포까지 올려놓은 조그만 술상을 들고 안주인이 들어왔다. 좌진이 보니 그건 한 삼십쯤 되어 보이는, 살이 토실토실 찐, 늘 눈웃음만 치고 있는 여인이었다.

정수의 첩은, 술상을 갖다 놓곤 바로 물러가려 하는 것을, 무슨 속셈인지 정수가

"왜, 거기 좀 앉지그래. 자네 이 선생님 모르던가? 응? 자넨 모를 테지만 이분이 옛날 호명학교 교장 선생님이야. 김좌진 씨라고…… 어서 인사하게. 이 양반한테 인사하게. 그러고 여기 앉어서 술도 좀 따루게!"

하고 지저분하게 투덜거려 댔으나, 사실인즉 그는 좌진의 앞에 시방 혼자서 앉아 있기가 계면쩍었음인지도 모른다.

여자는 남편의 권에 못 이기는 듯이 넙적 엎드리어 좌진에게 큰절을 하고는, 방 한 귀퉁이에 가 쥐 죽은 듯이 앉아 있다.

정수는 떨리는 손으로 먼저 좌진의 잔에 술을 한 잔 따르고는, 또 다시 죄 없는 아내만 들볶기 시작한다.

"어서 일루 와서 술을 따루라니까 그래! 형제같이 다정한 처지에 무슨 내외를 가릴라나? 어서 와서 따루게?"

마지못해 정수의 첩은 술상 옆으로 와서 좌진의 빈 술잔에 조심스레 술을 부었다.

연거푸 채워지는 술잔에 두 사람이 다 거나하게 취했을 무렵이었다. 뜻밖에 정수는 무슨 용기를 냈음인지—그건 아마 애써 빌린 술

기운 때문이었을 것이다—좌진의 손을 붙들어 잡으며,

"김 공!"

하고 난데없는 공 자를 붙여 가지고서 좌진을 거만스레 불렀다.

"때가 때인 만치 으…… 아무리 생각해도 별수가 없든데…… 내가 면장을 하게 된 것도 생각해 보자면 부득이한 일이었네!"

"부득이한 일?"

좌진은 이때를 기다리기나 한 듯이 이렇게 반문하며, 되지 못하게 자기의 손을 와서 잡고 있는 정수의 펼친 손목을 반동적으로 힘껏 붙들어 쥐었다. 그러고는 쥔 손에 점점 힘을 더할 뿐 아무리 정수가 흔들어 대도 놓아주지 않았다.

"아니! 이 사람이 이게 웬일인가? 놓게! 놓아!"

하고 정수는 중얼거렸으나, 사실은 깨질 듯한 아픔을 참지 못하여 이마에선 비지땀이 죽죽 흐르며, 아가빠리는 저절로 벌려졌다.

그러나 좌진은 그 옆에 앉아 있는 정수의 첩을 보고 쓰게 웃을 뿐 좀처럼 놓지 아니하더니, 드디어 상 위에 비어 있는 노루포 접시를 바라보며,

"나 노루포 좀 더 줄라는가?"

하였다.

"노…… 노루포…… 그까진 걸 가지고 그래! 주고말고 주고말고…… 줄 테니 어서 놓게! 여…… 여봐 어서 가서 좀 많이 좀 꺼내 와!"

하고 정수의 얼굴은 점점 샛노랗게 질려 가며 아내를 보고 호소하듯

하였다.

그러나 좌진의 요청은 실상인즉 노루포에 있었던 건 아니다.

정수의 첩이 아직도 영문을 모르는 채 노루포를 가지러 나가자, 정수의 펴진 손을 쥔 좌진의 주먹엔 점점 더 힘이 오르며,

"아이고…… 이 사람아! 아이고…… 아이고……"

하고 기겁을 하는 정수의 귀 곁에다 입을 갖다 대고,

"이놈아! 네 죄를 네가 알 테지. 그래 노루포쯤 가지고 될 줄 아나? 어림도 없는 놈 같으니…… 너는 남의 집 유부녀를 보고 손가락질하며 씨석거리기가 일쑤고, 마을 어른도 몰라본다드라 이놈. 그래 왜놈에게 매달려 면장깨나 하고, 첩을 셋씩이나 거느리고 지내니 재미가 깨 쏟아지는 것 같아? 나는 인제 집도 절도 없고, 의지할 곳도 없는 사람이다 이놈아. 너 같은 놈 죽여 버리고 내 목숨 하나 던져 버리면 그만이야. 알겠나? 그러니 딴생각은 내지 말고, 아까 네 계집 나한테 잠깐만 빌려줘라……거 꽤 예뿌장하게 생겼든데. 거 어디서 구했나?"

하며 나직한 소리로 말하였다.

"왜, 홍성서 여관 하든 계집이야…… 아이고!"

하고 정수는 대답하였다.

"그래 잠깐 빌려주겠나? 못 빌려주겠나?"

하며 좌진은 있는 힘을 다하여 정수의 손을 부서져라 하고 붙들어 쥐었다.

"아이고…… 아이고……"

정수는 가느다란 외마디 소리를 쳤다.

"그…… 그…… 그러게…… 그래. 비…… 비…… 빌려줄 테니……"

"그럼 느이 마누래가 들어와 앉거든 잠자코 너는 밖으로 나가거라. 따라 나오지 말라고 하고…… 그러고 너는 안방에 가 있어야지 밖으로 나가다가는 당장에 박살이 난다! 알겠나?"

그러나 인젠 지나치는 아픔을 참지 못하여 거의 강그라져 들어가는 정수는,

"그래…… 그래요……"

하는 대답밖엔 딴 소리를 입 밖에 낼 기운도 없었다.

비로소 좌진은 그의 손을 놓아주었다. 이때 정수의 첩이 노루포를 먹음직하게 구워서 접시에 그득히 담아 들고 들어왔다.

하여, 속으로 멍든 정수를 거기 두고, 그의 첩의 포동포동한 손이 따라 주는 술을 좌진은 다시 또 서너 잔이나 받아 마셨다. 그러나 정수는 그때까지도 멍청하게 앉아 있을 뿐, 좀처럼 자리를 일어서려는 기색도 없다. 그래 좌진은 다시 손을 펴 들며,

"자네 왜 아까 나한테 갖다 보여 줄 것 있다고 했지?"

하여 보았다.

그러자, 정수는 할 수 없는 듯이 뿌시시 자리를 일어나 문을 열고 나가며, 뒤를 따라 일어서려는 첩을 보고,

"자넨…… 게 앉아서 술 따뤄 디려……"

하였다.

좌진이 바깥 동정을 살피고 있자, 얼마 후에 안방 문이 힘없이 열리는 소리로 보아, 그는 차마 밖으로 내달리지도 못하고 할 수 없이 안방으로 들어가는 모양이다.

건넌방의 두 사람 사이에는 꽤 오랫동안의 침묵이 흘렀다. 그러나 정수의 아내가 아무리 기다려도, 갔다 올 줄 알았던 남편은 끝끝내 오지 않는 것이었다.

"나, 술 한 잔 더 따뤄 주시오."

좌진은 한쪽에 가 쭈그리고 앉았는 여자에게 이렇게 말을 건넸다.

그러자, 정수의 첩은 무엇을 생각했음인지 주춤하고 잠깐 동안 머뭇거리는 눈치더니, 드디어 좌진의 옆으로 가까이 와서 술을 따랐다.

좌진은 그 한 잔 술을 꿀꺽 삼키고 나서,

"여보!"

하고, 크게 정수의 첩을 불렀다. 그 소리는 마루 너머 안방까지도 들릴 정도였다.

"당신 남편이 왜 여직껏 안 들어오는 줄 아슈?"

"……"

그러나 여자는 잠깐 귀밑을 붉히고 묵묵히 좌진을 바라볼 뿐 아무런 대답도 없다.

"그래 당신이 기두린다고 그 사람이 들어올 줄 아슈?"

"……"

정수의 첩은 비로소 그게 무슨 말인지를 눈치챈 듯이, 온 낯이 홍당무와 같이 벌개지며 방바닥에 닿도록 고개를 숙였다. 그러나 그러면서도 웃고 있는 입을 좌진은 보았다.

"실상은 당신을 내게다가 맽기기로 아까, 당신 남편과 나 사이에 언약이 되었는데, 그래 당신은 나를 따라 살려오?"

하고 좌진은 물어보았다.

허나 여자는 아무런 대꾸도 없기는 고사하고 인젠 방바닥에 아주 엎드려서 두 손으로 얼굴을 가리고 있을 뿐이다.

좌진은 슬며시 팔을 벌려 계집의 한쪽 손목을 잡아당겨 보았다. 그러나 여자는 역시 뿌리치지도 않고 잠자코만 있는 것이었다. 일은 극히 간단한 것이다. 좌진은 달려들어 계집을 끌어안아 버릴까 생각도 하였으나, 그의 입에서는

"정수 이리 오게!"

하는 소리가 저절로 커다랗게 흘러져 나왔다.

정수는 곧 붉은 눈깔을 하고 부들부들 치를 떨면서 달려왔으나, 그들 사이에 다른 일이 없었던 것을 알자, 비로소 비꼬였던 긴장이 풀리는 듯이 방바닥에 퍽 하고 주저앉아 버렸다.

좌진은 그 두 내외를 거기 놓아두고 아무 말도 없이 바깥으로 나왔다. 바깥은 벌써 어둑어둑하였다. '세도가 바뀔 때마다 놀아나는 것은 저런 것들인가? 눈앞에 닥치는 권세에 아첨하는 외엔 의리도 인륜도 염치도 없는 저런 것들 손으로 시방 조선의 천지는 운전되고 있는가?' 하는 생각이 들자 그의 머리는 적지 아니 암담해짐과 동시에, '저 비겁한 것들이 혹시 나를 고발하지나 않을까?' 하는 의혹도 생겼다.

그러나 이듬해 갑인년 봄, 그가 홍성 헌병대에 다시 붙들리도록까지, 그의 신변에 별일은 없었다. 정수는 좌진에게서 너무나 지나친 무섬을 샀던 것인지도 모른다.

제10장

이듬해 봄이 되자, 좌진은 공주로 중석광重石鑛을 하러 간다고 집을 나섰다. 그가 중석광 같은 것을 하러 갈 리가 있나, 그건 핑계다, 그는 그걸 핑계 삼아 사실은 광복단 동지와의 연락차로 갔던 것이다—고, 지금도 그의 친구 중의 어떤 이들은 말하고 있으나, 그의 자당과 부인의 말을 믿어, 나는 그냥 그가 참으로 중석광을 경영하러 가고 있었던 걸로 생각하려 한다.

위에서도 말한 것처럼 이 무렵, 그의 머리는 암담할 대로 암담해져 있었고. 신경은 또 날카로울 대로 날카로워져 있었다. 오직 복수하기 위해서만 목숨을 지니고 있는 형편이 되어 버린 이 애국자를 우리는 생각해 볼 필요가 있다. 조국의 주권을 당장에 회복할 수 없을 바엔 총독부건, 총독이건, 도청이건, 도지사건, 우선 눈에 닥치는 대로 부수고 죽이기라도 하지 않고는 견딜 수 없던 것이, 이때의 그의 심경이었을 것이다. 그러자면 무엇보다도 먼저 그 자금으로 돈이 필요하였다. 많은 폭탄과 총을 해외에서 원수의 눈을 피하여 구입해 들이기 위해서는 많은 돈이 필요하였다. 그래 생각다 못한 그는 인제, 짓밟힌 조국의 복수를 위해 참으로 필요한 이 군자금을 내놓으라고 말 없는 조국의 자연을 향해 의뢰하려 하였던 것이다.

그러나 광산을 향해 가는 도중에 그는 홍성에서 붙들렸다. 하늘은 또 다른 한 개의 시련과 환멸을 그에게 주지 않기 위하여, 악마의 손으로 잠깐 동안 그의 앞길을 막은 것인지도 모른다. 그는 아무 까닭도 없이 고스란히 열 달 동안을 돼지우리와 같은 유치장 속에서 뒹굴다가 나왔다. 일부러 죄를 만들기 위해서 놈들은 그를 집어넣은 것이었으나, 목숨이 남아 있는 한 그가 그들에게 죄의 단서를 제공할 리는 만무했던 것이다.

또다시 세상에 나오긴 하였으나, 그는 기가 탁 막혔다. 붙들렸단 나오고, 붙들렸단 나오고—이런 짓을 그는 언제까지 되풀이하면 좋은 것인가. 아마 그것은 이 강산에 사는 한, 죽는 날까지 그가 되풀이해야 할 마련이었다. 원수를 향해 목숨을 내걸고 대질러 들어가거나, 그렇잖으면 원수에게 짓밟히거나—길은 결국 둘뿐이었다. 물론 그는 그 두 길 중에서 앞의 것을 택하였었다. 그러나 한 푼의 자금도 없는 지금, 그것은 거의 불가능에 가까웠다.

고함쳐도, 울부짖어도, 미쳐도 시원하지 않을 이 현실—허나 이 이 갈리는 현실은 아무 일도 없는 듯이 육중히 꿈틀거리며 나날이 계속되고만 있는 것이었다.

갑인년에서 정사년에 이르기까지의 세 해 동안, 좌진은 그야말로 미친 사람과 같이 동치서구東馳西驅하였다. 경상도로, 전라도로, 평안도로, 함경도로, 서울로, 그는 스스로 동지들을 찾아다니기도 하였고, 또 그들을 통해 지방 각지에 흩어져 있는 지주들에게서 군자금을 모금하게도 해 보았으나, 그것은 거의 허사로 돌아갔다.

합병한 지 불과 4년밖에 안 되는 지금, 그들은 벌써 조국의 존재를 완전히 잊어버렸던가. 그러나 실상인즉 그들은 조국이 이 지경이 되기 전에도 조국의 존재를 그렇게까지 소중히 여기지는 않았던 것이니, 그들에게는 국가의 존망보다도 자기네의 사재를 지키는 것만이 언제나 더 소중한 것이다. 그러므로 그들은 나라가 망한 지금에도 조국 광복과 같은 것은 생각해 보려고 하지도 않았고, 목숨에 지장이 없는 한 어떤 일이 있더라도 재물은 내놓지 않으려 하였다.

정사년 여름.

서울에 본부를 둔 광복단에서는 상해에서 열세 자루의 권총을 구입해 들였다.

그러고 며칠 후의 어느 날 저녁.

가회동 꼭대기에 있는 취운정 솔밭 속으로는 기이한 사람들의 그림자가 모여들고 있었으니, 이는 상해 가정부의 명령을 받고, 군자금 모집의 방법을 토의하기 위하여 각 도에서 소집한 광복단원들이었다. 그 속에는 합병 직후에 좌진의 집에서 열린 노백린 씨 송별회에 참석했던 김한종, 박상진, 박성태도 끼어 있었고, 논산에서 올라

온 채기두도 있었으니, 그는 무신년 봄 서산 대호지에서 좌진의 일행을 습격했던 의병 대장—채기두 바로 그 사람이다.

그들이 모인 곳은 취운정 수풀 속에서도 제일 으슥하고, 또 만일의 경우에는 도망하기에도 편리한 곳이었다. 열세 명의 동지들이 다 모이자, 그들은 먼저 두 사람의 사찰을 내세워 계동 쪽과 가회동 쪽을 감시하게 한 후에 한자리에 원진을 치고 둘러앉았다.

"오늘 밤 여러분을 모이게 한 것은 다름이 아니오."

하고 김좌진이 나직하나 힘 있는 소리로 입을 열었다.

"긴 설명은 말하지 않아도 여러분이 잘 알 것이니 간단한 요령만 말하겠소. 아시다시피 지금 우리들에게는 되도록 많은 군자금이 필요하오. 이 땅에 들어서는 왜놈의 우두머리들을 모조리 처치해 버리기 위해서도, 그놈들의 기관을 때려 부수기 위해서도, 또 해외에서 힘쓰는 동지들의 일을 도웁기 위해서도 참으로 많이 많이 필요하오. 그러나 지금까지 성적으로 보아서는 우리들의 활동은 원활하지 못하였소. 그래…… 인제부터 우리는 되도록이면 짧은 동안에 가급적 많은 성과를 거둬야만 하게쯤 되었소. 인색하고 애국심이 없는 지주들을 상대로 하는 일이니 여러 가지 난관도 많을 것이오마는, 여러분들은 많이 애써 주시오. 며칠 전에 상해의 동지들이 마침 몇 자루의 권총을 보내 왔소. 같은 동포끼리 무기를 휘두르는 건 예의가 아니지만, 인제는 세부득이하오! 그러나 거듭 동지들에게 부탁할 것은 부디 인명을 함부로 살상하지 마시오. 허지만 동지의 한 명은 지금 그들 유상무상의 천 명보다도 귀중한 몸이니, 그들 때문에 만일 동지들의 몸이 없어져야 할 마당이 되거든 그때는 총을 쏘시오! 그러고 동지들은 살아서 정말로 우리들이 계획하는 일 앞에서 죽을 각오들을 하시오. 아시겠소?"

"예……"

하고 그들은 작으나마 단호한 소리로 대답하였다.

"알겠거든, 그럼 동지들은 손을 들고 일어서서 조국을 지키시는 신명의 앞에 맹세하시오!"

그러자, 그들은 나란히 일어서서 오른손을 높이 들어 말 없는 맹세를 신명 앞에 올렸다.

"그럼 이대로 헤어집시다. 마음은 미어질 것 같지만 별 할 말도 없소…… 부디 몸조심들 하시오. 그러고 권총은 박상진 동지 집에 있으니, 주의해서 모두들 가져가시오. 그러고 또 한 가지 부탁할 말이 있소. 그것은 비밀이오. 부모 자식에게까지도 동지들은 비밀을 지켜야 하오. 아시겠지요?"

"예……"

하고 그들은 다시 대답하였다.

사찰을 보던 두 사람에게 좌진의 부탁을 알려 주기 위하여 박상진이 그들을 데리고 잠깐 동안 같이 걷는 외엔, 모였던 사람들은 그 자리에서 제각기 헤어져서 뿔뿔이 하룻밤을 밝힐 서울의 시정을 향해 들어갔다.

그로부터 10여 일 후.

충청도의 지주 이 모가 괴한의 흉탄에 쓰러졌다는 신문의 보도가 발표되었다. 그러자, 또 10여 일 후엔 전라도에서 다나카 모라는 일본인 부호가 사살되었다는 기사가 났다. 이리하여 경기도에서, 황해도에서, 평안도에서, 함경도에서 친일파로 유명하고 구두쇠로 이름 높던 부호와 지주들은 국적 여하를 불문하고 연달아서 거꾸러졌다.

그러나 범인은 오리무중이요, 온 조선은 더구나 그 때문에 부들부들 떨었다.

그러나 걱정인 건 좌진이었다. 부득이한 경우 외엔 인명을 없애지 말라고—그렇게 당부했는데도, 그들은 모두 부득이하기만 했던 것인가? 정말로 그처럼 조선의 부호들이란 모두 다 멍청한 돼지들뿐인가? 만일에 이 일이 발각 나는 날이면, 그와 그의 동지들은 어찌 될 것인가? 그러나 자기의 일신에 관한 한, 그는 아무런 염려도 하지 않았다. 자기 하나야 그는 승천입지라도 할 만한 자신이 있었다. 걱정되는 것은 다만 동지들의 운명과 일의 실패—그것뿐이었다.

그러나 하늘은 이 나라를 돌보지 않음과 동시에 이 민족까지도 돌보지 않았던지, 좌진의 '혹시나?' 하던 염려는 드디어 그대로 적중하고 말았으니, 전 조선에서 열두 명의 일인과 조선인의 지주 부호가 연달아 쓰러지고, 마지막으로 경상북도 인동에서 장승원이 피살되자, 어찌 된 서슬엔지 그들의 비밀은 백일 아래 드러나고야 말았다.

김한종이 대구에서 체포되었다는 보도가 신문에 나오기가 바쁘게 채기두, 박상진, 우이견—이렇게 그의 동지들은 차근차근 법의 그물로 걸려들어 가고 있었다.

맺은 서약과, 동지의 의리와, 장차의 일을 위하여, 붙잡힌 동지들은 아직까지도 좌진의 존재를 말하지 않고 있는 모양이었으나, 인제는 언제 어떻게 좌진이 역시 끌려들어 갈는지도 모른다. 아아, 장하고도 불쌍한 동지들! 그들을 교수대의 이슬로 사라지게 내버려 두고, 혼자만 몸을 빼친다는 것도 어떻게 생각하면 비겁한 것 같았다. 그러나 좌진과 그들은 애초부터 이런 경우를 예상하고 목숨을 던진 게 아니었더냐. '지금 그들과 같이 죽어서는 안 된다. 살아서 그들을 위해 기어이 원수를 갚아야 한다!' 하는 생각이 들자, 그는 바로 이 여우 난 골짜기와 같은 조국을 떠나기 위하여 바로 마루 하나 건너인 안방을 향해,

"계월이 이리 좀 오게!"

하고, 조용히 불렀다.

허나 아무런 영문도 모르고 안방에서 붓글씨를 쓰고 있다가, 부름에 사뿐히 들어서는 한 스무남은 살쯤 되어 보이는 젊은 여인은 물론 갈뫼에다 두고 온 오씨는 아니었다.

사실은 이 여인을 나는 독자에게 진작 소개해야 할 것인데, 하필, 이런 마당에 와서 소개하기가 너무 늦었고 좀 안되었으나, 깜빡 잊고 있었던 것이니 용서해 주길 바란다.

이 여인의 성명은 김계월이요, 직업인즉 그전엔 기생이었다. 허나 전하는 말로 들으면, 실지로 기생 노릇을 한 건 불과 몇 달 동안이요, 그것도 그의 노래와 거문고를 듣기 위하여 찾아오는 점잖은 손들을 몇 차렌지 맞이했을 뿐, 계월이란 기생 같은 이름도 사실인즉 그의 어머니의 취미에 불과했다는 것이다.

그건 여하튼, 그러니까 지금, 두 사람이 앉아 있는 가회동의 이 조그만 기와집도 물론 계월이와 그 어머니의 소유이지 김좌진의 소유는 아니요, 좌진은 잠깐 동안 여기에 두류하고 있을 뿐이었다.

그럼 좌진과 계월의 사이에는 무슨 관계가 있나—그것을 나는 물론 간단하게 소개하겠다.

좌진이 기생 계월을 안 것은 벌써 지난해 가을이었다. 그것은 유달리도 달이 밝은, 추석 지난 후의 어느 날 밤이었다. 저녁때 울적하여 산에 올랐다가 내려와서, 찾아온 친구들을 따라나선 것이 탈이라면 탈이었고, 계월을 알게 될 인연이라면 인연이었던 것이니, 거문고를 잘 타고 고려 시절의 노래를 부를 줄 아는 기생을 보러 가자는 바람에 그는 어디 한바탕 고운 단풍 구경이나 가는 셈 대고 따라나섰던 것이, 사실인즉 그들을 찾은 최초의 동기에 불과하였다.

그러나 드디어 그의 앞에 나타난 계월은 그를 적지 않게 감동시켰다.

좌진의 눈에 보인 계월은 무슨 얼굴의 생김새로 따져서 미인이라고 할 수 있는—그러한 여자는 아니었다. 허나 그가 한 마디의 말을 하고, 한 번의 몸놀림을 할 때마다 스스로 자리가 잡히고 세련된 태는 그의 맑고 의젓한 얼굴과 어울려서 저절로 한 개의 품격을 이루고 있었다. 더구나 그가 거문고 줄 위에 장중한 우조羽調를 구을릴 때, 「청산별곡」의 일절을 나지막한 소리로 노래할 때, 방 안에 있는 사람들을 아득히 잊은 듯이, 완전히 자기 세계에 몰입해 들어가는 양은, 좌진을 수월찮이 놀라게 하였다. 그럴 때의 계월은 한낱 기생이라 하기보다는 좀 더 커 보였고, 그의 형용은 일종의 신들린 사람 같았다. '이러한 세계도 있었던 것인가?' 좌진은 생각하여 보았다. '종교나 철학이나 정치—이런 것을 통해서 사람들은 인격을 수양한다는 것이 일반의 상식이다. 허나 종교가도 철학자도 정치가도 아니요, 더구나 패륜한 한낱 기생의 몸으로 이 사람은 기이하게도 사람을 감동시키는 훌륭한 품격을 이루고 있지 않는가?' 부르는 노래와, 무릎 위의 거문고와, 계월이란 이름 아니면, 그는 어느 궁갓집에 갖다 놓아도 결코 손색이 없을 요조숙녀와 같았다.

달아 높이곰 돋으샤

멀리 멀리곰 비취오시라……

마치 머언 삼국시대에 사는 여자와 같이, 우아하게 나직이 불러 넘기는 「정읍사」의 간절한 가락에 귀를 기울이며, 그의 움씩도 않는 새긴 듯한 몸매와, 낭자의 옥비녀를 무심코 바라보고 있던 좌진은 드디어 노래가 다 끝나고 계월이 수줍은 듯이 아미를 숙임을 보자,

"자네 지금 몇 살인가?"

하고 계월에게 물었다. 그가 파고들어 간, 그 고아한 수심과 한의 세계는 계월이 또래의 나이보다는 너무 먼 것이기 때문이었다.

허나 계월은

"스물둘이요……"

하고 들릴까 말까 한 소리로 대답할 뿐이었다.

"스물둘…… 스물둘에 벌써 그 청승을 모두 다 배웠나?……"

"……"

그러나 계월은 아무 대답도 없이 인제는 좌진을 바라보고만 있다.

"달아 높이곰 돋으샤, 멀리 멀리곰 비취오시라……"

좌진은 딴 데를 보며 계월이 부르던 조로 자기도 한번 그 노래를 불러 보았다. 그러더니,

"멀리 멀리곰은 아무래도 못쓰겠네. 두 번 되풀이하는 것—그게 더 청승이란 말야. 근본 노래대로 멀리곰은 한 번만 부르게."

하고 혼잣말처럼 중얼거렸다.

계월은 말하는 뜻을 알아들었는지 비로소 빙그레 웃었다. 그러나

"네……"

하고 간단히 대답할 뿐 아무런 설명도 하지 않았다.

그날 밤 좌진은 수월찮이 취하여 집으로 돌아갔다. 그러나 그것은 단순한 단풍 구경과는 달랐으니, 좌진이 입으로는 무시한 그 하잘것없는 계월의 청승은, 이 무쇠 같은 장수의 영혼 속에도 또한 얼마큼 깃들여 있었고, 그렇기 때문에 거센 혁명운동의 파도 속에서도 어쩐지 영혼이 허전할 때면 자연 계월을 생각하였고, 또 찾지 않을 수 없었던 것이다.

여러 차례 만나고 사귀는 동안에 정이 드는 것은 사람의 자연—더구나 남녀의 자연이다. 두 번 만나서 이야기하고, 세 번 만나서 서로의 생각을 주고받는 동안에 그들은 어느새인지 갈릴래야 갈릴 수 없는 사이가 되었다. 더욱이 남성이 아니요, 장수가 아닌 계월에게는 그러하였다. 그래 지금 잠깐 동안 좌진이 계월의 집에 묵고 있는

정사년—1917년 8월 달에는 벌써 계월은 좌진의 씨를 몸에 지니고 있는 몸이 되었다.

그리고 좌진이 광복단 동지들의 체포된 소식을 듣고, 곧 해외로 몸을 피하기 위하여 안방에서 글씨 공부를 하고 있는 계월을 건넌방으로 불러들인 것은 8월 그믐날 저녁때였다.

어째서 자기를 부르는 것인지 까닭도 모르고 들어와서 남편의 낯만 쳐다보고 앉았는 계월에게 좌진은 뜻밖에도,

"거 뱃속에 든 것은 몇 달이나 되었나?"

하고 물었다.

"석 달째예요……"

자기를 부른 것은 그것을 묻기 위한 때문이었던가 싶어 계월은 웃으면서 대답하였다.

"석 달?…… 허, 그게 벌써 그렇게 되었든가. 그것도 인제 일곱 달만 지나면 세상 구경을 하게 되겠군그래."

"……"

"계월이!"

"네……"

"그 애가 나거든…… 부디 잘 좀 길러 주게."

그러나 계월은, 아직 생기지도 않은 배 속의 아이를 두고 마치 유언을 하듯이 말하는 남편을 의아한 듯이 쳐다보고 있을 뿐이다.

"계월이."

좌진은 딱한 여인을 또 한 번 불렀다.

"나는 아무래도 그 애 낳는 것을 보지 못하게 되겠네."

"네에?……"

비로소 그게 무엇을 의미하는 말인지를 알아챈 계월은 눈을 동그랗게 떴다.

"사실은…… 아직 알리지 못했지만,"

좌진은 말하였다.

"요즘 신문에서 떠드는 광복단 사건엔 나도 관계가 있었네. 관계가 있을 뿐만 아니라 나야말로 그 우두머리일세…… 그렇게 하라고 시키지도 않았고, 일이 이 모양 될 줄은 생각지도 않았지만, 동지들이 모두 붙잡혀 들어가고 있는 이때에, 나는 이대로 여기 앉어 있을 수는 도저히 없네. 나는 만주로 가야겠네. 만주는 아직도 일본 놈들의 영토는 아니니까, 일하기가 그래도 여기보다는 낫겠지…… 고향…… 어머님께는 자네가 내종에 소식을 좀 전해 주게."

잠잠히 앉아서 듣고 있던 계월은, 처음, 그 말의 뜻을 속으로 다시 한 번 되풀이나 해 보려는 듯이 두 눈을 지그시 감았다. 그러나 다음 순간, 가늘게 물결치는 어깨와 함께 다시 뜨는 두 눈에선 할 수 없는 눈물이 넘쳐 나며, 그대로 방바닥에 가 엎드러져 한없는 흐느낌에 잠겼다.

아무런 한마디의 말도 없이 엎드려서, 조용한 통곡에 잠겨 있을 뿐인 계월을, 좌진은 역시 어떠한 말로도 위로하는 재주가 없었다.

그리하여 배 속의 애기와 함께 계월을 여기 이렇게 놓아두고, 좌진은 이날 밤으로 먼 만주 황야를 향하여 서울을 떠났다. 그가 대문 밖으로 나설 때에도, 계월은 툇마루 옆 기둥 나무에 기대어, 사라져 가는 남편의 모습을 바라볼 뿐 아무런 말도 없었다.

그러나 그의 모양이 영영 눈앞에서 사라지자,

"서방님!……"

하고 나직이 한 번을 부르고는 그대로 폭삭 마룻바닥에 주저앉아 버렸다.

밤은 벌써 10시나 되었다.

제3편

만주에서

제1장

만주는 거칠은 광야요, 거칠은 원시지대요, 또한 문화가 없는 곳이다. 한정 없는 황무의 벌판과 태고연한 밀림이 연달아 있을 뿐, 비록 몇몇 도시와 적지 않은 사람들의 마을이 백 리씩 2백 리씩 가다가 있다고는 하여도, 그것은 마지못해 생겨난 난장판이나 합숙소와 같은 것이지, 거기엔 아무런 표준도 없다. 그곳은 쫓기고 도망해 온, 온갖 박해당한 민족과 짓밟힌 백성들이 마지막으로 모여서 사는 곳이다. 그렇기 때문에 만주에 모여드는 조선 사람들의 수효는 나날이 늘어 갔고, 또한 거기엔 저절로 온갖 암담과 원한과 비분과 복수만이 들들 끓었다.

조국을 잃고, 복수다운 복수도 한번 해 보지 못하고, 몰리다시피 하여 만주 벌에 들어선 김 장군의 회포는 어땠을까. 여기 대해서는 마침 봉천 봉황성鳳凰城에서 우연히 그와 한동안 같이 지낸 일이 있는 위병식이라는 이가 전하는 절구 한 수가 있다.

칼머리 바람에 센데 관산 달은 밝구나 刀頭風勁關山月
칼끝에 서릿발 차가워 고국이 그립도다 劍末霜寒故國心
삼천리 무궁화 동산에 왜적이 웬 말이냐 三千槿域倭何事
진정 내가 님의 조국을 찾고야 말 것이다 不斷腥塵一掃尋

원래 문장가가 아닌 장군인지라, 이것이 글로서 얼마만큼 한 것인지는 논할 바 아니겠으나, 역시 만주의 너른 벌판에 칼을 뽑아 들고 서서 고국을 생각하며 보복을 맹서하는 심경만은 눈에 서언히 보이는 듯하다. 그는 이 무렵, 벌판에 나가서는 상대자도 없는 칼부림만 혼자서 하고 있었던 것이다.

온 천지가 꽁꽁 얼어붙는 듯한 매웁게 추운 날 아침이었다고 한다. 웃통을 빨갛게 벗어부친 장군은, 가없는 벌판의 동쪽을 향해 소리를 다해 외치는 것이었다.

"왜적아! 나를 보아라! 왜적아! 나를 보아라!"

하고……

그러나 그는 뒤미처 이곳에까지 다다른 일본 관헌의 움직임을 알자, 봉천을 버리고 한층 더 황무한 길림성으로 나아갔다.

만주에 들어온 이듬해인 무오년, 길림성에다 그는 고국에서 모여든 동지들과 함께 대한독립의군부를 만들고 그 군사부장이 되는 한편, 서른아홉 사람의 서명으로 우리나라 최초의 독립선언서를 작성해 발표하였으니, 이것은 실로 기미년에 한 해 앞서서 3·1 독립선언서의 전주곡을 이룬 것이요, 또한 국내 운동의 선봉이 된 것이었다. 여준, 정안립, 박성태, 박찬익, 정신, 유동열, 신팔균, 김동삼, 손일민, 김동평, 서상용, 황상규, 김좌진 등이 그때의 서명자로, 그 속에는 용하게도 법망을 뚫고 다시 이곳까지 살아서 온 광복단 동지 박성태의 이름도 끼어 있는 것을 우리는 볼 수가 있다.

기미년이 되었다.

다난하고 불우하였던 고종 황제의 국장일인 3월 초하루—음력으로는 2월 초사흗날. 굴욕의 경술 합병 후 10년의 압제와 착취를, 이를 갈고 견뎌 오던 삼천만의 동포들은 방방곡곡에서 일본 제국주의에 반기를 들고 일어섰다. 도시마다 고을마다 그들은 조수와 같이 몰려다니며 "대한 독립 만세"를 불렀고, 죽음으로써 자주독립을 요청하였다. 그러나 미국 대통령 윌슨의 민족자결주의는 약소민족을 울리는 한낱 미국 안의 여론에 불과했던 것이니, 일본의 식민지 정책에는 아무런 변동도 주지 않았을 뿐만 아니라 기미운동 이후 그들의 조선 사람에 대한 탄압은 날로 더해 갈 뿐이었다.

기미년의 독립 만세는 실로 7천여 명의 살육과 1만 5천 명의 부상자와, 2만여 명의 유죄판결과, 5만 2천 수백 명의 체포 감금의 잔인무쌍한 횡포의 기록을 남기고 끝이 났다. 그러나 실상인즉 끝이 난 것은 아니었으니, 10년 만에 한 번 크게 폭발하였던 이 나라의 얼은 다시 속으로 속으로 스며들었을 뿐이다. 뜻있는 이들은 끈질긴 지하

운동으로 파고들어 갔고, 많이는 또 해외로 옮겨 갔다.

기미운동이 지나자, 만주로 모여드는 동포들은 참으로 많았다. 더구나 국경이 가까운 북간도—으슥하고 컴컴한 북간도의 밀림 지대는 이들 의지할 곳 없는 조선의 우국지사들로 장을 이루었다. 그들은 굶주린 표범과 같이 삼림 사이를 드나들며 으르렁거릴 뿐 먹는 것도 입는 것도 벌써 잊어버린 듯하였다.

그래 기미년 겨울, 김좌진은 이 전변하는 시세에 대비하기 위하여 다시 북간도로 내려와서 이들 표범의 무리들을 종합해 가지고, 왕청현 서대파구에 북로군정서를 만드는 한편 독립 군사학교를 세워, 3백 명의 사관과 3천 명의 병대를 양성하고 있었으니, 당시 북로군정서의 중요 멤버는 서일, 현천묵, 계화, 이장녕, 김규식, 이범석, 조성환, 박성태, 정신, 김찬수, 박두희, 홍충희, 이홍래, 윤창현, 김성, 김좌진 등이었고, 총재에 서일, 사단장에 김규식, 참모장에 이장녕이었고, 이범석은 연성대장이었으며, 김좌진 장군은 총사령과 군사학교장을 겸무하고 있었다.

그들은 가까운 러시아령 블라디보스토크에서 많은 무기를 구입해 들여서, 권총과 소총 등엔 군색함이 없었고, 몇 개의 기관총도 가지고 있었으며, 탄환은 약 백만 발의 재고량이 있었다.

그리하여 그들은 이 삼림지대의 구석진 곳에 숨어서 닥쳐올 보복전을 위하여 나날이 훈련을 쌓았고, 나날이 복수심을 길렀다. 그러나 독립군을 양성하기에는 가장 적당한 장소인 이 왕청현 서대파구에 그들은 언제까지나 머물러 있을 수는 없었다. 기미년 이후로 북간도가 조선 독립군의 소굴이 되어 가고 있는 것을 탐지한 일본은, 다시 그들을 토벌하기 위하여 일군의 대부대를 간도의 주위에 집결시킴과 동시에 전투에 유리한 요새지에서 독립군을 철퇴시킬 것을 중국에 강경히 요구하였으니, 일본과 독립군의 사이에 끼어서 참으로 딱한 입장에 서게 된 것은 무엇보다도 중국군 당국이었다. 조선의 독립군에 대해서 그들은 최대한도의 후원을 약속한 지 이미 오래였다. 이것은 당연한 의리였다. 그러니 이 의리만은 어떤 일이 있더라도 지켜야 할 것이었다.

그러나 이 의리와는 반대로 일본의 항의는 너무나 강경하였고, 또 여러 가지 점으로 일본보다는 아무래도 약자의 입장에 있는 자국의 엄연한 현실을 어쩌는 수는 없었다. 뿐만 아니라 이미 일본과의 합병을 조인한 조선의 독립군에 대해서 중국이 보호를 해야 할 근거가 어디에 있느냐는, 일본 측의 질문을 법적으로 거부할 아무런 대답도 또 실상인즉 중국으로서는 가질 수 없는 것이었다.

항의가 있을 때마다 늘 코대답으로 하루 이틀 연기만 해 오던 중국은, 기미년이 지나고 경신년이 되자, 할 수 없는 곤경에 빠지고 말았다. 간도를 향해 집결하는 일본군의 부대는 나날이 더하여, 잘못하면 청일전쟁이 다시 열릴 염려까지도 있었던 것이다. 그리고 중국은 지금 싸워서는 절대로 안 될 불통일의 난국에 빠지고 있었다.

그래 경신년 가을. 중국 동삼성東三省 당국은 드디어 왕청현 서대파구에 있는 한국의 북로군정서와 군사학교에 대하여, 누구의 눈에도 잘 띄지 않을 더 깊은 삼림지대로의 퇴각을 권고하여 왔다.

그러고 며칠 뒤에는 중국 파견군의 혼성 여단장 맹부덕의 일행을 친히 서대파에 보내 자기들의 입장을 변명해 왔다.

맹부덕은 거듭거듭 미안해하는 것이었다.

"이것은 우리들의 본의는 아니오. 그러나 중국의 사정을 누구보다도 잘 아시는 장군은 우리들의 이 권고를 이해하실 것이오. 참으로 딱한 청이오마는, 일본에 대한 우리들의 약속을 이행시키기 위해서, 그냥 얼마쯤 물러나 주시오. 안도현의 수풀 속이든지 어디든지 밀림 지대로…… 그러고 다시 싸워 주시오. 장군! 일본이 우리들의 공동의 적일진대, 중국과 조선의 우호 관계만은 언제까지나 의심하지 마시오!"

그러나 그의 앞에 앉아서 이런 말을 듣고 있는 김좌진 장군은,

"고마운 말씀이오."

하고 가벼이 그에게 응수하는 수밖에 별달리 대답할 말도 없었다. 맹부덕이 말하는 중국의 사정을 그는 아닌 게 아니라 잘 알고 있었기 때문이다.

그리하여 그들—북로군정서와 군사학교의 일단이, 부득이 이곳을 떠나기 위하여 정비에 분망 중인 어느 날이었다. 뜻밖에도 봉오동이라는 곳에 파견되어 있던 홍범도의 일당으로부터, 습래해 온 일본군 약 2개 중대를 전멸시켰다는 보고와 함께 '시베리아에 출병했던 약 1개 사단쯤 되는 왜군이, 북간도에 있는 우리 독립군을 토벌하려고 지금 화룡현 청산리의 임공 지대林空地帶를 향해 진군하고 있으며, 또 장작림에게 공동 토벌을 요청하였다'는 긴급 정보를 전하여

왔다.

그렇잖아도 그것은 기다린 지 오래인 원수요, 그 원수를 갚기 위해서만 그들은 고향과 처자를 버리고 이역의 풍상 속에서 온갖 고난과 수련을 쌓았던 것이다. 더구나 그 원수들 때문에 애써 닦아 놓은 이 서대파의 요새지를 버리고 물러나야 할 마당에 있었던 그들에게, 홍범도의 보고와 정보는 참으로 가뭄에 비와 같은 것이었다. 그들은 모조리 자리를 차고 일어서서 전투와 보복을 주장하였다.

"백만 발의 탄환을 쓸 때는 인제야 돌아왔다!"

"원한과 치욕을 씻을 때는 인제야 돌아왔다!"

그들은 입입이 부르짖는 것이었다.

군정서의 수뇌부는 즉시 긴급회의를 열고, 서일 총재를 중심으로 대책을 토의하려 하였으나 한 시간이 못 되는 동안에 만장일치로 즉시 항전을 결정하였다.

진군나팔의 외마디 소리가 서대파의 하늘을 울렸다.

김좌진 총사령과 이범석 연성대장이 지휘하는, 북로군정서 5백 명의 선봉대는, 청산리에서 그들 불구대천지수인 일본군을 맞이하기 위하여 드디어 우렁찬 행군을 시작하였다.

제2장

2백여 리의 강행군을 하여 김좌진의 선봉대가 청산리에 당도한 것은 10월 17일—음력 9월 초아흐렛날 석양이었다. 음력 9월 초아흐레면 중굿날이 아닌가. 그러나 충분한 식료품도 휴대하지 못한 그들은, 지나치게 시장하면 산골짜기 바위틈의 머루 같은 걸 따 먹으며 기갈을 면하고 왔다. 창자가 비면 빌수록 그들은 치열한 복수심을 불태우면서 왔다.

청산리—장백산맥의 여러 열봉 중에서도 뛰어나게 높은 산들만이 첩첩이 둘러 있는 이 청산리는 남만주의 울창한 여러 삼림 속에서도 유달리 울창한 밀림 지대였다. 남쪽 한 군데가 훤하게 트였을 뿐 삼면이 산으로 가려 있는 이곳의 지형은 마치 트인 데를 아래로 엎어 놓은 ㄷ자와 같았으나, 환하게 트인 남쪽에서 이곳으로 들어와서 왕청현으로 넘어가는 오직 한 갈래의 길인, 동서에 우람한 산 사이의 골짜깃길은 띠처럼 가늘고 험준하였다.

김 장군은 말 위에서 망원경으로 이러한 청산리의 지형을 살피자, 회심의 미소를 띠었다. 남쪽에서 오고 있을 왜적들은 이 띠같이 가느다란 골짜깃길을 깁더올라서 북쪽 산문을 지나야만 왕청으로 가게 된다. 그러지 않는다면 그들은 이 산맥을 끼고 몇백 리를 돌아야 하는 것이나, 김좌진의 선봉대가 청산리에 와 있는 것을 모르는 한 그들은 반드시 이 애로를 통과할 것이다. 그러고 또, 밤에 나서서 낮에는 또 쥐도 모르게 산길로 산길로 기어들어 온 이 선봉대를 놈들이 알 리는 만에 하나도 없을 것이다.

'산골로 들어서는 놈들을 빵 둘러싸고 협격하면 되겠지.'

이렇게 생각한 그는, 바로 그의 뒤에서 말을 나란히 하고 멈추고 섰는 이범석을 돌아보며,

"여보게 이 군."

하고 불렀다.

"전투는 벌써 우리들의 승리일세. 아직도 만주와 우리들의 성격을 똑똑히 모르는 놈들은, 우리가 저 밀림 속에 들어가 있는 것을 모를 것이니까. 인제 두고 보게!"

그가 말에서 내리니 이범석 이하 그의 부하 막료들도 모두 말에서 내렸다.

장군은 먼저 그들 막료들을 한곳에 모아 놓고 그의 작전 계획을 지시하였다.

"동지들도 벌써 보고 짐작했겠지만, 이 청산리는 우리들에겐 참으로 유리한 지형이오. 협곡의 애로를 둘러싸고 있는 삼면의 산과 밀림. 하지만 놈들이 오는 것에 틀림이 없다면 놈들은 이 애로를 지나지 않을 수 없는 것이오. 그러니 우리는 삼면의 산 속에 숨어서 기다리고 있다가 놈들의 대열이 완전히 애로 안에 들어설 때 좌우와 정면에서 협격하면 그만이오. 하지만 놈들은 1사단이나 된다니 대열은 상당히 길 것이오. 그러니 동지들은 놈들의 대열을 쌀 수 있을 만큼 되도록이면 길게 전투 배치를 해 주시오. 적은 병력으로써 충분한 효과를 낼 수 있도록 면밀한 주의를 해 주시오. 그럼 이범석 동지는 이민화 동지와 한근원 동지의 두 중대를 거느리고 우익의 동쪽 산을 맡으시오. 나는 김훈과 이교성 동지의 두 중대와 같이 정면과 서쪽 산을 맡겠소. 각 중대장들은 대열로 들어가오."

다섯 명의 중대장들이 경례를 하고 대열로 들어가자, 장군은 이범석을 보고,

"그럼 대장은 빨리 대열을 정돈하고 주의를 준 후에 전투 배치에 착수하게 하오."

하였다.

"넷! 말씀대로 하겠습니다."

하고, 범석은 호주머니에서 수첩을 꺼내 들고 대열의 앞으로 나갔다.

"기착!"

한근원 중대장의 호령 소리에 맞춰서, 5백 명의 전원은 장중히 기착을 하고 앞에 선 이범석 대장을 향해 시선을 집중하였다.

"전투 준비에 들어가기 전에 몇 가지 주의를 시킬 일이 있소."

범석은 입을 열었다.

"첫째! 위장僞裝을 단단히 할 것! 이것은 다들 잘 알고 있겠지만, 만일에 위장을 잘못해서 적의 눈에 띄는 일이 있다면 그건, 우리 독립군 전체의 치명상이오. 알겠소?"

"넷!"

그들은 긴장한 음성으로 대답하였다.

"둘째! 전투에 들어가기 전에 누구나 각자의 앞에 정 2백 발씩의 탄환을 꺼내 놓을 것! 사격 도중에 탄환을 꺼내느라고 시간을 소비하지 않기 위해서요."

"넷!"

"셋째! 전투 직전에는 누구든지 담배와 이야기를 절대로 금지할 것!"

"넷!"

"넷째! 사격은 이 이범석의 총소리를 신호로 시작할 것! 그만!"

주의 사항의 지시는 끝났다. 전군은 이 대장을 향해 경례를 올렸다.

그 옆 바위 위에 앉아서 그들의 늠름한 기상과 장백산맥 너머 저무는 해를 번갈아 보고 있던 김좌진 장군은, 그저 빙그레 미소만 띠고 있었다. 범석이 옆으로 와서,

"총사령님! 훈시하실 말씀은?"

하였을 때에도,

"별로 훈시할 말 없소."

하고 가벼이 손을 저어 보일 뿐이었다.

그들은 바로 밀림 지대로 들어가서 전투 배치에 착수하였다. 5백 명의 독립군은 삽시간 후에 10미터씩의 거리를 두고 세 쪽 산의 요소를 삥 둘러싸 버렸으며, 좌우 양쪽엔 각각 다섯 대씩의 기관총과 정면에 세 대의 박격포가 배치되었다.

밤이 되었다. 만주의 기후는 조선보다 빠르다. 9월 중굿날의 밤기운은 수월찮이 싸늘하여 여기저기서 산짐승들을 울리고, 또한 독립군들의 얇은 옷 속으로도 사정없이 스며들었다.

조그만 반쪽 달이 자취를 감추자 밀림 속은 지척을 분간할 수 없을 만큼 어두워지고 밤은 점점 깊어만 갔다.

사냥개같이 약은 왜적은 마침내 밤의 행군을 정지한 것인가—컴컴한 어둠의 덩어리와 같은 산과 산 사이에 아른히 흔적만 보이는 잿빛의 애로에는 아직도 적의 그림자는 나타나지 않았다.

모닥불이라도 있다면 오죽이나 좋을까. 그러나 그것은 적의 눈에 이쪽의 소재를 알릴 염려가 있는 위험한 금물이었다. 그들은 그냥 참는 수밖에 없었다. 참아도 참아도 사지가 떨려서 견딜 수 없는 사람은 쌓여 있는 가랑잎 속에 얼마 동안씩 몸을 파묻었다.

우리의 총사령은 그때, 열일곱 살짜리 소년 동지 강위의 곁에 있었다. 강위는 남도 태생으로서 작년 만세 때 숙부를 따라 이곳으로 왔으니, 5백 명의 선봉대원 중에서도 제일 나이가 어렸다. 그는 홑옷을 입고도 처음엔 잘 견디더니 밤이 깊어 오자 드디어 참기가 어려운지,

"아이 추워요……"
하고 혼잣말처럼 말하였다.

김 장군은 주섬주섬 가랑잎을 모아서 강위를 덮어 주었다. 그러나 원체 추웠던지 그는 한마디의 사양도 하지 않고 해 주는 대로 가만히 있더니 드디어 그의 몸이 다 파묻히자,

"총사령님, 인제는 따뜻해요……"
하고 번듯이 드러누워 버렸다. 총사령은 그가 자는 것이 아닌가 생각하였다. 그러나 얼마 후에 강위는

"총사령님, 오늘이 중굿날이지요?"
하였다.

"그렇지."

"중굿날이면 남도는 따뜻하겠어요…… 거긴 제 누이가 있는데요…… 계순이라고……"

"그래, 계순인 이쁘냐?"

"아직 어린애죠. 숙부님 집에 맽겨 놓고 왔는데…… 우리 집 식구는 인제 그 애뿐입니다. 아버지도 어머니도 다아 돌아가셨으니깐."

그러나 총사령은 아무 대답도 하지 않았다. 강위는 이윽고 잠이 들었는지 가늘게 코를 고는 소리가 들렸다.

장군은 일어서서 사면을 살폈다. 대지 위엔 희미하게 먼동이 터 오고 있었다.

그러자, 이때 전선에 나가 있던 척후가 황망히 숨을 헐떡거리며 쫓아와서 장군의 앞에 경례를 하고 우뚝 선다.

"총사령께 보고합니다."

"그래 어서 말해라."

"4시 42분 현재, 전선 약 5마정의 지점에 왜적 약 2천 명이 나타나, 이곳을 향해 전진해 오고 있습니다! 대열의 길이는 약 1킬로 반쯤 되며, 선두엔 수백 기의 기병대가 보였습니다!"

"뭣? 그래 이 대장에게는 알렸느냐?"

"넷! 오는 길에 이 대장과 각 중대장에게도 보고했습니다!"

"음, 알았다."

척후가 경례하고 물러가기도 전에, 장군은 왼편에 있는 제일 높은 바위 위에 올라가서 희부연 새벽빛 속에 머언 백운평 쪽을 바라보았다.

아닌 게 아니라, 거기엔 백운평의 한가운데에서 도도히 꿈틀거리며 이 산협을 향해 들어오고 있는 긴 왜적의 행렬이 있었다.

장군은 일각의 지체도 없이 바위를 뛰어내리며, 왼편으로 약 50미터의 지점에 있는 김훈 중대장 쪽을 향해,

"주목!"

하고 호령을 하였다.

독립군은 일제히 총을 겨누고, 산 밑의 애로만 내려다보고 있었다. 강위도 인제는 추운 것도 잊어버렸는지, 2백 발의 탄환을 옆에 하고 총대를 단단히 움켜쥐고 있었다.

1분, 2분, 3분, 4분……

드디어 놈들의 긴 행렬은 좁은 산골 속에 들어서서 독립군의 ㄷ자 권내에 완전히 수용되고 말았다.

탕! 하고 사격 신호의 총소리가 동쪽 산에서 났다. 그러자, 사격 개시의 나팔 소리는 좁은 산골을 유량히 울렸다. 이어서 산 밑 애로를 향해 쏟아붓는 기관총, 박격포, 소총 소리는 딱딱딱딱딱딱딱…… 땅땅땅땅땅…… 탕…… 탕…… 하고 소란한 음향을 되풀이하였다.

산 아래에서는 왜군의 비명 소리와 함께 갈 길을 잊고 미쳐 날뛰는 군마의 아우성 소리가 연달아서 들렸다. 세 쪽으로부터 협격을 받고 당황하여 뒤로 질주하려는 자기 군대의 말발굽에 밟히어 비명의 횡사를 하는 놈들도 상당히 많았다.

그러나 놈들은 최후의 발악이 치밀었음인지 계속해서 쌓이는 시체 속에서도 굽히지 않고 삼면의 산을 향해 함부로 기관총을 쏘기 시작했다.

쉿— 쉿— 하고 날아 들어오는 적의 탄환에

"앗!……"

소리를 치며 쓰러지는 동지도 있었다.

이때다. 여태껏 열심히 쉬지 않고 총질을 하고 있던 강위가 빗발처럼 날아오는 적의 탄환이 겁났음인지, 맡은 자리를 버리고 얼마쯤 후퇴하기 위하여 뒤로 몇 걸음 발길을 옮겼을 때였다.

"강위 게 있거라!"

그를 발견한 총사령의 명령이었다. 강위는 오도 가도 못하고 그 자리에 주춤하고 섰다.

그러자 또 한 번,

"강위 게 있거라!"

소리와 함께, 총사령의 피스톨은 어느새인지 어린 강위의 가슴을 겨누고 있었다.

"맡은 자리로 돌아가지 못하겠느냐? 후퇴하는 비겁한 놈은 독립군이 아니다!"

강위는 장군의 얼굴을 우러러보았다. 아아, 그 무서운 눈! 눈! 이것이 어제저녁 자기를 가랑잎으로 덮어 주던 그 총사령인가.

"총사령님! 다시는 물러나지 않겠습니다!"

강위는 외치며, 후퇴할 때보다는 백배나 빠른 속도로 자기의 위치로 돌아가 엎드리더니, 1초의 지체도 없이 마구 방아쇠를 잡아당겼다.

"빨리 쏘아라! 쉬지 말고 쏘아라! 더 빨리! 더 빨릿!"

총사령은 지휘도를 높이높이 치켜들고 전군을 향해 호령하였다.

그러나 이때 또 한 방의 적탄이 쉿! 하고 날아오더니, 바로 장군의 머리 위를 스쳐 가는 바람에 장군의 군모는 휙 하고 날았다.

"앗! 위험합니다 총사령님! 뒤로 물러나십시오!"

옆에서 김훈 중대장이 외치며 달려왔다. 그러나 장군은 그 말은 들은 시늉도 안 하고, 서쪽에서 북쪽으로, 거기서 다시 서쪽으로 번개와 같이 내달리며 부하를 격려하는 것이었다.

"빨리! 빨리! 어서 더 빨리 저놈들을 쏘아랏!"

그러자, 얼마 후에 또 한 번 이쪽을 향해 날아온 왜군의 소총 탄환은 공교롭게도 어린 강위의 가슴을 꿰뚫고야 말았다.

"으앗!"

소리를 치며, 강위는 등 뒤에 가 나자빠지더니,

"아…… 총사… 령님! 으……"
하고 그의 총사령을 불렀다.

"강위야!"
하고 달려가서 좌진은 그의 손목을 붙들어 잡았다.

"총… 사령님!"

강위는 맞뚫린 가슴에서 쏟아져 내리는 피로 근처의 낙엽을 물들이며 간신히 말하였다.

"제가… 제가… 한 번… 비겁했던 죄를 용… 서…해… 주… 십시오."

"강위야!"

장군은 그를 또 한 번 불렀다.

"아무래도, 아무래도 못 살겠느냐?……"

그러나 바로 심장을 맞은 강위는, 겨우 또 한 번,

"으……"
소리를 칠 뿐 벌써 아무런 대답도 없었다.

장군은 이미 시체가 된 그의 오른손에 아직도 꼭 쥐여 있는 소총을 빼 들고, 어린 그가 엎드리어 총질을 하고 있던 절벽 위의 바위틈에 와서, 산골짜기에 물결치고 있는 왜적의 무리를 향해 총 끝을 겨누었다.

바로 그의 총 끝이 겨냥을 하고 있는 위치에는, 수십 명의 왜병으로 호위되어 뒤로 후퇴하려고 애를 쓰고 있는—어깨 위에 번쩍이는 견장으로 보아 그들의 우두머리인 듯한 한 자가 성난 말 등에서 피스톨을 빼 들고 건들거리고 있는 것이 보였다.

장군은 냉큼 방아쇠를 잡아당겼다. 땅! 하고 발사되는 총소리. 그와 동시에 그는 겨냥했던 위치를 다시 보았다. 틀림없이 그의 탄환은 그놈을 가서 맞혔던 것이다. 놈은 말 등 위에서 거꾸로 보기 좋게 떨어지며, 그 서슬에 한층 더 놀란 말이 앞발을 쳐들고 벌찍 뛰었다. 장군은 연달아서 사격의 손을 쉬지 않았다. 그리하여 강위가 쓰고 남았던 탄환이 다아 떨어지도록까지는 그 자리를 떠나지 않았다.

사격이 시작된 지 두 시간을 좀 지나서 전투는 드디어 끝이 났다. 놈들이 시체의 산더미를 이 사방정자四方頂子의 골짜기에 남기고 후퇴에 성공한 때는 벌써 환하게 밝은 때였고, 성공한 자의 수효는 불과 몇십 명의 기병에 불과하였다. 그러나 그것들마저 뒤따라 추격한 독립군의 손에 거의 다 비참한 최후를 마쳤다. 신명은 참으로 이때만은 독립군의 편이었던 것이다.

전투 중지를 알리는 나팔이 울렸다. 뒤이어 승리의 취군 나팔이 울렸다.

김 장군과 그의 막료들의 앞에 인제는 굶주림도 추위도 잊고 승리에 도취해 있는 독립군들—그들의 찢어지고 남루한 옷 새로는 살결이 여기저기 드러나 보이고 있었다.

그러나

"대한 독립 만세!"

하고 외치는 총사령의 뒤를 따라서,

"만세!"

"대한 독립군 만세!"
하고 목을 다하여 부르짖는 그들은, 그런 것은 까마득히 모르는 모양이었다.

이날의 전투에서 독립군은 열두 명의 사상자를 내었고, 일본군은 실로 1천 6백여 명의 일개 사단이 전멸하였던 것이니, 그 속에는 가노 육군 소장을 필두로 대대장 둘, 중대장 아홉이 끼어 있었고, 또 적지 않은 무기와 군마가 이날부터 독립군의 소유가 되었다.

며칠 후 간도의 일본 영사관은 이 사실을 발표하고 그들이 전멸한 것을 솔직히 인증하였다.

그러고 이 청산리의 싸움은 3백 수십 년 전의 임진왜란 이후, 조선이 처음으로 일본에 타격을 준 집단적이요 본격적인 전투였던 것이다.

제3장

그러나 일본은 그냥 그대로 말지는 않았다. 청산리에서 처음으로 독립군의 맛을 안 그들은, 나남 사단의 병력을 훨씬 증가함과 동시에, 북간도 일대에 다시 파견군을 보내어 독립군의 근거지를 샅샅이 뒤졌다. 뒤지다가 보람이 없자, 환장한 그들은 또 도처에서 무고한 조선 이주민들을 함부로 학살하였다. 국자가에서도 안도에서도, 화룡에서도 용정촌에서도, 주먹밖에 없는 우리 동포들은 그들의 칼끝에 총부리에 무수하니 쓰러졌다. 수십 명씩 수백 명씩 한데 묶어서 빈집에다 몰아넣고 불을 지르기, 얼음장을 깨고서 강물에 집어넣기는 그들의 상투 수단이었다.

비록 세 배의 병력으로 쳐들어온다 하여도 그들과 같은 무기만 있다면, 독립군은 그까짓 건 조금도 대수롭지 않았다. 그러나 그들의 수는 엄청나게 많았고, 한정 없는 무기가 있었고, 그 뒤엔 풍부한 무기의 배경이 있었다. 그러나 그것만이라면 독립군은 어떻게 해서라도 수풀 속으로 수풀 속으로 은신해 다니며 오래오래 그들과 지구전을 할 것이었다. 초근목피를 씹으면서라도 그렇게 할 것이었다. 하지만 목숨을 잃는 건 독립군이 아니요, 무죄한 이주 동포들임엔 어찌하는가. 독립군이 북간도에 머물러 있음으로 해서 나날이 죄 없는 동포들이 그들의 손에 학살되고 있음엔 어찌하는가.

'북간도처럼 조선 동포들이 많이 살지 않는 길림으로 떠날 것. 놈들과 싸우더라도 거기 가서 싸울 것.'

이주 동포를 몰살시키지 않기 위하여 생각하고 생각한 끝에 북로군정서는 드디어 이렇게 결정했으니, 그들이 길림을 선택한 데에는 앞에 말한 이유 밖에도 몇 가지 까닭이 있기는 하였다. 그것은 동지들을 규합하기 위하여 그곳이 그렇게까지 생소하지 않은 것과, 또 국내와의 연락에서도 비록 간도만큼은 편리하지 못하다 할망정 그래도 그다음은 가는 때문이었다.

그래 그들이 오랫동안 닦아 놓은 간도의 무대를 떠나서, 영하 30도의 혹독한 추위를 무릅쓰고 왜적의 눈을 피해 길림성 도목구에 당도한 것은, 청산리 싸움으로부터 몇 달 뒤인 한겨울이었다. 김 장군은, 도목구에 도착하자 오래잖아 너무나 일반적인 북로군정서를 해체하고 서일, 김혁, 정신 등의 동지들과 협력하여 대한독립군을 편성하였다.

이렇게 이름과 포부만은 충분히 조선 전체를 대표하는 독립군이 된 것이나, 기껏 닦아 놓은 간도의 배경을 잃고, 뜻밖에 길림 땅에 들어선 그들에게 경제적 타격은 또한 적지 않았다.

그들은 힘을 합하여 산전을 만들고 곡식을 가꿨다. 집도 짓고 나무도 하였다. 때로는 지나는 왜놈의 떼나, 잔인하게 착취하는 부락 토호들을 습격하여 약탈도 하였다. 꽁꽁 얼어붙은 압록강의 상류를 건너서 멀리 그들의 기마대가 평안북도의 언저리에까지 나오는 일도 있었다. 그러나 적지 않은 수효를 가진 그들의 생활이 그것만으로 넉넉할 수는 도저히 없었다. 그들은 여전히 헐벗고 굶주리는 생활을 하면서 또다시 커다란 보복의 때가 오기만을 기다리고 있었다.

나는 여기에서 잠깐 아직까지 독자 여러분이 알지 못하는 김 장군의 성격의 일면을 말하려 한다. 그가 누구보다도 애국자임은 여러분도 다 알 것이다. 그가 용맹한 사람이요, 남에게 의리 있는 사람이요, 사리사욕을 모르는 사람이요, 또 치밀한 조직력과 냉철한 머리를 가진 사람임을 여러분은 안다. 그러나 여러분은 그가, 가족을 아끼고 부모에게 효도까지 하였던 사람이라고는 생각하지 않을 것이다. 허나 사실인즉 그는 누구보다도 가족을 생각하였고, 효도도 또한 한 벌은 아니었던 것이니, 이 다난한 범 같은 혁명가가 도목구에서 한동안 어머니와 부인 오씨를 데리고 지낸 사실은 웅변으로 그것을 증명한다. 아들을 보고 싶어 하는 어머니와 남편을 잃어버린 불쌍한 아내를 그는 거부하지도 않았고, 그렇다고 그것 때문에 자기의 평생 사업을 소홀히 하지도 않았다. 다만 그에게 모든 의무는 최선을 다하여 이행해야 할 것이었고, 하나도 거부할 것은 없을 뿐이었다.

그러나 도목구 시절의 김 장군의 집은 참으로 너무나 가난하였다. 조반석죽은커녕 끼니마다 좁쌀죽을 끓이재도 그나마 없어 굶는 때가 많을 지경이었다. 그러나 그런 가난 같은 것은 진작부터 타지 않는 아들이요 남편의 성미인지라, 그의 어머니와 아내도 마침내는 그의 태도에 동화해 갔다. 지금도 그의 자당은 그렇게 말하고 있지만, 그 시절에도, '이 태평이가 정말로 독립단 두목인가?' 생각하였다는 것이다.

그 당시에 그의 부하요 동지였던 이범석 장군은 당시의 회상을 다음과 같이 말하고 있다.

이범석—그가 김 장군의 집을 찾은 것은 어느 첫가을날의 오후였다.

범석을 반가이 안방으로 맞아들인 김 장군은 그의 특징인 너털웃음을 연달아 터뜨리며 이 이야기 저 이야기 하여 쌓더니 뜻밖에,

"자네 여기 잠깐만 앉어 있게."

하고 밖으로 나갔다.

잠깐만—이라고 하여서 곧 올 줄 알았더니 그는 한 시간나마 되어도 돌아오지 않는지라, 범석은 무료하기도 하고 하여서 '어데를 가셨나' 알아볼 양으로 문밖을 나선 것이 어느덧 동구 밖까지 나왔다.

도목구의 동구 밖을 나서면 서쪽으로 얼마 멀지 않은 곳에, 맑지는 않으나 커다란 못물이 있다.

잠깐만—이라고 하더니, 장군은 실상인즉 그 못물가에 가서 쭈그리고 앉았는 것이었다. 무심히 동구 밖에 서서 사면을 둘러보고 있다가 거기, 장군이 있는 것을 발견한 범석은 그 곁으로 발길을 옮겼다.

가서 보니, 장군은 못물가 둔덕 위에 아무 할 일도 없는 사람처럼 두 발을 개고 앉아서 못물 속에 낚싯줄을 늘이고 있는 것이었다.

범석이 와서 그 옆에 서자 그는 돌아보고 웃으며,

"오늘사 말고 바람이 세어서 그런지 그놈들이 잘 물지 않네."

하였다.

범석은 그 말을 들으며, 장군의 옆 도롱이 속에 담겨 있는 여남은 마리의 물고기를 보는 순간, 웬일인지 무관답지 못하게 더워 오는 눈시울을 어쩌지 못해서 외면을 하였다. 찾아온 손님인 자기를 대접하려고 장군이 이 짓을 하고 있음은 빤한 일이었기 때문이다.

그날 밤.

그 물고기 조림과 같이 한 사발씩의 좁쌀밥을 앞에 놓고 두 사람은 나란히 겸상을 받았다.

"자네 말은 아직 죽진 않았겠지?"

숟갈을 놀리던 장군은 우연히 생각난 듯이 범석을 보고 물었다.

"네, 아직 죽진 않었습니다만, 무척 여위었어요."

범석은 대답하였다.

"거 안 됐네. 그놈인들 먹지 못하니 살이 찔 리가 있나."

"……"

범석은 아무런 대답도 하지 않았다. 참으로 그때 그들의 생활은 말에게 먹을 것을 주지 못할 정도로 가난하였으니, 말한대야 그것은 서로 답답하기만 한 일이었기 때문이다.

그러나 그로부터 며칠 후 김 장군에게서 온 한 장의 봉함 편지를 받고 범석은 놀라지 않을 수 없었다.

무심코 입 밖에 낸 말인 줄만 알았더니, 장군은 부하의 군마를 위하여 이번엔 편지까지 보내 온 것이다.

"적지만 이걸로 우선 마량을 좀 준비해 주게. 어떻게 해서라도 말의 목숨만은 건져야 할 텐데 이것 야단났네그려."
하는 간단한 사연과 함께, 그 속엔 5원짜리 지폐 한 장이 들어 있었다.

이범석 장군만 못지않게 가난했던 김 장군. 그러면서도 부하라면 그의 말까지 걱정하지 않고는 배기지 못하는 장군의 성미를 생각할 때, 범석은 그저 머리가 수그러질 따름이었다.

그러고 마량을 장만하라고 보낸 그 돈이 사실은 장군의 단 한 벌뿐인 양피 외투를 저당한 것임을 그는 훨씬 뒤에서 알았다 한다.

제4장

당시 김 장군을 중심으로 한 독립군의 노력은 먼저 만주와 중국 천지에 흩어져 있는 동지들의 규합과 통일에 있었다. 군웅할거해 있는 그들을 모조리 한 덩어리를 만들어 조선 사람끼리라도 먼저 단합해 보자는 것이 독립군의 포부요 주장이었다. 오랫동안 두고 성실히 활동한 보람이 있어, 을축년 봄 그들은 우선 북만주 일대의 각 단체를 통합하여 신민부新民府를 만들었다. 그러고 그해 가을 김 장군은 멀리 상해로부터 대한민국 임시정부의 위촉을 받아 그 국무위원이 되었다.

그러나 이러한 지역적 통합만으로는 장군은 도저히 만족할 수가 없었다. 신민부의 군사위원장으로서 맹활동을 전개하는 한편, 정묘년에는 또 귀일당歸一黨 운동을 시작하여 그 중앙집행위원장의 직책까지를 한 몸에 떠맡아야 하게 되었으니, 귀일당이란 두말할 것도 없이 문자 그대로, 조국 광복을 바라는 모든 남녀를 단결하여 총무장을 시키려는 그의 뜨거운 염원에서 우러난 것이었다. 그러나 이때부터 벌써 그의 귀일당의 산하로 들어오기를 거부하는 일파가 있었으니, 그것은 같은 동포요, 똑같이 조국을 잃은 처지에 있으면서도 조국의 광복보다는 먼저 노농 러시아와 같은 계급 타파를 내세우려는 공산주의자의 일당이었다.

김 장군은 본래부터 사유재산제도를 주장하는 사람은 아니었다. 계급 타파—그것은 누구보다 앞서서 실천까지 한 터였다. 그러나 지금은 당장 나라까지 빼앗기고 없으니, 국토부터 먼저 찾아 놓은 뒤에 동족끼리의 계급 혁명을 실천하자. 아니 우리가 그것을 실천하지 않는다 하여도, 그것이 민족과 인류를 위하여 참으로 필요한 계단이라면, 민족은 누가 시키지 않아도 자신이 그것을 성취할 게 아니냐. 그러니 우선 우리는 무엇보다도 먼저 전부 한 덩어리가 되어, 잃어버린 나라부터 찾아서 세우자. 왕조가 아니라 모든 국민이 자유로 언제든지 제 손으로 제 나라를 향상시킬 수 있는 그런 국가를 세우자. 이런 목적을 위해서만 우리는 통일해야 하고, 끝까지 싸워야 한다. 나라도 없는 민족으로서 계급 혁명운동을 일으킨다는 것—그것은 선후당착이요 혼란을 조장할 뿐이다. 아무리 공산주의자로서는 동지라 한들, 일본 놈하고야 어찌 손을 맞잡을 수 있겠는가. 그러니 우리는 주의 주장의 차이를 불문하고 먼저 한 덩어리가 되어 왜적의 손에서 조국을 해방하자—이것이 김 장군의 주장이었다. 이렇게 주장하며 그는 그들을 포용하기에 온갖 노력을 다하였다.

그러나 그들은 웬 영문인지 그의 말을 듣지 않을 뿐만 아니라 따로 갈려 가서 파를 이루고, 김 장군의 광복 사업에 방해를 놓기까지 하였다. 조선 사람들의 이 경멸할 전통적인 당파심…… 그걸 생각하니 장군은 암담해지는 느낌을 금할 길이 없었으나, 아무리 타일러도 듣지 않는 그들을 어쩌는 수는 없었다. 언제든지 그들이 그의 산하로 다시 돌아올 날을 기다리면서, 장군은 그의 귀일당 운동을 한층 더 왕성히 전개하는 수밖에는 별다른 도리가 없었다.

귀일당 운동과 아울러서, 또 한 가지의 그의 숙제는 한중 합작이었다. 중국과만 손을 마주 잡을 수 있다면 만주 천지에서 그는 왜적을 송두리째 없애 버릴 자신이 있었다. 중국만 각성해서 물질과 병력으로 그를 도와준다면, 만주뿐만이 아니라 조선까지도 기어이 광복시켜 놓을 자신이 있었다. 만일에 5십만의 병력만 그에게 있다면, 삼군을 호령하여 순식간에 만주를 정화하고, 그 기세로 약탈당한 조국을 향해 공격해 들어갈, 무쇠 같은 의지와 불같은 정열이 있었다. 그러고 이것만이 사실은 그의 최대의 목적이요, 이 목적을 관철하기 위해서만 그는 온갖 노력을 다해 온 터였다.

길림으로 옮긴 경신년 겨울 이후, 장군은 이 겨레의 통일을 촉진시키는 한편, 중국군 당국과의 합작을 위해서도 직접 간접으로 맹활동을 계속하였으니, 정묘년 8월 석두하자에서 열린 한중 합작 회의는 실로 피나는 노력의 결과였다.

이 회의에 참석한 중국 사람들은, 물론 정식으로 중국 정부에서 파견한 사절단도 전권대사들도 아니요, 다만 같은 약소민족으로서의 공통된 의분과 투지와 정의감에서 결합된 몇 사람의 동삼성 중국군 당국의 장군과 한두 사람의 명사와 재벌에 불과하긴 하였다. 그러나 청산리의 싸움이 있은 뒤로 그들의 김 장군에 대한 신뢰는 절대적인 것이었고, 그들의 군대와 재력과 정치적 역량도 적은 것은 결코 아니었으니, 만일에 이 공동전선이 성공만 하는 날이면, 간도 일대에서의 왜적의 소탕은 물론, 한 걸음 더 나아가서는 전 중국과의 합작 운동도 가능한 일이라고 김 장군은 생각한 것이었다.

"나와 사 장군의 군대에 용맹한 한국 독립군을 합하면, 북간도의 일본군쯤은 문제가 아니라고 믿소. 그러나 여기에 한 가지 의문은 장작림의 태도요. 장차 그가 어떤 행동을 취할는지……"

3천 명의 기병 정예와 2만 명의 보병대를 통솔하고 있는 장군 악유준은 이렇게 말하였다.

"그렇소. 정말로 알 수 없는 것은 장작림의 정치적 태도요. 그는 어쩌면 우리들의 이 공동전선을 소승적이라 하여 공격하고 탄압할는지도 모르오. 그렇지만 장작림의 태도는 장작림의 태도고, 우리가 취할 길은 또 마땅히 우리가 취할 길—그대로 있으리라고 생각하오. 아직도 통일이 없는 중국에서 대승정치를 논의하는 것은 어리석은 일이라고 생각하오. 우리에겐 다만 조국애와 철저한 항쟁이 있을 뿐이오! 나도 그리고 악 장군도 그러고, 장작림이도 그러고, 모두 다 그런다면, 중국은 기필코 오래잖아서 일본을 타도할 수 있을 것이오. 마침 우리와 같이 싸우겠다는 한국의 독립군을 만난 것만이 천

재일우의 다행이라고 생각하오. 두말할 것 없이 싸웁시다. 우선 북간도로부터 시작하여, 만주 천지에서 일본 놈의 그림자를 깨끗이 씻어 버립시다. 공패성 씨! 그렇지 않습니까? 귀하의 절대한 후원을 우리는 기다리고 있을 뿐이오."

사가헌 장군은 열렬한 어조로 이렇게 말하며, 옆에 앉은 재벌이요 명사인 공패성을 바라보았다.

"물론입니다."

공패성 씨는 입을 열었다.

"나 역시 대승적 아량이라는 것보다는 소승적이요, 부분적이나마 철저한 항쟁이 지금의 우리에게 필요하다는 걸 믿고 주장하는 사람이올시다. 사 장군과 악 장군의 5만의 병력에 한국 독립군과 김좌진 장군의 용맹이면, 일이 될 것을 굳게 믿었기 때문에 오늘 이 자리도 가위 주동이 되어 만든 것이요, 또 참석하기도 한 것입니다. 염려 마십시오. 내 비록 정치의 경험은 없고, 가진 것도 넉넉지는 못합니다만, 장작림을 억누를 만한 정치적 배경도 있고, 한 번 전투에 충당할 만한 재력은 아직도 가지고 있습니다. 뒷일은 내가 볼 테니 안심하고 장군들은 힘껏 싸워 주시오!"

"나도 도우리다!"

"나도 미력이나마 힘자라는 데까지는 도와 드리겠소!"

모여 있던 딴 사람들도 입을 나란히 이렇게 서로 호응하였다.

"고마우신 말씀들이오."

김좌진 장군은 자리에서 일어서서 그들을 바라보고 웃으며 말하였다.

"여러분의 뜻이 그러시다면, 이 김좌진과 한국의 독립군은 최후의 한 명이 남는 날까지 한중 양국의 완전한 자유를 위해 싸우리다!"

이리하여 이날의 회의는 의견의 완전 일치를 보고, 두 나라 동지들의 굳은 악수 가운데 끝났으니, 석두하자의 이 한중 합작 회의가 성립하기까지에는, 김 장군과 중국 측 대표들 사이에 늘 다리를 놓고 다니기에 분망했던, 귀일당 중앙위원 연병호의 적지 않은 노력이 있었음을 우리는 기억해야 한다.

하여, 중국 정계의 유력자요 또한 재벌인 공패성은 중국 정부의 요로에 밀사를 보내, 한중 합작 회의의 결과를 알리는 동시에, 장작림이 어떤 태도를 취하더라도 한중 양국의 이 공동작전을 인증하고 원조하라는 청원을 하는 한편, 자기의 것과 후원자들의 재력을 합해, 왜적 토벌군의 무력을 갖추기에 있는 힘을 다하였다.

그러나 참으로 알 수 없는 것은 장작림의 태도였다. 공패성이 주동이 되어, 한중 양국의 왜적 토벌군이 결성되어서 군비를 갖추고 있다는 소식을 어디선지 탐지한 그는 그 즉시로 직계군의 정예부대를 출동하여 준비 중에 있는 왜적 토벌군의 무장을 해제하는 한편, 장군 악유준과 사가헌, 정계 요인 공패성을 함부로 억류했을 뿐만 아니라 주동자 공패성에게는 즉석 판결로 3년 형의 언도를 내려 감옥에 가두기까지 하였다.

생각해 보자면 분하여 이가 갈리는 일이었으나, 이것이 이때에도 통일 없는 중국 정계의 현상이었던 것이니, 지금에도 오히려 중앙과

연안의 두 정권이 갈려 있는 것처럼 당시에도 만주의 장작림과 중앙 정부와는 별개의 행동을 취하고 있었고, 중앙의 명령은 만주까지는 또 잘 통하지도 않는 것이었다. 당쟁과 군웅할거는 또한 중국의 고질이기도 하였던 것이다.

한중 합작의 작전 계획이 이렇게 어긋나자, 장군은 칼을 들어 창천을 원망하며, 그의 독립군을 인솔하고, 다시 중동산의 수풀 속으로 깊이깊이 숨어들어 갔다.

중국군과의 합작에 실패한 그는 중동산을 근거지로, 다시 조선 사람의 통일과 단련에 전력을 기울이고 있었다. 그러나 그가 모르는 이 동안에, 그의 실패는 오히려 중국 조야의 호의와 공명을 사서, 그들의 입으로부터 널리 동양 각국에 선전되고 있었다.

한국 독립군 수령 김좌진—그것은 벌써 한 국제적인 이름이었던 것이다.

그러나 이 동안 길림 도목구에 있는 그의 어머니와 아내는, 독립군을 몰고 나간 내 아들 내 남편을 기다리다 못하여, 다시 갈뫼로 내려갔다. 4년 동안 그들은 많이 주리었고, 부인 오씨는 또 어린애까지 하나 가졌었으나 영양 부족으로 곧 죽었다.

제5장

1929년 기사년—장군의 나이 마흔 살 되던 해 봄, 장군은 만주와 시베리아 일대의 조선 사람을 총망라하여 한족 연합회를 만들고, 뽑히어 그 주석이 되었다. 민족주의자건, 사회주의자건, 무정부주의자건, 아직도 민족적 양심이 실오라기만큼이라도 있는 사람들은 모조리 그의 산하로 들어와 한족 연합회의 회원이 되었다. 그전에 그를 배반하고 갔던 사람들도 참회의 눈물을 머금고, 그의 앞에 나타나서 그에게 사죄하고 그와 악수하였다. 멀리 소만 국경선蘇滿國境線을 넘어서 그의 품으로 들어오는 동지들의 수효도 나날이 더하였다.

장군이 이때부터 정미업을 하였다면 제군은 곧이듣겠는가? 곧이듣건 안 듣건, 장군은 정말로 그걸 경영하였다. 길림 중동산역 부근에다 정미소를 벌리고, 자기 손수 뽀얀 겨먼지를 쓰고 다니며, 풍풍

거리는 정미기를 통해 알곡이 얼마쯤 쏟아져 나오는 것도 헤아려 보았고, 전대를 들고 온 여인네에게 마장이가 그걸 되주는 것도 어떤 때는 스스로 감독하였다. 뿐만 아니라 이 정미소엔 장군보다 나은 한 사람의 기계 직공도 없는지, 혹은 있어도 그들에게 맡기는 것보다는 자기가 기어이 손을 대야만 시원한 것이 그의 성미인지는 모르되, 고장 난 정미 기계를 손수 뜯어고치기까지 하였다. 어떤 때는 또 전대에 담긴 곡식이 무거워서 쩔쩔매는 어린이를 부축하여 저의 집 앞까지 데려다 주는 일도 있었으나, 이때 만일 그 애의 집에 한 사람이라도 어른이 있으면 반드시 그 사람은 쫓아 나와서 허리를 굽히고

"주석님 감사하와요……"

하였고, 장군은 또 장군대로 그때 그 집의 형편을 따라서,

"순이 어머닌 좀 어떻소?"

한다든지,

"그래 득남을 했다드니 미역국이나 끓였소?"

한다든지 기어이 물어보고라야 안심하는 것이었다. 그러나 그 집에 아무도 없으면, 어린애는 그냥 제 친구나 보고 웃듯이 장군을 보고 웃으며 들어가 버리고, 장군은 그 뒤에서,

"느이 아버진 밭에 갔구나."

한다든지,

"느이 어머닌 아직도 안 왔구나."

하며 역시 그 어린애처럼 빙그레 웃고 돌아올 뿐이었다.

그 한 집 한 집이 살아 숨 쉬고, 먹고, 자고, 움직이는 일거일동까

지가 장군과는 유기적 관계가 있는 듯이 보이는, 이 나날이 불어 가는 조선 사람들의 마을—이 마을 사람들은 물론 그 전부가 김 장군의 같은 겨레요 동지요 한족 연합회의 회원인 것이었다.

일찍이 청년 시절에 갈뫼에서도 실시했고, 도목구에서도 행했던 것과 마찬가지로, 인제 장군은 이 중동산에서도 동지들과 같이 황무지를 열어 씨앗을 뿌렸고, 집들을 지었고, 학교도 세웠고, 또 정미소가 없어 불편함을 느끼자 그것까지도 만들었던 것이다. 그리하여 될 수 있는 대로 생활고에 울고 있는 외지의 동포들을 한 식구라도 더 많이 이곳에 끌어들이기에 애를 썼다.

이만하면 장군이 정미소를 경영하게 된 까닭이 얼마쯤 설명되었는지 모르겠다. 그러니 물론 그의 정미소를 사용하는 덴 별 요금이랄 게 없었음은 물론이다. 다만 이 정미에 전업하는 서너 명 동지의 먹는 식량만 거기서 나오면 그만이었다.

기사년 섣달 스무닷샛날. 양력으로는 1930년 정월 스무나흗날. 오후 2시쯤.

장군은, 때마침 또 정미 기계가 고장이 나서, 그것을 고칠 양으로, 기계 밑에 엎드려 열중해 있을 때였다. 엎드려 있는 장군으로부터 한 50미터의 지점인 정미소의 출입구 옆에 웬 흰옷 입은 젊은 사람이 서 있는 것을 장군은 진작부터 알았으나, 마을 사람이거니 여겼을 뿐이지 별 주의도 하지 않았다.

그러나 흰옷과 짚신으로 일꾼을 가장하고, 정미소의 출입구에 서 있던 이자야말로, 참으로 흉측한 저들 악랄하고 철없는 좌익 소아병

자의 밀사였던 것이니, 그들은 한족 연합회에 그들의 동무들이 차츰 차츰 동화해 들어감을 보자, 시기와 질투를 걷잡지 못하던 끝에, 드디어는 김 장군을 없이함으로써 이 겨레의 통합을 방지하려고, 이 어리석은 젊은 놈을 꼬여 보냈던 것이다.

"탕!"

소리와 함께 장군이 바짝 정신을 차려 그자를 돌아보았을 때는, 이미 만사는 늦은 뒤였다. 흉한이 쏜 탄환은 똑바로 김 장군을 가서 맞혔던 것이다.

"네 이놈!……"

하고, 장군은 큰 소리로 그때 호령을 하였다 한다.

"이놈!…… 이 철없는 놈 같으니!……"

그 소리는 마치 버린 아들을 보고 호령하는 엄한 아버지의 목소리와 같이도, 또는 궂은 여름날에 엉기는 먹구름 속에서 울려오는 뇌성과 같이도 들렸다.

그러나 진실로 통탄할진저! 민족의 수백 대를 억누르고도 남을, 이 정신력과 그 세찬 몸으로서도 뚫린 가슴만은 어쩌는 수가 없던가……

그의 숨결이 점점 가빠지며 정신이 차차로 희미해져 들어감을 느끼자, 장군은 불쑥 자빠졌던 자리에서 일어나더니, 있는 힘을 다하여 정미소의 출입구를 향해 내달렸다. 그러나 출입구의 문턱에다 발을 디디기가 무섭게 그 자리에 그대로 폭 거꾸러져 버렸다.

총소리를 듣고 몰려온 동지들이 부축해서 방으로 떠메 들이려 하였으나, 그는 손을 저어 완강히 이걸 거절하였다.

"방… 에 들어가 무엇… 하오. 나…ㄹ 밖에… 벌판이 뵈는 데… 좀… 내놔… 주."

삼군을 호령하던 그 음성은 어디로 갔는지, 그 소리는 바람 소리와 같이 간헐적이요, 약하였다.

동지들은 그를 햇볕 바른 정미소 풀밭 위에 업어다 눕혔다. 그러고는 모두들 그의 앞에 쓰러져서, 비로소 걷잡을 길 없는 통곡에 잠겼다.

이때, 급보를 듣고 의사가 왔다. 그러나 그는 무거운 손을 저어 의사의 진찰을 거절할 뿐만 아니라,

"우… 지 마오."

하고 동지들의 울음소리까지도 거부하였다.

"나…ㄹ 좀 일… 어 앉혀 주."

가슴에서 흘러내리는 피로 풀섶과 동지들의 손과 옷을 온통 적시면서도, 아무런 아픔도 느끼지 않는 사람처럼 눈을 감고 조용히 누워 있던 장군은 드디어 이렇게 말하며, 자기 스스로 한 팔을 짚고 일어나려 하였다.

그들은 뒤에서 떠받들어 그를 엣비슥이 일어 앉혔다.

그러자,

"동지들!"

하고 장군은 최후의 힘을 다하는 것처럼 눈을 똑똑히 뜨고, 좌우를 둘러보며 말하였다.

"정… 말 분하오! 여기서 가기는 참 분하오! 더구나… 철없는 동포의 손에… 가기는 못 견디게 분하오!…"

그러고 그의 눈은 또 한 번 스르르 감겼다. 그러면서 나직한 소리로,

"동지들은… 하던 일 부디 계… 속하시오…… 조… 국… 광복… 사업을……"

그 한마디를 남기고는, 여러 부하들의 무릎 위에 폭삭 쓰러져 버렸다. 그 모양은 마치 큰 태산이 한정 없이 깊은 바닷물 속에 무너져 들어가는 듯하였다.

이렇게 김좌진 장군의 육신은 천지로 돌아갔다. 그러나 그의 생명은 아직도 뚜렷이 우리들의 혈관 속에 고동치고 있음을 다시금 느끼는 것이다.

우남 이승만전

초판 머리말

여기 그의 칠십여의 생애를 한 거찬 의지로서만 관철하였고, 또 관철하면서 있는 한 조선 사람이 있다. 구한국 말엽으로부터 현재에 이르는 한 세기에 가까운 이 민족의 변화 많은 세월 속에 있어, 아마 그는 누구보다도 조선 사람으로서 변화하지 않은 사람이었을 것이다.

그러므로 그의 일생을 이야기하기 위해서는 또 한 사람의 일생쯤 소비된대도 아까울 게 없다. 그만큼 그는 저 뭇 묏부리와 구릉들을 대표할 수 있는, 뛰어난 한 준령이 되기 때문이다.

그러한 이의 그러한 생애를 나같이 모르고 부족한 사람이 이야기해 본다는 것은—더구나 제한된 시간과 한정된 정력으로서 이야기해 본다는 것은—이 준령에 대한 한 무엄일는지도 모른다. 그러나 또 어찌 생각해 보면, 우선 이렇게라도 이야기해 두는 것은 이런 심란한 민족의 시절을 위해서는 또 상당히 필요한 일이 아닐까 싶기도 하였다.

그래 나는 간신히 나 자신에게 이 무필蕪筆의 운영을 허락한 바이어니와, 물론 이 한 권의 기록이 후일의 투철한 대작가의 참고가 되면 다행일 한 소재에 지나지 못한 것임을 스스로 잘 알고 있다.

끝으로, 정해(1947년)의 다사多事하신 한여름과 가을을, 친히 저자에게 재료를 구수해 주신 우남雩南 어른께 삼가 절을 올리며, 이 전기의 성립까지에 많은 힘이 되어 주신 해위海葦 윤보선 선생과, 이 책의 발행 담당자 삼팔사 이북 주간에게도 마음으로부터 감사의 뜻을 표하는 바이다.

기축(1949년) 9월
공덕리에서

새판 머리말

여기 20세기 최말기에서 21세기의 시작을 바라보고 있는 시점에서 우리 근세 이후의 민족 독립운동사의 첫째 거인이었던 우남 이승만 어른의 전기를 우리 민족사회에 내놓는 것은 내게는 시의에 적절한 것 같아 이분의 유자遺子인 이인수 교수와 합의하여 이 출판을 승낙하기로 했다.

이 책에서 내가 다룬 것은 1945년 해방 전까지의 이분의 사생활과 민족 독립운동사뿐이었으니, 여기에 대해서 무얼 잘 모르던 분들에게는 이분의 업적을 바로 이해하는 데 한 도움은 될 걸로 안다.

우남 어른께서는 이미 저승에 계시어서 이 책의 중간重刊에 대해서는 아무 말씀도 안 계시지만, 이분의 영부인이었던 프란체스카 여사께서는 그 생전에 큰 참치까지 한 마리 사 가지고 내 누옥을 찾아오시어 격려까지 해 주시었으니 이분의 일생의 애인이었던 우남 어른의 찬성도 침묵 속에 하늘에서 은은히 울려오고 계심을 느낀다.

나는 내 일생에서 나를 낳게 하신 내 친부 외에 두 분의 정신적 의미의 아버지를 더 모시고 살아왔으니, 그 한 분은 일정 치하 때에 내 교육을 바로 이끌어 주셨던 우리 불교의 대종사 스님이었던 석전石顚 박한영 스님이요, 또 한 분은 1947년에 내가 그의 전기의 집필자로 위촉되어 매주 두 차례씩 만나 뵙고 그분의 생애의 이야기들을 그분에게서 직접 구수받아 노트하고 있었을 때, 내게 난생처음으로 그 철천의 민족 자주독립혼을 각성시켜 주신 우남 이승만 어른 바로 그분이시다.

우남 선생께서 내게 끼쳐 주신 이 각성이 독자 여러분들에게도 두루하기만을 거듭 바라고 바랄 따름이다.

1995년 1월 25일

관악산 봉산산방에서

서편

가계와 배경

제1장 가계

물과 하늘 사이 이 몸을 띄워 一身泛泛水天間
가없는 바다를 오고 가고 또 갈 제 萬里大洋幾往還
고운 땅이사 곳곳이 있네마는, 到處尋常形勝地
꿈에도 못 잊는 건 고향 한남산 夢魂長在漢南山

이 한 토막의 절구絶句는 1924년 갓 쉰 살이 된 이승만 박사가, 그 무렵 미국에서 발행되던 어떤 중국 사람의 신문에 발표한 것으로서, 고국의 산천—그중에서도 그의 자라난 곳인 서울 남산을 가슴 저리게 그리워하였던 느낌을 엿볼 수가 있다.

이로부터 다시 스물한 해 뒤인 1945년 가을, 박사는 벌써 일흔한 살의 백발이 허연 늙은이로서 비로소 이 남산과 서울이 있는 고국으로 돌아왔다. 그가 이때까지 싸워 온 뜻과 소원대로 조국에 해방의 날이 온 것이다. 그리하여 그는 어느 날, 그 그리던 옛 보금자리 남산골에 올라가, 인제는 모두가 헐리고 바뀌어 그 전날의 모습을 찾을 길이 없는 옛 터전을 앞에 두고 또 한 번 아래와 같이 읊었다.

복삿골의 옛 벗들 연기처럼 흩어져	桃源故舊散如煙
어수선히 지나간 오십 년이여.	奔走風塵五十年
모두 변한 터전에 흰머리로 돌아와	白首歸來桑海變
옛 사당 앞 비낀 해에 눈물을 뿌리다니……	斜陽揮淚故祠前

그윽한 복사꽃밭과 옛 동무들이 있던 곳으로서, 또 옛 조상의 사당이 있던 곳으로서, 그 거센 50년의 해외 생활 속에서도 이 박사가 늘 못 잊어 하던 서울 남산골—남산골은 다만 이 박사가 자란 곳만이 아니라, 그의 선조들이 대대로 그 청빈한 선비의 생활을 이어 온 곳이기도 하였다.

남산의 서남쪽에 울창한 솔밭, 그 밑에 다시 자욱한 향나무, 노가지나무 숲속에는 이조 말엽까지만 하여도, 이 박사 일문의 종조宗祖인 양녕대군—이조 제3대 왕 태종의 맏아드님의 사당이 있었다. 숙종 원년(1675년) 이 도동에 그의 사당—지덕사至德祠가 선 뒤로, 후손들은 이 사당을 에워싸고 옹기종기 모여들어, 이 사당을 떠받듦으로써 한 커다란 자랑을 삼았던 것이니, 가끔가다간 그들 사이에서도 몇 사람씩의 벼슬아치가 나오는 일도 있었지만, 그렇게 되지 못한다

하여도 그들은 한결같이 이 골짜기에 늘어붙어서, 그들의 사당을 모시고 유도儒道를 닦고 또한 그 청렴한 가난살이를 계속하기에 조금도 딴생각을 낼 줄 몰랐다.

'굶을 줄 알아야 남산골 샌님'이란 말이 있지 않은가. 비록 집에서는 풀을 쑤어 먹고 지낼지언정 밖에 나와서는 턱주가리 치어들고 이를 쑤시며 다니는 것이 그들의 생활 태도였다 한다.

영조 때의 어느 겨울날이었다. 이러한 남산골 어떤 이李 샌님의 집에, 산에서 중이 동냥을 왔다. 그러나 주인에겐 아무것도 줄 것이 없어, 추위에 불도 때지 못하고 있는 그들의 가난한 사정을 말하고 넌지시 물러가기를 권하였다. 그러자, 중은 한참을 머뭇거리다가 건너편 노가지나무 수풀 속의 지덕사를 가리키며

"그렇게 치우시면 저 사당 앞의 나무들이라도 베어 때시지 그러시오."

하였다. 아닌 게 아니라 들어 보니 그건 자기로선 엄두도 내어 볼 수 없던 일이었지만, 무던한 권고임엔 틀림없었다. 그리하여 샌님은 며칠 사이에 사당 밖의 향나무, 노가지나무 들을 빨갛게 베어 버려, 뒤에 왕실의 눈이 다시 여기에 미치기까지 사당은 꽤 오랫동안 털 뜯긴 날짐승과 같이 그 알몸뚱이를 드러내 놓고 있은 적도 있었지만, 그들의 가난이란 참으로 이와 같았고, 또 그건 아들이나 손자나 또 손자의 때가 되어도 별다름이 없었다.

이 박사의 아버지 경선敬善의 때에 와서도 이러한 '남산골 샌님'의 기질과 생활 태도엔 변함이 없었다. 다만 경선에게는 천성으로 타고

난 낭만성이 있어서 그랬는지, 또는 그 아버지를 따라 한때 황해도에서 시골살이를 한 때문에 산천의 맛을 알게 되어서 그랬는지, 한군데 오래 붙어 있지를 못하고 늘 유람 생활을 계속한 것이 다르다면 다른 점이었다.

경선은 젊어서 한때를 그 아버지를 따라 황해도 해주에서 지내다가 뒤에는 다시 평산군 능내동이란 곳으로 옮겼다. 그리하여 그곳에서 두 부부의 나이 마흔이 넘은 뒤에 부인 김씨와의 사이에 1875년 2월 19일 둘째 아들 승룡을 낳으니, 이가 곧 우리의 이 박사이다.

박사에게는 손위로 훨씬 나이가 동떨어진 두 누님과 한 형이 있었으나, 형은 열 살 안에 마마손님으로 세상을 떴고, 두 누님도 일찍이 출가를 하였다. 큰누님은 해주 우씨의 집사람이 되었고, 둘째 누님은 평산 심씨의 집 며느리가 되어 갔었다. 그러므로 이미 다섯 대째 외아들로 내려온 경선의 단 하나의 아들로서, 박사는 문자 그대로 6대의 독자가 된 것이었다.

박사의 나이 세 살 되는 해에, 경선은 다시 평산의 살림살이를 걷어 가지고 서울로 올라왔다. 그의 술값으로 쌓아 올린 빚 때문에 시골집마저 정리해야 할 형편이 된 때문이었다.

서울에 당도하자 남대문 밖 염동에 자리를 잡긴 하였으나, 경선은 그 뒤에도 집에 붙어 있는 때가 별로 없었다. 그는 여전히 아름다운 산천을 찾아서 금강산으로 태백산으로 오대산으로 헤매고 다니는, 그의 소요 생활을 쉬지 않았던 것이다.

그에겐 털빛이 서릿발처럼 흰 한 마리의 서산나귀와, 산천의 방위를 보는 한 개의 조그만 지남철이 있었다. 그가 빚으로 모든 재산을 잃은 뒤에도 오직 이 두 가지만은 끝까지 버티어 온 것으로서, 그는 이 서산나귀를 타고 돌아다니며, 그 조그만 지남철로 산천의 방위를 살피고 명당자리를 점치는 것이 뜻 같지 않은 세상살이에 무엇보다도 기꺼운 모양이었다. 흔히 그는 불시에 나귀 등에 올라앉아 방울 소리를 울리며 집을 나서면, 두 달 석 달 때로는 한 해가 기울어도 소식이 없다가, 문득 어느 눈 나리는 날 밤 다시 말방울 소리를 울리며 돌아오기가 일쑤였다.

이 같은 남편이요 아버지인지라, 집안 살림은 자연 그의 아내 김씨가 도맡아서 하게 되었다. 식구라야 남편이 늘 집에 없으니 한 사람의 안종 복녀까지 합하여 밥을 먹는 건 세 사람뿐이었으나, 한 여인의 집으로선 이것도 너무 과하였다. 일가친척들의 도움마저 뚝 끊어진 때면, 부인은 남몰래 바느질 삯품을 팔아 겨우 입에 풀칠을 해 가는 날이 많았다.

이러한 양친의 그늘에서 어린 이 박사가 나날이 자라가고 있을 무렵 — 즉 1875년경으로부터 1882년경에 이르는 7, 8년 동안의 이 나라의 움직임은 어떠하였던가? 인제 우리는 이 전기의 맨 처음 배경이 되는 것을 잠깐 동안 들여다봐 두어야 한다.

제2장 1880년경의 조선

역시, 이 무렵은 아무리 들여다보아도 벌써 이조의 황혼이 시작된 때다.

거센 외세와 신문명의 물결은 이미 이때부터 본격적으로 이 처사處士의 나라—조선 반도를 에워싸고 출렁거리기 시작했건만, 이조는 여전한 태고의 꿈에서 깨이지를 못한 채, 세계와 합류할 철저한 자각도 없었고 또 이를 끝까지 거부할 통일된 힘도 없이, 황혼의 장터와 같은 외세의 트집 판 속에 어쩔 수 없는 낙일落日을 비롯한 때였다.

병인(1866년), 신미(1871년)의 두 차례의 양요洋擾는 언뜻 보기엔 아무런 흔적도 없이 사라진, 인천 바다의 조그만 애기씨름에 지나지 못하기는 했지만, 그 결과는 비로소 서양 여러 나라의 이목을 집중시키게 되어, 뒷날(1882년) 미국과의 사이에 조미수호통상조약을 맺는 첫 실머리를 짓게까지 되었다. 그러나 이 미국과의 수호조약은 이 나라 정부의 자발적인 처사였다 하기보다는 청국의 권고에 마지못해 따른 것이니, 청국의 낯을 보아 조약을 맺긴 하였어도, 속에 간직한 완고한 척양정신斥洋精神에는 별다름이 없었다.

그렇지만 청국이 조미조약을 권한 배포는 또한 딴 곳에 있었다. 그것은 다만 그 당시 조선에 가까워지고 있는 일본의 세력을 견제하기 위하여 조선을 여러 나라의 테두리 안에 두려 함이었으니, 저 병인년의 천주교도 학살과 신미년의 미군과의 충돌이 있었을 때에도, 프랑스와 미국이 청나라에 그 책임을 묻자, "조선은 자주국이다. 선전宣戰 강화講和의 권리가 모두 조선에 있으니, 책임을 추궁할 일이 있으면 그 나라에 가서 직접 추궁하라" 하여, 조선의 독립국임을 세계에 표명하던 청국이, 뜻밖에 1882년 이홍장을 시켜 미국과의 조약을 맺게 한 것은, 다름 아닌 1876년 2월, 일본과 조선 사이에 성립된 강화조약 이후로 이 나라에 뻗치기 시작한 일본의 힘을 억누르려는 속셈에서 한 짓이었을 따름이다.

한편 일본은 음험한 청국의 방해가 있음에도 불구하고 한번 뻗친 그들의 마수를 거두려 하진 않았다. 도쿠가와 막부의 말엽, 일찍이 서양과의 통상의 길을 터서 새 문명을 받아들여 메이지 유신의 새 정부를 세우자, 바로 그들은 조선에 그 사연을 적어 보내 새로운 수호조약을 맺고자 한 일이 있었다. 그러나 그 보낸 글발이 공손치 못하다 하여 받아들임을 받지 못하자, 이를 악물고 다시 힘을 쌓아 올리더니, 그로부터 8년 뒤인 1875년 선달엔 그들의 군함을 몰고 강화도 옆 바다에까지 들어와서 한강을 엿보고 있었다. 그래 우리 군대가 퍼부은

포탄에 쫓기어 되돌아가긴 하였으나, 사실인즉 이것만이 그들이 바라던 바이었으니, 다음달인 1876년 정월에는 이 포격 사건의 책임을 묻는다는 것을 핑계 삼아, 두 척의 군함과 세 척의 운송선에 그들의 대사 구로다 기요타카, 이노우에 가오루 등을 보내어서 어울리게 한 끝에 그해 2월 2일엔 위에 말한 바와 같이 두 나라가 강화에서 수호조약을 맺었다.

조약은 모두 열두 조목으로서 조선의 자주독립국임을 밝히고, 일본과의 사이에 사신을 교환하며, 부산 등 세 항구를 통상지로 열 것이 그 내용이었다. 이 결과로서 이해 4월에 일본에 수신사를 보냈고, 1879년엔 일본 정부의 외무대신이었던 하나부사 요시모토가 정식으로 공사가 되어 서울에 패들을 거느리고 들어와서 서대문 밖 청수관에 자리를 잡았다. 이리하여 부산, 원산, 인천은 차례차례 열리고, 일본에 유람하는 이의 수가 늘어 개화당開化黨이 생기고, 일본 군인을 맞이하여 병대兵隊에 신식 훈련을 베풀게까지 되었다.

그러나 조선은 여기에서 완전히 열릴 만큼 송두리째 깨이지도 않았고, 또한 이러한 모든 외세 속에서도 흔들리지 않을 만큼 안으로 굳은 통일이 있는 것도 아니었다. 대원군 섭정 10년 만에 고종 10년(1873년) 정권이 왕에게로 돌아가자, 아직까지 대원군의 압력에 눌려 기를 못 쓰던 왕후 민씨는 그의 친정 족속들을 정부에 끌어들여 일본과 결탁하고, 또 대원군은 대원군대로 수구파의 두령 격으로 이에 대립하니, 저 얽힌 외세에 이 내분은 참으로 이조의 몰락을 재촉하는 두 개의 채찍이 되었던 것이다.

제1편

소년

제1장 아버지와 어머니와 아들

1

"승룡아……"

"……"

어머니는 호롱불 옆에서 바느질손을 놀리다 말고 누워 있는 어린 아들의 이름을 또 한 번 불러보았으나, 승룡은 어느새에 잠이 들었는지 아무 대답도 없다. 계집애 종 복녀까지가 그 옆에서 벌써 코를 드르렁거리고 있다.

밖에선 싸락눈이 나리는 1880년의 어느 을스냥스런 겨울밤이었다.

"그이는 오늘도 아니 오시나……"

김씨 부인은 문득 바느질손을 멈추고 얼빠진 사람처럼 이렇게 혼잣말을 한다.

'그이'란 물론 승룡의 아버지요 자기의 남편인 경선인 것이다. 늦봄에 금강산엘 간다고 집을 나선 뒤로 그는 아직도 돌아오지 않고 있다. 돌아오지 않을 뿐만 아니라 어디쯤 있다는 소식조차 없다.

'그야 본래가 그런 분이니까 인제사 새삼스레 놀랄 것도 없지만, 우리 승룡이는 어찌하는가. 멀쩡허니 장님이 되어 버린 저 어린것은 어찌하는가?'

부인의 생각이 여기에 미치자, 한 손에 들었던 삯바느질거리는 저절로 미끄러져 방바닥에 떨어지고, 긴 한숨이 호롱불을 흔들었다.

남편이 산에 들어간 뒤면 부인의 손 하나로 식구들의 목숨을 이어가는 것은 벌써 오래전부터의 일이라, 부인에겐 인제는 그건 오히려 당연한 일이 되어 있었다. 그러나 이것도 집에 우환이나 없어야 말이지, 승룡이가 첫겨울부터 독한 마마손님을 앓고 누웠는 데는 참으로 아찔하였다. 가뜩이나 어려운 처지에 약값을 당해 내기도 여간 일이 아니었거니와, 겨우 열이 잡히면서부터 다시 눈이 보이지 않는 데는 부인은 참으로 어쩔 바를 몰랐다. 날이 날마다 안고 앉아서 혓바닥으로 핥아도 주었고, 이웃 의원들이 권하는 대로 약이란 약은 모두 구해 써 보았으나, 승룡의 눈은 빛을 보지 못한 채 벌써 한 달이 가까운 것이었다.

봄에 남편이 나간 뒤로 『천자문』을 한 달 동안에 배워 외우고, 인제 여섯 살밖에 되지 않은 것이 『동몽선습』을 거리낌 없이 이춰 나가던 걸 생각하니, 부인은 문득 가슴이 미어지는 듯하여

"승룡아……"

또 한 번 잠든 아들의 이름을 부르고, 그 옆에 가 구부리어 승룡의 얼굴에 자기의 얼굴을 마주 대고 부비었다. 부인의 두 눈에서는 굵다란 눈물이 흘러내리어, 혹독한 마마로 왼통 껍질을 벗은 어린 외아들의 낯을 적시었다.

그러고 나서 다시 바느질거리를 붙들어 잡고 한참 동안 바늘을 놀리고 있을 때였다. 마음의 탓인지 바람 소리에 섞여 어느 골목쟁이를 돌아오는 말방울 소리가 들리는 듯하더니, 그 소리는 점점 이 집을 향해 가까워 오고 있었었다.

김씨 부인은 무심결에 일어나 방문을 열고 대문짝을 내다보았다.

아닌 게 아니라 오래잖아

"복녀야!"

하고 부르며 대문을 흔드는 것은, 벌써 여덟 달 전에 바람처럼 새어 나갔다가 인제 다시 바람처럼 스며들어 오는 남편이었다.

부인은 무척 원망스럽기도 하고 반갑기도 한 심정에, 처음엔 달려가 커다란 고함이라도 칠 듯한 기세로 일어서서 몇 발자죽을 옮겼으나, 얽힌 긴장이 탁 풀리는 듯 되돌아와서 자는 복녀를 깨워 내보냈다. 그리고 자기는, 장님이 되어 누워 있는 아들의 곁에 쓰러져서 비로소 건잡을 길이 없는 흐느낌에 잠겼다. 이 바람에 승룡이가 잠을 깨서 불쑥 일어나 섰다.

드디어 마루에서 눈을 터는 소리가 나더니, 경선은 조그만 보따리를 든 복녀를 앞세우고 방으로 들어섰다 손에 든 갓모와 말채찍, 거

센 들바람에 거치른 얼굴로

"웬일이냐!"

하고 굵다라니 외치는 음성까지가 분명히 그는 오랜 풍상을 산천으로 혼자서 헤매다가 돌아온 낭인의 풍모였다.

"웬일이여?"

아무 말도 없이 쓰러져서 울고만 있는 아내와, 서서 있는 아들을 번갈아 보며 그는 또 한 번 이렇게 묻고는, 그 우악스럽게 큰 팔을 벌려 말뚝처럼 서만 있는 승룡을 덤쑥 들어 보듬고, 잠깐 이웃에나 다녀온 듯한 표정으로, 이불을 발로 밀치며 방 아랫목에 가 넙죽 앉았다. 그러고는 아들의 얼굴은 한번 자세히 들여다보려 하지도 않고 머리만 가벼이 쓰다듬어 주면서

"의정부에서 해 질 무렵에 친구를 만난 것이……"

하고, 언제나 하는 버릇으로 그의 밤길 쳐 온 것을 변명하고 나서는, 곧 복녀에게 냉수를 청해 한 사발을 단숨에 들이켜고, 그다음엔 또 말의 먹이를 부탁하였다.

"말도 말이지만 그 애 눈을 좀 보세요."

김씨 부인은 비로소 울음을 멈추고 바로 앉으며 이렇게 말하였다.

"눈이라니! 어디서 다쳤나? 어디 보자."

하고 아버지는 그제서야 팔에 안긴 아들의 눈과 얼굴을 유심히 들여다보았다.

"시월 달에 마마를 앓더니, 나으면서 벌써 달포 전부터 그렇게 되었어요……"

옆에서 설명을 하는 어머니의 음성엔 아직도 울음이 섞였다.

"흐음!……"

오랫동안 아들과 아내를 돌보지 않았던 낭인의 높이 치켜드는 검은 구레나룻에 파묻힌 입에서는 드디어 온 집안이 꺼져 내릴 듯한 커다란 탄식이 새어 나왔다.

"마마에 눈이 멀란 팔자는 없을 텐데. 그래 승룡아! 눈이 보일 것 같으냐? 끝내 안 보일 것 같으냐?"

이렇게 물으며 그는 두 손으로 아들의 머릿박을 움켜잡고 잠깐 두 눈을 뚫기나 할 듯이 들여다보았다.

그러자, 어린 승룡의 감긴 두 눈에서는 두 줄기의 굵다란 눈물이 스며 내리고 있는 것을 아버지는 보았다. 그와 동시에 승룡의 목에서는 어린애답지 않은 울음이 솟구쳐 나오며, 아버지의 팔을 뿌리치고 나서더니, 온 방을 공처럼 굴러다니며 가로 뛰고 모로 뛰면서 외마디 소리를 질렀다.

"아이고 어두워! 아이고 어두워! 아이고! 아이고!"

끊임없이 이렇게 울부짖으며 몸부림치는 그의 모양은 마치 달 대로 단 무쇠 불덩이와 같았다.

"저놈 좀 보아…… 저놈 좀 보아……"

아버지는 다만 어안이 벙벙하여 드뇌이며 바라볼 뿐이었고, 어머니는 아무리 그를 멈추려 애썼으나, 드디어 스스로 기진맥진하여 방바닥에 늘편히 자빠지도록까지는 그의 몸부림을 말릴 길은 없었다.

2

이튿날부터 아버지는 승룡의 눈을 고치기 위하여 백방으로 이름 있는 의원을 찾아다녔다. 그러나 그들이 권하는 것은 대부분이 내복약이었고, 그것들은 또 낱낱이 직접 눈을 뜨게 하는 데는 아무런 효험도 없었다.

1880년이 지나고 이듬해 2월이 되었다. 이 박사의 생일에서 사흘 전날이니까 그것은 2월 16일이었다.

초저녁에 경선이 진고개에서 사람을 시켜 "명의가 있으니 애기를 보내라" 하여, 복녀가 업고 따라가 보니, 그곳은 뜻밖에도 일본 사람의 병원이었다.

1879년 하나부사 요시모토가 공사로 서울에 온 후, 뒤를 따라 들어오는 일본 사람의 수효는 나날이 늘어가는 판으로, 진고개에는 벌써 병원, 사탕 장수들을 비롯한 그들의 가게는 상당히 많았으니, 경선이 이들의 손에 아들을 맡기게 된 것은 무슨 그들의 의술을 믿어서라고 하기보다도, 인제는 꼼짝없이 버린 자식이니 마지막으로 왜놈들의 하는 짓에 혹 요행이나 있을까 하여, 친구들의 권고도 있고 해서 마지못해 뵈어 보려는 것임에 지나지 않았다. 그러나 그들의 손으로 내 아들의 눈이 뜨이게 될 줄은 꿈에도 몰랐다.

승룡은 복녀의 등에 업혀 처음 그들의 병원에 들어서자, 쿡— 하고 코에 오는, 아직껏 맡아 보지 못하던 쌩긋한 내음새에 코를 찡그리고 복녀의 머리채를 잡아다리며 "왜내 난다. 가자"고 하였다. 일테면 이건 그가 이 세상에서 맨 처음으로 맡아 본 신문명의 내음새였음에 틀림없었으나, 어른들의 하던 말을 빌려 '왜내'라고 할 수밖엔 별수가 없었던 것이다. 비누와 알코올 냄새까지도 이 무렵의 조선 사람들은 모두 왜놈의 몸에서 나는 내음새라고 생각하였었다.

그러나 이걸 본 일본인 의사는 일부러 지어서 깔깔거리고 웃으며, 통역을 시켜 "안심하라"는 뜻을 전하고는, 승룡의 곁으로 와서 불결하게 감긴 두 눈을 까보았다. 그러고는 붓끝으로 몇 방울의 물약을 찍어 거기 발라 주며 "사흘이면 나을 테니 염려 말라"고, 경선을 바라보고 다시 통역을 시켜 대담하게 장담을 하였다. 물론 경선은 그 때만 그의 말을 믿지 않았을 뿐 아니라 그 이튿날과 사흗날의 똑같은 장담을 들었을 때에도 그의 말을 믿지는 않았다.

그러나 그 나흘째 되는 날, 뜻밖에도 아들의 눈이 보이기 시작하는 데는 놀라지 않을 수 없었다.

경선이 아침에 일어나서 세수를 하고 의관을 갖추고 앉아 『고문진보』의 「출사표」를 소리를 뽑아 마악 두 번째 읽어 내려가는 판인데, 옆에 앉아서 자릿굽을 만지고 있던 승룡이가

"아버지 자릿굽이 보여!"

하고 외친 것이다.

"자릿굽이 보이다니? 정말로 보여?"

아버지는 읽고 있던 책을 팽개치고 바짝 승룡의 곁으로 와서, 실날같이 뜬 그의 두 눈을 바라보며 물었다.

"어디 보이거든 한번 세어 봐라!"

승룡은 자릿갓으로부터 굽을 손으로 가리키며 하나씩 하나씩 세기 시작하였다.

“하나, 둘, 셋, 넷, 다섯, 여섯, 일곱……”

아닌 게 아니라 그의 눈은 일인이 발라 준 약 때문인지 어쩐지는 몰라도 보이기는 참으로 보이는 모양이었다. 그러나 아버지는 그래도 안심이 되지 않아, 책상 위의 연적을 손에 들고

“이것은 뭐냐?”

고 물어보았다.

승룡은 역시 “연적”이라고 그것마저 똑똑히 알아맞혔다.

“여보! 승룡이의 눈이 보이오! 여보! 어서 좀 들어와서 보오!”

경선은 부엌에 있는 아내를 향해 소리를 쳤다.

그 수선 통에 부엌에서 간단한 승룡의 생일상을 보고 있던 김씨 부인은 물론 복녀까지도 방으로 뛰어들어 왔다. 그리하여 승룡이를 얼싸안고, 두 부부는 한참 동안 아침상을 받는 것도 잊어버리고 기쁨에 잠겼던 것이다.

부인의 생각에는 승룡이는 꿈에 용을 보고 낳은 아이니, 골라서 생일날 눈이 뜨이게 된 것이라 하였다. 또 경선의 생각으론 그것도 그렇기는 하지만 혹 진고개의 왜의사는 신통력을 가진 사람일는지도 모른다 하였다.

하여간 그날은 이 집안에서는 드물게 보는 기쁜 날이었다. 진고개 의사에게는 달걀 두 꾸러미를 사 보냈으나, 그가 그것을 받지 않고 도로 보내오자, 그걸로 전과 지지미 등속을 만들고, 오랜만에 이웃

술친구들을 불러 조그만 잔치까지 열었다. 물론 이 술값과 이 달걀값도 모두 김씨 부인의 10년이 하루 같은 바늘 끝으로써 얻어진 것이었지만……

밤이 되었다. 승룡이 눈 뜬 것을 축하하러 왔던 이웃과 친척의 손들도 돌아가고, 집안 식구만이 한 이불 속에 들게 된 밤이 되었다.

"그래 따뜻해지면 또 떠나시려우?"

이미 오십에 가까운 아내가 남편에게 묻는 말이다.

"암, 가야지…… 금강산에는 아버지의 혼령을 모실 좋은 자리가 꼭 하나 있을 것 같긴 한데, 아직도 그곳을 찾지 못했단 말이야. 지난해엔 눈 때문에 상팔담 쪽까지를 들어가다 말았으니, 봄이 되면 그쪽을 또 좀 더듬어 봐야지……"

역시 오십에 가까운 남편이 대답한다.

"금강산은 산세가 좋다지요?"

"암, 이르다 뿐인가. 맛이라면 모두가 맛 덩어리요, 곱다면 모두가 고운 것 덩어리지…… 진시황의 사신이 거기 가서 숨어 버렸다는 것도 거짓은 아닐 거야. 하여간 아버지만 옳은 자리를 골라서 거기 모시면 우리 집은 저절로 밝어질 것이니까……"

"그렇지만……"

하고 부인은 남편의 마음을 막아 보려 한다.

"그렇지만 당신께서도 인젠 쉰이 다 되시었는데 그만 들어앉으셔야지…… 승룡이도 커 가고……"

그러나 남편의 음성은 산속에서 울리듯이 한층 더 외지고 한층 더

커진다.

“예순이면 대순가. 찾을 것은 찾어야지…… 망할 것 다 망해 먹고 들어앉으면 육십에 진사를 하겠나?…… 승룡이나 위선 잘 길르게. 나는 아직 산을 떠나서는 한시도 살 수가 없네.”

역시 이것은 그의 본심이었다.

명당을 찾기보다도, 산을 떠나서는 이미 살 수 없는 사람이 그는 되어 있는 것이었다. 그런 남편인지라, 부인은 여기에선 늘 그만 잠잠해 버리는 수밖에 없었다.

오랜 침묵이 흘렀다.

자고 있는 줄만 알았던 승룡이가 뜻밖에 아버지 쪽을 향해 돌아누우며

“아버지……”

하고 불렀다. 그는 자는 듯이 그렇게 누워서 부모들이 하는 이야기를 다 듣고 있었던 모양이다.

“금강산에도 사람이 사우?”

이번에는 승룡이가 묻는다.

여기에 또 아버지는 대답한다.

“살기야 살지. 허지만 거기 있는 사람들은 모두 중이나 포수나 나무꾼들뿐이다.”

“중허고 포수는 무얼 허고 사는데?”

“중은 염불하고 북 치고 경 읽고 살고, 포수는 총으로 짐승을 잡지.”

"호랑이도?"

"암, 호랑이도 늑대도 멧돼지도 잡지. 그렇지만 겨울이 되면 눈이 몇 길씩 쌔여 아무것도 못 한다."

"그럼 눈이 오면 어떻게 댕기우?"

"눈 속으로 굴을 뚫고 댕기기도 하고, 또 쌔인 눈 위로 그냥 걸어 다니기도 한다. 눈이 어떻게나 많이 쌔이는지 그 위로 걸어 다니다가 헤어진 신발을 버려두면, 이듬해 봄 눈 녹을 땐 그 신발들이 모두 나뭇가지 맨 꼭대기에 주렁주렁 걸리게 될 만큼 눈이 많이 와서 쌔이니까……"

"그럼 참 재미있겠는데, 금강산은……"

승룡은 이빨을 드러내고 빙긋이 웃어 보였다.

"나도 크면 인제 가 봐야지."

그러고는 잠자코 있더니, 아버지의 한쪽 손을 단단히 움켜쥔 채 어느새엔지 쌔근쌔근 잠이 들었다.

이러한 단란한 밤이 얼마 동안 계속되었다. 그러나 봄볕이 아지랑이를 다시 늘일 무렵이 되자, 아버지는 그 털빛이 서릿발처럼 흰 서산나귀 등에 올라 또 나그넷길을 떠나고, 집에는 사철 바느질만 하는 어머니와, 승룡이와 복녀만이 남았다.

제2장 임오군란

1

4월부터 승룡은 낙동(현재의 진고개 뒤)에 있는, 명문자제들만 다니는 서당에 입학을 하였다. 서당은 퇴직대신 이건하라는 이가, 과부가 된 그 형수의 외아들 범교라는 아이를 가르치기 위하여 연 것으로서, 낙동·도동 등지의 소위 양반집 아들들만 뽑아 한 30여 명이 모아 있었다. 승룡은 처음 2마정이나 되는 염동에서 이곳까지 날마다 통학을 하였으나, 가을에 아버지가 돌아오자 식구들은 이 외아들의 통학하는 서당 근처를 찾아 다시 낙동으로 이사를 하였다.

서당. 범교네 서당—이곳 역시 사랑방의 한쪽을 치우고 훈장과 학동들이 빙 둘러앉아서 늘 글을 읽고 글씨만을 쓰는 점은 개화 이전의 이 나라의 그 많은 서당들과 다를 것은 없었다. 그러나 서당이라 하면 흔히 아이들의 종아리를 회초리로 때리는 것까지를 허락하는 것이 보통이었지만, 이 범교네 서당만은 그 점만은 조금 달랐으니, 그 까닭은 이 집주인이 대신 줄에 가는 양반인 데도 있었겠지만, 그보다도 더 큰 직접의 원인은 이것이 이 대신 집의 귀동자인 과부의 외아들을 위해서 연 서당이기 때문이었다.

하루는 이 주인마님의 외아들 범교가 잘못을 저질러 그 때문에 학동 전부가 훈장에게 물매를 맞은 일이 있었는데, 범교는 그 직접 책임자로서 한층 더 매를 맞았다. 그러나 저녁에 범교가 돌아가서 매맞은 종아리를 보이자, 그 어머니는 크게 노하여 곧 하인을 시켜서 훈장에게 전갈을 하였다.

"아이들을 가르치랬지 누가 때리라드냐!"

하는 큰 호령이었다. 그리하여 그 뒤부터 이 서당에서만은 훈장이 학도의 종아리를 때리는 일이 없어진 것이다.

이 첫 서당에서의 승룡의 성적은 두드러지게 뛰어나 보이는 일은 없었으나 어린애다웁지 않게 착실한 편이었다. 그에겐 한 가지 일을 끝까지 꼬치꼬치 들이파는 성미가 있어서, 그의 질문엔 훈장도 귀찮증을 내고, 또 아이들에겐 핀잔도 많이 받았으나, 그는 이 성미의 덕택으로, 같은 학과의 대문大文과 전주箋註 밖에도 학동들이 모르는 여러 가지를 알고 있었다. 그러므로 보통 때에는 그의 존재는 아이들의 그늘에 숨어서 별로 드러나 보이지 않았지만, 한번 그에게 발표의 기회를 온전히 주어 보면 비로소 그가 그의 시간을 헛되이 쓰지 않는 아이임을 알 수가 있었다. 평상시엔 소처럼 하잘것없이 보이되

힘드는 자리에 가선 비로소 넉넉한 힘을 나타내일 수 있는 것이 어려서부터의 그의 성격이었다.

서당엔 그때 서도書徒라는 것이 있었는데, 이건 학동들의 공부 욕심을 북돋아 주기 위한 학과의 종합 경기이다. 한 서도기書徒期가 새로이 시작되면 훈장은 학동들을 좌청룡과 우백호의 두 패로 똑같이 갈라 두고, 그들의 근면勤勉, 강독講讀, 필서筆書의 성적 등을 낱낱이 기록해 둔다. 그랬다가 맨 마지막 날엔 도강都講이라는 것을 받는데, 이것은 그동안 배운 글의 전부를 한꺼번에 외우게 하고 또 해석하게 하는 것으로서, 이 도강에 점수가 제일 많았다.

승룡은 말하자면 이 도강에 늘 장원을 하여 마지막 날에 가서 자기편에 점수를 월등하게 더하여, 승리를 가져오게 하는 아이로서, 학동 가운데 제일 공부를 못하는 범교와 함께 별명을 하나씩 받았으니, 범교는 범보凡甫요 승룡은 용보龍甫였다.

임오군란(1882년) 직전의 어느 도강 날이었다.

마침 집에 돌아와서 묵고 있던 경선은 서당의 초대를 받아 아들의 공부하는 양을 보러 갔다가 승룡이 『통감通鑑』 셋째 권을 도강하여 장원하는 것을 보고 훈장에게 물었다.

"저게 건성으로 외우고 종알거리는 건 아닐까요?"

"천만에. 저 애는 양태부梁太夫 가의賈誼가 상소한 것뿐이 아니라, 가의의 집안 내력까지 다 알고 있소. 심심하시건 물어보시지요."

훈장은 대답하였다.

"무슨 당치 않은 말씀을……"

경선은 아이들을 칭찬치 못하게 하는 그의 성미로써 말하긴 하였으나 마음속으론 또한 기쁘지 않은 바도 아니었다.

그날 밤 승룡이 집에 가니 저녁상에는 뜻밖에도 생선찌개가 하나 더 올라 있었다. 어머니가 웃으며 그를 칭찬할 눈치를 보이자 아버지는 눈을 무서웁게 부릅뜨고 큰기침을 하였다.

2

6월에 서울엔 군란이 일어났다. 이를 세상에서 임오군란壬午軍亂이라 하는 것이다.

승룡은 어느 날 서당에서 글을 읽고 앉았다가 발이 저려서 잠깐 일어나 벽을 기대고 섰는데, 뜻밖에 '쿵!' 하고 하늘 무너지는 듯한 소리가 나며, 온 서당 방이 되게 울리는 바람에 놀래어 방바닥에 가쓰러졌다.

"웬일일까?"

훈장의 물음에 아이들은 모두 눈을 동그랗게 뜨고 스승의 낯빛만 우러러보았다.

"아아, 어디 마른벼락이 나리셨나 보다……"

훈장은 또 말하였다.

그러나 마른벼락은 하늘에서 내린 것이 아니라, 불평을 품은 군대들이 난을 일으켜 동대문 밖 화약고에 불을 질러서 그것이 폭발된 것이었다.

궁금증을 못 이겨 그곳까지 가서 보고 온 사람의 말에 의하면, 화약고가 터지는 바람에 죽은 사람들의 처참한 모양은 눈으로 차마 볼 수가 없었다 한다. 일본 공사 하나부사 요시모토는 어떻게 되었는지 모르지만, 그의 아우의 시체가 어느 연못물에 내던져진 것을 보았다 한다. 왕후 민씨는 난군에게 몰려 어디론지 도망가고, 궁궐은 점령되고, 선혜당상 민겸호는 박살을 당하였다고 한다.

"대체 어찌 되는 셈이냐?"

서당에선 공부도 중지하고 치들을 떨며 궁금해 있던 중, 밤까지 소식을 들어 보면 난리의 전말은 대략 다음과 같았다.

1879년, 서울에 일본 공사관이 서고 군대에 신군제를 실시하고, 개화를 일본에 본뜨기 시작한 뒤로, 이들 개화당의 중심 세력이 되어 있는 민씨 일족에 대한 수구파의 불평은 나날이 더해 가고 있던 판에, 요즘 와서 구식인 훈국군에게 오랫동안 밀린 요料를 주는데 모래 섞인 싸래기를 주자, 뻗히었던 그들의 분노가 드디어 폭발한 것으로서, 그들은 반기를 들자 곧 여러 패로 나누어 행동을 개시하여, 한 패는 먼저 수구파의 두령격인 대원군에게 원정을 가고, 한 패는 이번 요의 직접 책임자인 선혜당상 민겸호의 집을 습격하고, 또 한 패는 여러 민가閔家의 집을 들이부수고, 또 한 패는 하도감으로 가서 일본인 군사교관 호리모토 레이조 중위를 죽이고, 또 다른 한 패는 서대문 밖 일본 공사관을 습격했으며, 다시 그들은 돈화문으로 창덕궁에 침입하여 왕의 침전 앞에서 민겸호 등을 죽이고 민비에게까지 손을 대려 하였으나 민비는 재빠르게 변복하고 몸을 피하였다는 것이다. 그리고 이 난리는 대원군이 입궐하여 겨우 진정됐으며, 온갖 개화 시설은 즉각 모두 폐해 버렸다는 것이다.

"대원 대감이 영걸이시여!"

"암, 개화라니 어림이나 있는 소린가!"

서당에 모인 어른들은 입입이 모두 이렇게 말하였다. 그들은 모두 뿔관때기를 이마 위에 얹은 양반들이요, 또 보수주의자들이었던 것이다.

이튿날은 다시 새 소식이 들려왔다. 이날 새벽 드디어 '일본 놈'들은 그들의 공사관에 스스로 불을 지르고 제물포로 배를 타러 모두 도망했다는 것이었다.

서당은 여전히 모여드는 어른들로 북적이는 통에 공부도 할 수 없는지라, 아이들도 뿔뿔이 밖으로 나갔다.

승룡이도 몇몇 아이들과 같이 서당을 빠져나와 사람들이 많이 모인 곳만 찾아서 쫓아다녀 보았다.

역시 곳곳에선 아직도 난군들의 행패가 계속되었다. 수하동 어느 민씨의 집에선 난군들이 몰려와서 집안 살림을 모조리 때려 부수고 있었는데, 곳간 문을 열고 독을 깨트리니 그 속에선 돈이 그득그득히 쏟아져 나와 마당가에 산더미를 이루며 굴렀다. 구경하던 사람들은 모두 눈을 동그랗게 뜨고, 그중에 어떤 사람들은 그것을 가서 주우려 하기도 하였으나, 병정들이 고함을 쳐 그들을 물리쳤다.

제3장 갑신정변

1

임오의 군란은 끝이 나긴 하였으나, 그러나 그 결과는 한층 더한 복잡한 판국을 이 나라에 가져왔으니, 그로부터 두 해 뒤에 온 갑신정변과 중일 충돌의 실마리는 이때부터 벌써 굳게 맺어진 것이었다.

대원군은 군란을 진압한 뒤 잠깐 동안 정권을 손에 잡는 듯하였으나 민씨 도당의 책략은 그를 그대로 두지 않았으니, 일본과 부동하려다가 뜻밖에 실패를 본 그들은 다시 청국에 매달릴 작정을 하고, 곧 그 당시 천진에 가 있던 김윤식에게 거짓 전보를 쳐서 "대원군이 난을 일으키니 청나라에 후원군을 청하라" 하였다. 그리하여 김윤식에게서 청원을 받은 이홍장은 이 기회에 조선의 정치를 간섭해 볼 결심을 세우고, 군란의 다음 달인 7월, 3천의 해군을 서울에 보내어 대원군을 중국으로 붙들어 가고, 원세개가 거느리는 일부의 군대는 그대로 서울에 남아 일본인들이 지도하던 하도감을 맡아 중국식의 이름으로 뜯어고치는 한편, 또 계속해서 일본의 세력을 견제하기 위하여 이홍장의 주선으로 영국 독일 등의 여러 나라와도 통상조약을 맺게 하였다.

그러나 한편 일본은 또 일본대로 가만히 있지 않았다. 대원군이 중국으로 잡혀가자 그들은 다시 육해군을 거느리고 제물포로 들어와서 군란의 책임을 추궁하여 드디어 7월 17일 제물포조약이라는 것을 맺었으니, 그 조약에는 배상금 50만 원을 일본에 지불할 것과, 국서로서 정식으로 사죄할 것, 앞으로 일본 공사관엔 호위병을 둘 것 등이 약속되었다.

그리하여 몇 달 뒤엔 박영효, 김만식, 김옥균 등을 특파대사로 일본에 파견해서 사과의 뜻을 표하게 하였는데, 이들은 거기 가 있는 동안 일본과 연락하여 청국의 속박에서 벗어날 것을 꾀하고, 돌아오던 길로 일본의 개화를 본뜰 것을 임금에게 권하여, 학술·무예 등 각 방면의 고문들을 일본에서 초청해서 산업·교통의 개화를 열게 하는 한편, 11월에는 다시 다케조에 신이치로를 공사로 영접해서 수백 명의 호위병과 함께 서울에 머물게 하였다.

이와 같이 1882년 임오군란의 뒤로부터 1884년 10월의 갑신정변에 이르는 만 2년 동안, 서울은 청국과 일본의 두 세력이 양쪽에 주둔한 가운데 다시 여기에 각기 부동하여 쟁탈전을 꾀하는 개화파와 수구파의 대립으로, 언제든지 닿으면 터질 듯한 기세를 갖추고 있었으니 수구파의 대표는 임오군란 전까지는 일본 편에 가담하다가 군란 후엔 다시 청국 세력에 아부하는 민씨 일족을 중심으로 한 민태호, 김병시, 민영익, 이조연, 한규직, 조영하 등이요, 개화파는 또 홍영식, 김옥균, 박영효, 서광범, 서재필 등의 청년들이 중심이 되어 있었다.

1884년 10월 17일이었다.

미리부터 보수파의 세력을 꺾을 계획을 세워 오던 개화당 패들은, 이날 새로 설립된 우정국 낙성식 잔치가 있는 것을 이용하여 정부의 고관 10여 명과 각국 공사들을 국장 홍영식의 이름으로 초대하였다.

정각 6시가 되자 초대받은 손님들은 일본 공사만 제하고는 모조리 다 모였다. 그리하여 잔치가 얼마쯤 진행되었을 때다. 뜻밖에도 "불이야!" 하는 고함 소리가 밖에서 요란히 들렸다. 그러자, 모인 사람들은 서로 살려고 앞을 다투어 밖으로 쏟아져 나갔다.

그러나 이건 모두가 개화당이 미리 짜 놓은 계획이었으니, 맨 앞에서 나가던 민영익은 마당에 내려서자 바로 자객의 칼을 맞고 거꾸러져 버렸다.

이 사이에 김옥균, 박영효 등은 곧 대궐로 들어가서

"청병淸兵이 난을 일으켰습니다."

라고 거짓말을 전하여, 일본 병정의 호위로 왕을 경우궁에 옮겨 모시고, 한쪽으론 사관학교 학생들을 시켜 민태호, 조영하, 이조연, 윤태준, 한규직, 민영목 등의 보수파 고관들을 죽여 없앤 후, 순식간에 개화당 내각을 조직해서 이튿날엔 다시 왕을 창덕궁으로 돌아오시게 하고 일본 공사의 지휘 밑에 대궐 안의 파수를 보게 하였다.

그러나 보수파의 잔당들은 밤사이에 청국 주둔군에 연락하여, 이튿날인 19일 새벽에는 승지 이봉구를 앞잡이로 원세개의 부하 2천이 대궐로 물밀듯이 쳐들어와서 온 하루를 일본군과 접전 끝에, 일본군은 드디어 할 수 없이 물러가 버렸으니, 이는 그들이 청해 놓고 기다리던 일본 본국의 후원군이 그들의 예정대로 이 자리에 이르지 못한 때문이었다.

이 북새통에 왕은 또 잠시 홍영식의 호위로 비빈妃嬪들이 피란한 북묘北廟에 가서 계셨으나, 곧 다시 원세개의 영문營門으로 옮겨 가셨다.

이와 같이 개화당 내각은 하루를 서고 뒤집어진 후, 20일에 일본인들이 다시 민중의 혹독한 습격을 받으며 물러가는 틈에 김옥균, 박영효, 서광범, 서재필 등은 간신히 끼어 가서 목숨을 건지고, 홍영식과 박영교는 북묘에서 왕을 모시고 있던 끝에 죽임을 당하고, 세상은 잠깐 동안 다시 보수파 민씨들의 손아귀에 들어갔다.

―이것을 소위 갑신정변이라 하는 것이다.

2

이 박사의 집 식구들은 이 정변의 난리 바람에 한참 동안 팔자에 없는 고대광실에서 살게 되었다. 이미, 위에서도 그의 이름이 보이는바 퇴직대신 이건하의 일족이 충청도 아산의 산골로 피란을 가게 되어, 그 빈집을 승룡이와 어머니와 복녀 세 사람이 가서 지키게 되었던 것이다. 아버지 경선은 이때에도 역시 집엔 없었다.

세 식구의 입에 풀칠할 길이 아득하던 중, 이 피란 간 뒤의 빈 집 지키는 일은 참으로 불행 중 다행이었다. 남이야 가져서 피란을 가건 말건, 또 앞에야 어떠한 난리가 닥쳐오건 말건 우선 그들에게는 아침저녁을 끓일 걱정을 하지 않게 된 것이 무엇보다도 좋았다. 곳간에 그득한 양식과 살림과 뒤안의 나뭇데미를 지켜 주는 대신, 그동안 먹고 때는 것만은 써도 괜찮다는 약속이 되어 있었기 때문이다.

이 집으로 옮겨 오던 날 밤, 자리에 눕자 승룡은 어머니에게 가만히 물었다.

"엄마, 이 집은 인제 우리를 주는 거야?"

"아니다. 인저 판서 댁이 돌아오도록까지만 보아 달래는 거지……"

어머니는 대답하였다.

"그럼 왜 판서 댁은 이 집을 비어 놓고 나가우?"

"그야 피란이 아니냐. 난리가 나서 위태하니 잠깐 시골에 숨었다가 오실 작정이지."

"그럼 우리는 위태하지 않은가?"

승룡은 어머니를 빤히 쳐다보며 물었다.

"위태하지만 우리는 괜찮다. 그러고 우리야 또 어디 피란 갈 데나 있니? 위선 양식 걱정이 없어진 것만 해도 다행이지……"

어머니는 또 대답하였다.

그러자, 승룡은 눈을 말똥거리고 한참 동안을 가만히 있더니

"그럼 범교는 위태해도 나는 괜찮겠구먼? 범교네 엄마는 위태해도 엄마는 괜찮구?"

하며 큰 소리를 내어 어린애답지 않은 너털웃음을 터트리어 오랫동안 그칠 줄을 몰랐다. 어머니가 울고 싶을 만치 그 웃음소리는 너무나 어른답고 또 컸다.

이튿날은 바로 일본인들이 민중의 습격을 받으며 물러가던 10월 20일이었다.

승룡은 서당이 놀고 있음에도 불구하고 아침 밥숟갈을 떼자 바로 어머니 몰래 집을 나와서 무서운 줄도 모르는 듯 소란한 난리 속의 길거리를 혼자서 구경하고 다녔다.

서소문 쪽에서는 구식 군대들이 모여 군기서軍機署의 집채를 때려 부수고 있었다.

진고개 뒤 녹천정 쪽에서는 일본 사람이 사는 집집마다 불이 붙어, 튀어오르는 기왓장의 불꽃은 참으로 굉장하였다.

호피로 각반을 하고 청룡도를 든 청국 병정들은 길거리에 몰려다니고, 민중들은 또 민중들끼리 얽히어 일본 사람의 집에서 된장통 비누통 같은 것을 약탈해 내오는데, 병정들은 그것들을 또 낱낱이 청룡도로 쳐부숴 보고야 돌려보냈다.

사람들은 구석구석에 모여서 수군거리고 있었다.

"개화당의 혐의만 받으면 죽인다. 말만 더듬어도 창으로 찔러 죽이더라"는 둥, 또 어떤 데서는 "왜놈이 통나뭇단을 안고 숨어 있다가 맞어 죽어서 통나무 귀신이 되었다"는 둥, 또 어떤 자는 "손수 자기

눈으로 왜년 죽이는 걸 보고 왔다"고 손짓 몸짓으로 시늉을 하며 "구들장이 들먹들먹하여서 보니 그 밑에 생 젊은 왜년이 하나 아이를 안고 들어 있단 말이야. 어린애는 받아서 원세개한테 보내고 년은 단번에 창으로 찔렀는데 아깝단 말야! 그 ××가 아까와!" 하고 너털거리기도 하였다.

이러한 지나친 광경과 피비린내 나는 이야기들을 보고 듣고 다니다가 승룡이가 집에 돌아온 것은 벌써 한낮이 힐끈 기운 뒤였다. 그는 어머니가 "어데를 갔다 왔느냐"고 물어도 대답도 않고, 또 "밖에 나가서는 안 된다고 하지 않더냐!"고 야단을 쳐도 들은 시늉도 않고, 밥을 차려 주어도 먹지도 않고, 마치 열병을 앓는 아이처럼 방 아랫목에 가 늘편히 누워서 꼼짝도 않았다.

저녁밥도 먹는 둥 마는 둥 숟갈을 치워 버렸다.

드디어 자리를 펴고 불을 껐을 때, 그는 어머니에게 비로소 물었다.

"일본은 뭐고 청국은 뭐야?"

"왜 그러니? 그것도 몰라?"

"아니 우리허고 무슨 상관이 있느냔 말야……"

"응 그거야 빤허지 않니? 개화당은 일본을 끼고 우리나라 임금님의 자리를 뺏으려다가 청국 대인大人들 때문에 그리 못 된 것이지."

"대인? 그럼 대인들이 없으면 또 어떻게 허나?"

"그야 헐 수 없지…… 그러니까 대인들이 돌봐 주어야지……"

김씨 부인 역시 한 수구파의 교양을 가지고 이렇게 대답하긴 하였으나 사실은 똑똑히 자신이 있어 한 말도 아니었다.

승룡은 더 뭐라고 묻지는 않았다. 그러나 오랫동안 이리 뒤척 저리 뒤척 하고 있는 것으로 보아, 제 딴에는 무슨 골똘한 생각에 잠겨 있는 모양이었다.

제4장 도동 서당

1

정변이 끝나고 오래지 않아 아산으로 피란 갔던 이건하 씨의 가족들이 다시 올라오자, 승룡의 집은 남산 서남쪽에 있는 도동으로 이사를 하였다. 도동은 그들의 선조 양녕대군의 사당이 있는 곳으로, 거기 그들의 일가가 많이 살고 있음은 앞의 서편에서도 말한 바와 같다. 경선은 인젠 몸도 쇠약하여 산천 소요도 뜻 같지 않으므로, 이 선조의 옛터를 찾아서 그만 들어앉으려 한 것이었다.

우수현雩守峴—비가 오랫동안 내리지 않으면 기우제를 지내는 마루턱 밑 남쪽에 조그만 오막살이를 구해 살면서, 그들은 다시 승룡을 그 근처에 있는 판서 이근수의 집 서당에 보냈다. 이근수는 바로 양녕대군의 직계 종손으로서, 승룡에게는 항렬로 치면 조카뻘에 해

당하는 사람이었다.

승룡은 이 서당에서 스물한 살까지 10년 동안 유학儒學을 닦았고, 또 이 우수현 밑 오막살이에서 한 사람의 청년이 될 때까지 자랐다. 그러므로 뒷날 그의 호를 우남雩南이라 하여 쓰게 된 것도 필경은 이 잊을 수 없는 우수현 남쪽의 보금자리를 오래 기념하려 함이었던 것이다.

도동 서당에서의 승룡의 맨 처음의 선생은 가인可人이라는 호를 가진 수원 사람 이승설로서, 그는 그때 이미 육순이 넘은 노인이었다. 그는 늙도록 한 번도 벼슬길에 올라서 보지 못한 한낱 포의布衣에 불과했으나 학식도 넉넉하고 또 성격도 너그러워 훈장으론 참으로 흠잡을 데가 없는 인물이었다.

승룡은 주인 근수의 아들 왈수와 또 그의 친척 되는 아이 을룡이들과 함께, 이 가인 선생에게 글을 배우면서, 또 한편으론 어느새엔지 딴 애들과는 달리 혼자서 틈틈이 그림을 그리는 버릇이 생겼다.

글 읽다 쉬는 시간에도 그는 다른 애들처럼 밖에 나가 놀지 않고 꾸부리고 앉아 무엇인지 자꾸만 열심히 그렸다. 선생이 들여다보면, 그것은 나비요, 꽃이요, 또 어느 때엔 가인 선생과 방불한 형상이기도 하였다. 그러나 그가 언제나 많이 그리는 것은 나비였다. 나비라도 나는 놈, 앉은 놈, 호랑나비, 흰나비, 부나비—여러 가지 형상의 여러 가지 종류들이었다.

"너 그런 것을 그려서 뒤에 환쟁이가 될련? 아예 그런 짓 말고 글 공부나 열심히 해."

언젠가 경선은 서당에 들렀던 길에 아들의 이 괴벽을 선생에게서 듣고, 그 짓을 중지할 것을 아들에게 권하였다. 그러나 그는 여전히 그림을 쉬지 않을 뿐만 아니라 여가만 있으면 한층 더 열심히 그렸다.

선생도 처음엔 몇 차례 그만둘 것을 권해 보았으나 듣지 않는지라, 여가의 심심풀이론 나쁘지도 않을 것 같아 나중에는 내버려 두어 버렸다.

어느 날 밤 글공부를 파한 뒤, 승룡은 낮에 그리다 둔 그림을 계속하고 있었다. 그러자, 이때 마침 주인집에서 가져온 무를, 숟갈로 바닥이 나도록 긁어 먹고 있던 선생은 그 껍데기를 내밀며

"옜다, 이것 승룡이 먹어라."

하고 주어 보았다.

그러나 승룡은 무뚝뚝한 표정으로 일어서서 그걸 받기는 하였지만 다시 자리에 앉자, 한 손에 그것을 그냥 무감각하게 든 채, 다시 그리던 것을 되풀이하고만 있었다. 그 열중해 있는 품은 단순한 심심풀이만도 같지 않았다. 그래 아이들은 이 모양에 박장대소들을 하였으나, 눈이 바른 선생은 이때부터 그의 하는 일은 말릴 수 없음을 비로소 알고 내버려 두기로 작정하였던 것이다.

그러나 그는 드디어 그의 그림을 스스로 뚝 멈춰 버리고 말았다. 아이들이

"이李나비! 이나비!"

하고 그를 딴 이름으로 부르는 것이 듣기 싫었던 때문이니, 그것은 다름이 아니라 사실은 그가 그동안 늘 그림의 스승으로 배워 왔던

이 집 청지기 최응원의 별명이 또한 나비였던 까닭이다.

이러한 그의 열중과 고집은 어느 때 어떠한 곳에서나 쉼이 없었다.

도동으로 이사 온 이듬해의 정월 대보름날 아침, 왈수의 집과 승룡의 집을 비롯한 이씨네들이 지덕사至德祠에 제사를 모시고, 그 앞에 엎드리어 나란히 절을 올릴 때였다. 승룡이와 왈수도 그 자리에 엎드리어 있었는데, 왈수가 문득 장난을 할 생각으로

"승룡아 저게 무슨 글자냐?"

하고, 지덕사의 현판 글씨에 서명한—윤동섬尹東暹의 '섬' 자를 손가락으로 가리켰다.

엎드리어 절을 올리는 데 열중해 있던 승룡은 물론 얼결에

"응?"

하고 대답하며 고개를 치켜들었다.

그러자, 왈수는 냉큼 미리서 계획한 대로

"내 더위 사 가!"

하고 보름날에 아이들이 흔히 하는 버릇으로 그 대답에 더위를 팔아버렸다.

그러나 그 결과는 참으로 야단이었다.

노염이 머리끝까지 뻗친 승룡은

"무엇이 어째 이 자식아!"

하고 달려와서 왈수를 걷어차며 덤벼드니 어른들이

"고얀 놈 같으니! 더위쯤 팔기가 일쑤지."

하고 뜯어말리자, 쏜살같이 그 자리를 떠나 집에 돌아가서는 자리에

누운 채, 어머니가 권하는 약밥도 먹지 않고 그날 온 하루를 굶으며 끙끙거렸다.

그까짓 더위쯤 사게 된 것이 노여운 게 아니라 장난할 수 없는 때를 이용해서 협잡을 하는 것이 그에게는 이를테면 한없이 분하였던 것이다.

2

열두 살 되는 해 첫봄까지에 승룡은 『통감』 열다섯 권을 완전히 끝마치고 다시 『맹자』를 비롯해서 『논어』, 『중용』, 『대학』의 사서四書들을 배우는 한편 글씨 공부에도 힘을 들였다. 이렇게 해서 그를 장차 과거의 문과에 급제케 하는 것이 그 아버지 경선의 희망이었던 것이니, 일찍이 술과 외입으로 벼슬길을 단념해 버린 아버지는 인제 이 외아들에게만은 어떻게 해서라도 자기가 못 걸은 길을 기어이 걷게 할 작정이었던 것이다.

그러나 소년 승룡에게는 승룡이대로의 세계가 있었다. 그는 물론 학과에도 게으르지는 않았고, 글씨와 시 짓기에는 서당패들 중 제일 뛰어난 성적을 꾸준히 나타내고 있기까지 하였지만, 그의 열중과 몰입은 그것들에만 멈추지 않고 참으로 넓은 범위에 걸쳤다.

넓은 범위—그렇다. 그의 주의가 한번 집중되는 곳, 거기에서는 언제나 그의 열중이 계속되었다. 서당의 선배 신긍우 형제들의 권고로 그는 한번 『삼국지』를 손에 잡자, 보름 동안 서당에서 학과를 배우는 시간만을 제하고는 온전히 그 속에 빠져 버렸다. 그 뒤에도 그는 『수호전』, 『서상기』, 『전등신화』 들을 번갈아 가며, 어떤 것은 부모와 선생의 눈을 피해 청지기네 집에 가 숨어서 읽기까지 하였다. 그러나 그의 주위에서 구해 볼 수 있는 이러한 외과서外科書를 모조리 읽어 버렸을 때에도, 그는 잠시도 심심해하는 일도 멍하니 앉아 있는 일도 없이 곧 또 다른 그의 일거리를 재빠르게 찾아냈으니, 소설책이 동나자 그가 바로 착수한 것은 또 '노래 공부'였다.

그는 이미 여러 가지 소설책들을 통독한 뒤에, 마지막으로 부모들이 금하는 책 『서상기』를 숨겨 가지고, 청지기 최응원의 방에 가서 읽고 있었는데, 그것이 끝나자 즉석에서 그는 다시 자기의 그림 선생인 최나비에게 '노래'를 가르쳐 달라고 청하였다. 그것은 최나비가 늘 노래도 곧잘 하는 것을 승룡이 그전부터 아는 터로서, 이날 밤도 그가 곁에 앉아 영남 조의 가사歌詞 한 대문을 읊조리고 있는 때문이었으니, 그것의 무엇이 승룡을 그렇게 감동시켰는지는 모른다. 하여간 승룡은 『서상기』의 마지막 책장을 덮자 바로 한참 동안을 엣비슥이 누워서 최나비의 노랫소리에 귀를 기울이고 있더니

"융마戎馬는 관산북關山北이오……"

하고 최나비가 불러 넘기는 두율杜律의 1절에 오자 소리를 나란히 하여 일어나 앉아

"나 그것 좀 가르쳐 줘."

하고 간절히 졸랐다. 그리하여 그는 바로 종이를 가져다가 그 가사

들을 최나비가 부르는 대로 베끼기 시작하였고, 며칠 뒤엔 그것에 책 거죽을 두텁게 해 가지고, 날마다 밤만 들면 이 청지기 방에 와 묻혀서 어리고도 앳된 목청을 뽑고 있었다.

연 날릴 때가 되면 연 날리는 데로도, 꽃 필 때가 되면 꽃으로도, 복숭아 철이 되면 복숭아 수풀로도, 어디로도 그의 주의와 열중은 고르고 끊임없이 기울어졌다.

그러나 그의 이러한 가지가지의 놀이도, 이것들을 조금만 주의해 보면 다른 아이들의 그것에 비해 수월찮은 차이가 있곤 하였다. 가령 연날리기 놀이를 하는 데도 다른 아이들은 그저 연의 종류를 골고루 갖추고, 연실을 튼튼하게 하여, 상대편과의 연싸움에 이기는 데만 그 목적과 흥미와 열중이 함께 달려 있었지만, 승룡은 그런 데는 오히려 별 관심이 없는 듯이 보였다. 그는 그저 이겨도 빙글거리고 져도 빙글거리기만 하였다. 그러자니 자연 그에게는 연싸움에 지는 적이 많아, 잃어버린 연을 대신할 수 있게 늘 딴것을 몇 개씩 미리부터 예비해 둘 뿐으로, 그는 지거나 이기거나 그런 데는 눈살 한 번 찡그리는 일 없이, 연을 하늘가에 날려놓고는, 연자새의 실을 감았다 풀었다 하고 혹은 재주를 부리는 것만으로 넉넉히 만족하고 또 심심치도 않은 모양이었다.

서당에 공부가 없을 때에는 이렇게 혼자서 연을 날려 놓고 그는 몇 시간씩 빙글거리고 있을 적도 있었다.

봄에 풀꽃이 자랄 무렵이면 그는 또 곧잘 온갖 들의 풀꽃들을 뿌리째 옮겨다가 서당 앞 마당귀에 심어 두고, 그것을 가꾸고 매만지기에 정성을 다했다. 꽃이 피고 거기 나비와 벌이 날아와 앉을 무렵까지는 날마다 흙을 파다가 그것들의 뿌리에 다짐을 두텁게 하였고, 또 물을 주는 게 일이었지만, 일거리가 아조 없어진 때면 그냥 그 앞에 가서 그 꽃잎사귀들을 손가락 끝으로 스치며 왔다 갔다 하는 짓을 몇십 번씩이라도 되풀이하고 있거나, 안 그러면 엉거주춤하고 앉아서 그것들을 보기만 하고 있기도 일쑤였다.

어느 날 훈장 이승설 씨가 이렇게 앉아 있는 승룡의 곁에 가 서며,

"너 무얼 그렇게 보고 있니?"

하고 웃는 낯으로 물어보았다. 그러나 승룡은 대답 대신에 빙그레 웃고 일어서서는, 역시 꽃 옆으로 왔다 갔다 하며 손가락 끝으로 꽃들을 스쳐 다니는 짓을 몇 번 되풀이하더니, 뜻밖에 이 엄한 훈장의 곁에 와서 훈장의 손을 꽉 붙잡고 또 한 번 소리 없이 웃었다.

"넌 무에 그리 좋아서 늘 빙글거리기만 하니? 꽃귀신한테 반한 녀석 같으니……"

훈장은 가벼이 손끝으로 제자의 머리를 매만지며 혼잣말처럼 중얼거렸다.

'꽃귀신에게 반한 녀석'—아닌 게 아니라 그의 모든 열중은 한번 시작되면 마치 홈빡 무엇에 반한 것과 같았고, 또 사실로 그는 모든 것에 반할 수 있는 성격을 갖춘 소년이기도 하였다.

제5장 과거행

1

승룡은 1887년, 열세 살 때부터 과거장중科擧帳中으로 정식으로 과거를 보러 다녔다. 아시다시피 과거란 이조 말기에 이르도록까지의 고등 관리 자격시험으로서, 문관이건 무관이건 이 관문을 지나야만 비로소 벼슬길에 나설 수 있었던 것이다.

승룡은 문과를 지망하여, 이 구경은 이미 아홉 살 때부터 다녔던 터로, 열세 살의 어린 나이에 첫 시험을 보게 된 것은 전혀 이 외아들의 출세에 조급한 부모네의 소원 때문이었으니, 과거는 원칙으론 열다섯 살부터 볼 자격이 있는 것이었으나, 고종 24년(1887년)의 과거만은 동궁東宮의 동갑으로서 열네 살짜리까지도 시험 보는 걸 허락했으므로, 그는 아버지가 시키는 대로 한 살을 늘려 갑술생으로서 장중에 나가게 되었다. 물론 여기에는 동궁과의 동갑임을 빙자해서 시험관의 주의를 끌고자 하는 부모와 일가친척들의 요행을 바라는 심리가 없는 바도 아니었다.

하여간 그는 승룡이라는 아명兒名을 이때부터 던져 버리고, 우남雩南 이승만李承晩이라는 아호雅號와 명자名字를 갖춘 한 사람의 빼젓한 유자요 선비로서, 유관과 도포를 갖추고 장중인 경복궁으로 나갔다. 그러나 이때에도 그의 가난을 상징하는 것처럼, 두 발에는 굽 높은 나막신이 신기어 있었다.

장중에는 벌써 조선의 방방곡곡에서 모인 청소년과 또 늙은 선비들까지가 구름 더미처럼 모여서, 제각기 요행을 바라고 꿈틀거리고 있었다. 그들은 20명씩, 30명씩 그들이 나온 지방과 학당 또는 문벌의 이름을 쓴, 장대 끝에 매달은 정사각형의 유지등油紙燈 밑에 모여 있기도 하고, 또는 세력을 따라 수효를 늘릴 수 있는 유지우산 밑에 모이기도 하여, 끼리끼리 막幕들을 늘이고, 궁궐의 문이 열릴 때만을 고개를 늘이고 기다리고 있었다. 이러한 한 무더기의 모임을 장중에서는 한 '접'이라고 하였다. '접'마다 모여 있는 것은 응시자들뿐이 아니라 참고서와 지필묵을 들고 따라온 하인배들까지 끼어서 혼잡을 떨었고, 구석구석에는 장국밥 설렁탕 장수들이 차일을 친 곳도 있었다.

드디어 그들을 맞아들이기 위해 경복궁으로 들어가는 신무문이 열린다. 그러면 그들은 밀물과 같이 앞을 다투고 몰려들어 가서 다시 근정전으로 통하는 안문 앞에 선다. 포졸들은 여기저기서 날카로

운 눈들을 번쩍거리고, 그중에는 심지어 승룡의 나막신을 가리키며

"대궐 안에서 그렇게 높은 나막신을 신으면 되오?"

하고 탓하는 자까지도 있었다.

그들이 근정전으로 가는 안문 앞에서 꽤 오랫동안—어떤 때에는 거의 한나절을 지낸 뒤에야 멀리서부터 "고개 숙여라!" 소리를 치는 대전별감과 무예별감을 앞세우고 왕의 옥교가 나타났다. 그 뒤에는 열네 살 된 동궁의 수레가 따르고 있었는데, 왕은 듣던 바와 같이 늘 생강을 질근거리고 있는 것이 먼눈으로도 똑똑히 보였다.

왕과 동궁이 근정전에 올라 자리를 잡아 앉고, 현제판懸題板에 제목을 건 뒤에야 비로소 그들에게는 근정전 앞마당에 들어서는 것이 허락되었다.

그러나 거기 들어서서도 역시 별감의 호령으로 고개를 숙이고, 낯 한번 바로 치켜들지 못하는 부자유 속에서 현제판의 글 제목을 재빠르게 베껴야 하였다. 그 제목이라는 것은 문과엔 대개 시詩와 부賦의 두 종류였는데, 시는 흔히 18구씩 짓는 것이 규칙이었다.

이렇게 부자유한 속에 엉거주춤하고 서서, 선비들은 저마다 글제를 베껴 가지고 나와, 온 정력을 쏟아서 풍축에 시험 답안을 썼다. 그중에도 이미 반백이 된 시골 노인들이 진땀을 흘리고 있는 광경은 옆에서 보기에도 참으로 불쌍해서 못 견딜 지경이었다.

그러나 이러한 그들의 노력은 언제나 흔히 수포로 돌아가고 말았다. 경복궁엔 그들의 답안이 산더미처럼 쌓였지만, 그 속에서 아무거나 손에 잡히는 대로 몇 개씩 골라 급제를 시키는 것은 오히려 공

평한 편으로, 승룡이 과거를 볼 무렵에 와서는 시험 답안지는 보지도 않고 덮어 버리는 것이 예사였고, 급제는 모두 시험관들에게 바치는 금품으로만 팔리던 때였다. 더구나 경서經書를 외우게 하고 진사進士를 주는 일차 유생一次儒生과 같은 데엔 여간한 현직 고관대작의 집 자손이 아니면 시험조차 볼 수가 없었으니, 아무리 지식과 덕행이 훌륭한 선비라도 이러한 난관 앞엔 붙어 보는 재주가 없었다.

거기다가 가장 공명정대해야 할 왕마저 할 수 없는 게으름뱅이요 무능한 사람이었다. 그는 밤에는 무당 광대들만 불러 질탕히 놀고, 낮에는 늘어지게 낮잠을 자는 습관을 가져, 과거 보러 온 선비들은 여름 뙤약볕에 한나절씩 세워 두고, 실컷 잠을 자다가 해 질 무렵에야 얼굴을 보이기가 일쑤였다. 그나마 그것도 잠깐 구경이나 온 것처럼 얼굴만 보이고는 곧 들어가 버렸다. 그의 유일한 즐거움은 광대의 소리를 듣는 것으로, 육자배기만 잘하여도 참봉을 준다는 소문까지 났다.

이러한 왕이요, 이러한 과거인지라, 유능한 선비들은 자진해서 일찍 그만두어 버리는 이도 많았지만, 승룡은 아버지의 간곡한 소원도 있고 하여, 열세 살부터 이 제도가 폐지되도록까지 해마다 장중엘 부지런히 쫓아다녀 보았으나 그 결과는 역시 아무것도 이루지를 못하였다. 그는 그동안에, 몇몇 현직 고관의 아들들이 일차 유생 시험을 보는 데 글씨를 차작借作해 주어서 그들이 진사가 되는 데 도움이 되었을 따름이었다.

2

이러한 과것날들이 까닭도 없이 또 길게는 끌었다.

과거는 밤까지 계속이 되어, 엿장수와 장국밥 장수들만이 한몫을 톡톡히 보고 끝장을 막으면, 때는 흔히 사대문을 굳게 잠근 뒤였다. 일이 이렇게 되면 대문 안에 사는 사람들은 괜찮겠지만, 대문 밖에 사는 응시자들은 모두 성벽을 넘어서 집에 돌아가야 하였다. 응시자들에게만은 표를 보이면 성을 넘는 걸 허락해 주긴 하였지만, 캄캄한 밤을 경복궁 뒤에서 굽 높은 나막신을 신고 남대문까지 걸어 나와서, 다시 성벽을 타고 넘어 도동골까지 돌아가기란, 승룡에게는 참으로 따분한 일이 아닐 수 없었다. 더구나 몇 해째 낙제만 거듭하는 과거에 다시 떨어지고서 오막살이에 까마득히 기다리는 늙은 양친을 터덕터덕 찾아가는 밤길임에랴……

어느 해 겨울 그것은 아마 열일곱 살 때였을 것이다. 과거가 파한 날 밤에 그는 남문의 성벽을 넘다 말고 무심코 그 위에 걸터앉은 채, 꽤 오랫동안을 갈피 없는 생각에 잠겼다. 할 수 없이 되어 가는 집안의 일, 점점 노쇠해 가는 아버지의 일, 매관매작賣官賣爵과 협잡에만 기울어지는 조정의 일, 또 승룡이 자기의 일……

그러자, 이때, 문득 성벽 위의 바로 자기 곁에 인기척이 있는 듯하여 살펴보니, 이건 또 뜻밖에도 웬 장님 둘이서 지팡이를 궁둥이에 찌르고 성을 깁더올라 오다가 무엇에 놀랐음인지

"어?!"

"어?!"

하고 서로 돌아보며 소리를 치고 있는 것이었다.

승룡은 하도 어이가 없어서 얼결에 큰 웃음을 쳤으나, 그다음 순간 그는 까닭도 모르게 설움이 복받쳐서 견딜 수가 없었다. 똑똑히 그 뜻을 알 수는 없지만, 이 밤과 이 성벽과 이 장님과 그 소리는 마치 자기 자신과 같고, 자기 집안 일과 조정의 일과 같고 또 조선의 일과 같은 일종의 절망감에 붙잡혔던 것이다.

집에 돌아가니, 아니나 다를까 늙은 두 부모는 그때까지도 호롱불 밑에 자지 않고 앉아서, 아랫목에 밥그릇을 묻어 놓고 내 아들이 급제해 돌아오기만을 기다리고 있었다.

승룡이 밥숟갈을 들자,

"그래 어찌 되었느냐?"

하고 아버지는 물었다.

"……"

승룡은 그러나 뭐라고 대답할 길이 없어 잠자코 있었다. 그러자, 아버지는 아들의 눈치로 벌써 또 아들이 떨어진 걸 알아차린 모양으로,

"에이 이 녀석……"

하고는 '휴!' 한숨을 쉬고, 그만 자리에 가 번듯이 드러누워 버렸다.

이것은 일찍이 승룡이가 보지 못하던 아버지의 절망의 표현이었다.

"명년에 또 보지. 뭘 그 애 나이가 너무 많아서 걱정이시오?"

어머니는 말했으나, 아버지는 한숨만 여전히 계속할 뿐이었다.

승룡은 문득 놀리던 숟갈을 멈추고, 아버지가 자기를 보고 꾸짖는

'에이 이 녀석' 소리는 마땅히 누구에게로 돌아가야 하겠는가를 생각해 보았다. 그러나 그 대답은 좀처럼 찾아지지 않았다.

'내년에는…… 내년에는……'

승룡은 또다시 내년을 기다릴 수밖에 없었다.

제6장 갑오년까지

1

참, 조금 전에 소개해야 할 일을 깜빡 잊었지만 승룡은 이미 열여섯 살 되던 해—즉 1890년에 자기보다 두 살인가 손위인 박씨 부인을 맞이하여 결혼을 하였다. 당시의 양반들의 가정엔 아홉 살짜리 신랑은 얼마든지 있었으니까 열여섯 살은 오히려 늦은 편이 되었다.

결혼한 뒤에도 그는 여전히 서당엘 다니며 경서經書를 닦고, 글짓기와 글씨 공부를 계속하여 해마다 오는 과거의 준비에 늘 분망하였다. 스무 살까지에는 어떻게 해서라도 급제를 하지 않고는 견딜 수 없는 처지요, 또 심경이었던 것이다.

1890년에서 1893년에 이르는 4년 동안의 도동 학방의 선생은, 이승설 씨의 돌아간 뒤를 이어 마을의 늙은 선비 석초石憔 김 생원이 맡아보았는데 그는 특히 시를 즐기고 술을 좋아하는 성미로서, 승룡의 아버지 경선 씨와는 남달리 뜻이 맞아, 거의 날마다 같이 앉아서 글을 읊고 술잔을 기울였다. 이 스승 밑에서 승룡은 신응우, 신긍우, 신흥우의 삼 형제와 주인 아들 왈수와 같이 해마다 하지에서 7월까지에는 늘 시만 전문으로 공부하여 이 방면에 많은 깨우침이 있었다.

뿐만 아니라 꽃철 녹음 철에는 그는 또 곧잘 이 스승과 스승의 벗들을 모시고 경치 좋은 곳을 찾아다니며 그들과 함께 스스로도 회포를 시로 읊조리기도 하였다.

일만 남긔 복사꽃 옆 서너 가호 이웃집　　萬樹桃花屋數隣

이라든가,

술 즐겨 베푼 잔치 붉어 오는 얼굴엔,　　好酒登宴紅作友
고운 정자 푸른 녹음 이웃을 하리.　　名亭隔樹綠爲隣

라든가 하는 구절들은, 모두 아직도(1947년 현재) 박사의 기억에 남아 있는 것들로서, 이것만을 가지고도 우리는 그 당시의 도동의 모양과, 정자에 올라 즉흥시를 지어 읊고 놀던 서당패들의 모양을 눈앞에 서언히 보는 것 같다.

그러나 승룡은 아직도 어른의 편이라고 하기보다는 오히려 아이들의 동무였다. 아무리 이마 위에 망건과 유관儒冠을 얹고 과거는 보러 다닐지언정 나이는 역시 나이였던 것이다. 그는 한 사람의 어른으로서 시회詩會와 잔치에도 참가하는 한편, 소년들과는 또한 소년으로서 어울려 온갖 그의 놀이를 계속하였다.

연날리기와 윷놀이와 돈치기를 비롯하여, 4월 초파일의 관등놀이, 5월 단오의 추천, 남사당판 씨름판, 심지어는 회동會洞 유기 장수들 틈에까지—그의 발부리가 미치지 않는 놀이터는 서울엔 거의 없었다. 그러나 그중에서도 그가 가장 즐기는 것은 하지에서 7월의 서당 파접에 이르도록까지의 당음唐音 읽기와, 이 무렵에 한창 맛이 드는 서당 뒤의 복사밭에 가서 아이들과 같이 뒹굴며 지내는 일이었다.

여름이 되면 서당에서는 그 딱딱한 경서 읽기를 중지하고, 알맞은 감정의 구슬 더미와 같은 당시唐詩를 들고 낭송하는 일을 시작한다. 해가 지기가 바쁘게 서당 마당에는 싱싱한 풀 냄새도 향기로운 모깃불을 피우고, 서당패들은 마루에 마당에 마음대로 앉고 서서, 그들이 좋아하는 당나라의 시들을 제각기 목청을 뽑아 읊조리기도 하고 또 소리를 나란히 하여 읊조리기도 한다. 가령 한 아이가 모깃불 더미를 끼고 돌면서

"아미산월가娥媚山月歌라……"

하고 나직이 시 제목을 외우면, 서당패들은 가지런히 그 뒤를 따라 돌면서

"아미산월娥媚山月이 반륜추半輪秋하니…… 영입평강강수류影入平羌江水流를……"

하고, 소리를 맞춰 읊어 넘기기도 하고, 반수가 한 줄을 외우면 다른

반수가 그 다음 줄을 차례로 받아넘기기도 한다.

당시야 두말할 것도 없이 가장 풋풋하고 의젓한 사람살이의 감정을 담은 문학으로서, 여기서 새삼스레 이러니저러니 말할 필요도 없겠지만, 이 당음을 읽을 때야말로 서당의 해빙기와 같은 느낌이 없지 않다. 그들의 소리는 마치 오랫동안 단단히 얼었던 얼음이 비로소 때를 만나 풀려서 흘러내리는 물소리와 같이 이때만은 아름답고 낭랑한 것이다.

더구나 풀 냄새가 쿡쿡 코에 다질려 오는 달밤이나 되고 보면, 읽는 사람들도 읽는 사람들이려니와, 근처의 마을 아낙네들은 일부러 이 소리를 듣기 위하여 서당 담 밖에 모여서 진을 치고—조금이라도 더 그 소리를 속에 담아 두기나 하려는 듯이 돌담에 귀를 대고 있기가 일쑤였다.

승룡은 서당패들 중에서도 유달리 글 읽는 소리가 크고 여무지고 아름다운 편으로, 집안에 걱정이 더하거나, 과거에 떨어지면 떨어질수록 그의 소리는 나이 따라 한층 더 맑아만 갔다. 그가 먼저 시 제목을 이끌어 내거나 혼자서 읊어 넘길 땐, 서당 담에 다붙어 있던 아낙네들은 서로 옆구리를 손으로 찌르며 "저게 뉘 집 도령이여?" 하고 소곤거리기가 일쑤였다. 뿐만 아니라 그가 낮에 쉴 때 우물가를 지나가면, 나이 든 아낙네들은

"이 생원 댁 새서방님! 오늘 밤에도 당음 읽으세요?"

하고 묻기도 하고,

"오늘 밤엔 더 좀 잘 읽으세요. 나도 좀 가서 들어 볼 테니……"

하며 웃기도 하고, 젊은 여인들은 물끄러미 그를 쳐다보기만 하기도 하였다.

이런 때면 승룡은 흔히 웃는 양, 낯을 붉히고 걸음을 빨리하여 건너편 언덕 너머 복사밭골로 들어가 버렸지만, 그 여인네들이 당음의 뜻을 참으로 알고서 이러는 것이라면 이건 참으로 로맨틱한 광경임에 틀림없었다. 그러나 그들은 그저 그 읽는 소리에만 취했을 따름이었던 것이다.

그야 하여간 승룡에게도 여인네들의 이러한 청이 싫지는 않았다. 일테면 그것은 그가 들어가서 그 밑에 앉은 복사밭의 그늘과 같이 훈훈하고 따뜻한 느낌을 그에게 더하였다.

그래 그는 그의 뒤를 따라서 복사밭골에 올라온 왈수 을룡이 들을 시켜 복숭아를 따 오라고 명령해 놓고는, 자기는 그 훈훈한 언덕 밑에 드러누워 '오늘 밤에는 어떻게 하면 좀 더 당음을 잘 읽을까?' 하는 것과, '명년 봄에는 꼭 과거에 급제를 해야 할 텐데……' 하는 것을 늘 생각하였다.

그에게도 인제 한 청춘의 물결이 새로 용솟음을 치기 시작했던 것이다.

그러나 이때 문득, 복사밭에 스며든 왈수와 을룡이를 발견한 복사밭 주인이

"게 있거라, 이놈들!"

하고 외치는 소리에 깜짝 놀라 일어나 줄달음질쳐서 이 꿈과 같이 아늑한 보금자리를 버리듯이, 과거와 서당과 당음을 그가 버리지 않

을 수 없는 때는 이미 다가오고 있었다.

2

그는 1893년 계사년까지 과거를 계속하였고, 또 『시전』, 『서전』, 『주역』 등의 경서도 거의 완전하리만치 공부를 하였다. 그러나 이조 말엽의 과거제는 매관매작의 한 형식의 도구 노릇만 되풀이하다가 1894년의 갑오경장에 이르자 그만 뚝 끊어져 버렸다. 그와 동시에 승룡이와 그 가족들의 소망은 아조 헛된 것이 되고 말았다.

갑오경장—나는 이제 1884년의 갑신정변 뒤 여기에 이르도록까지의 이 나라의 밟아 온 길을, 간단히나마 여러분에게 설명해야 할 때가 되었다.

이미 위에서도 말한 바와 같이 갑신 10월의 정변의 끝은 개화당의 패퇴와 일본 공사관의 물러남으로 인하여 한동안은 다시 보수파의 천하가 되는 듯했다. 그러나 바로 그다음 11월이 되자, 일본은 다시 보병 2대대의 호위로 이노우에 가오루를 전권대사로서 서울에 보내, 조선 정부로 하여금 또 한 번 일본에 사신謝臣을 보낼 것과, 일본 공사관을 새로 짓는 데 비용 일체를 당할 것 등의 조약에 도장을 찍게 하는 결과를 가져오게 하고야 말았다.

한편 그들은 또다시 이듬해 1885년 3월에는 이토 히로부미를 청국에 대사로 보내 천진에서 이홍장과 만나게 하여 갑신정변 때 청국이 일본에 끼친 손해의 책임을 추궁한 끝에 '일청 양국은 앞으로 넉 달 안에 조선에 주둔시킨 군대를 철퇴할 것'과 '장차 조선에 변란이 있어 일청 양국이 군대를 파견하게 될 때에는 미리 서로 알릴 것' 등을 정하게 하였으니, 이는 소위 천진조약이라는 것으로서, 뒷날 청일전쟁의 한 구호거리가 되는 것이다.

그러나 이 조약으로 두 나라 병대가 모두 돌아간 뒤에도 청장淸將 원세개만은 조선통상사무전권위원이라는 이름으로 여전히 서울에 남아 정치에 대한 간섭을 게을리하지 않았다.

이와 같이 일청 두 나라의 신경전이 조선을 중심으로 전개되는 한편, 또 하나 안심할 수 없는 것은 점점 손아귀를 벌리기 시작한 러시아의 세력이었다. 러시아는 그동안 유럽 쪽이 시끄러워 조선을 굽어볼 겨를이 없다가, 이 무렵 서쪽이 안정되자 재빠르게 여기 눈을 붙이고, 1884년 6월에는 북경 공사관 서기관 베베르를 보내어 그해 안으로 통상조약을 맺게 하고, 뒤이어 그를 총영사로서 서울에 머물게 하였는데, 그는 교묘히도 민비 일족의 환심을 사서 1888년엔 함경도 경흥을 러시아에 개방케 하는 조로육로통상조약이라는 것을 맺는 데까지에 성공하였다. 청국은, 일본과 대립하는 한편으로 러시아의 세력을 막기 위하여 1885년 9월 대원군을 돌려보내고, 그 뒤 계속하여 온갖 간섭을 다 하였으나, 그러면 그럴수록 러시아의 세력에 기대려는 조정의 경향은 한층 더 절실하여져서 한동안은 일청 두 나라의 세력을 막기 위하여 러시아와의 사이에 밀약까지 맺어질 뻔한 형세였다.

이러한 외세 속에서 정부나 변변하였으면 오죽이나 좋으랴. 그러나 정부는 또 썩을 대로 썩어서, 중앙에선 민씨 일족의 세도 아래 돈으로 온갖 관직과 온갖 일이 모두 다 팔렸으며, 그 결과로 시골에선 또 군수, 관찰사 등속들의 토색질이 공공연히 이루어져, 백성은 혹독한 착취와 약탈에 울부짖고 정부를 원망하는 소리는 나날이 높아가기만 하였다.

그리하여 쌓이고 쌓인 민중의 분노는 드디어 1894년 2월 동학당의 힘을 빌려, 그중 토색질이 심했던 전라도 고부에서 폭발되니, 봉기의 두령은 전봉준이요, 그들이 내건 구호는 '제폭구민除暴救民'이었다. 그들은 그들의 구호에 찬동하고 일어선 각지의 백성들과 합세하여 5월 그믐껜 전주를 완전히 점령해 버렸다.

이에 조정은 비로소 당황하여 원세개를 통해 청에 원병을 요청하였다. 이해 6월 초엿샛날 이홍장이 보낸 청병 1천5백 명은 아산만에서 상륙하였던 것이다.

그러나 이것이야말로 일본으로선 기다리고 바라던 기회였다. '장차 조선에 변란이 있어 일청 양국이 군대를 파견하게 될 때에는 미리 서로 알릴 것'이라고 기록한 1885년의 천진조약은 아직도 살아있었다. 조선의 요청을 받은 청국이 일방적으로 군대를 출동한 것이다. 또 이해 갑오년 2월엔 일본에 체류 중이던 갑신정변의 망명객 김옥균이 당시 청의 실력자 이홍장을 만나러 갔다가 상해에서 자객 홍종우에게 암살되자, 청국은 도리어 홍종우를 보호하고 김옥균의 시체를 조선에 보내어 사지를 찢는 육시戮屍에까지 부쳐지게 한 일도 있었다. 일본은 천진조약을 조선 출병의 빌미로 삼았다.

'청국을 치라'는 일본 국내 여론을 업고 일본 측은 즉각 행동을 개시했다. 1894년 5월, 일본 공사 오토리 게이스케는 이토 스케유키가 거느린 8척의 군함과 오시마 요시마사가 인솔하는 3천 명의 육군을 데리고 서울로 들어와서 원세개를 만나고 "조선의 화근을 뽑아 놓기 위하여서 일청 두 나라가 힘을 합해 시정을 개혁하자"고 주장하였다.

그러나 청국이 이에 응하지 아니하자, 일본은 청국을 제쳐 두고, 혼자서 조선 정부에 육박하여 이를 요구하는 한편, 청병을 돌려보내고 청국과의 모든 조약을 없앨 것까지를 권고하였다. 권고라고 하기보다 이건 벌써 강제요 또 명령이었다.

이 지경에 이르매, 원세개의 일행은 변복하고 청국으로 돌아가고, 정부는 뒤바뀌어 다시 숨어 있던 개화당의 천지가 되고, 드디어 6월 29일 청일전쟁이 정식으로 포고되었다.

이 판국에 새 정부는 6월 24일 개혁의 중추 기관으로 군국기무처라는 것을 세우고, 새 영의정 김홍집을 회의 총재로 하고 개화당파들을 회의원으로 하여, 개혁할 시정 안건을 날마다 토의케 하니, 이 결과로 생긴 것이 소위 208건의 경장책更張策으로서, 거기엔 정부 직제의 개혁을 비롯하여 반상 타파, 노비 해방, 혼제 개혁婚制改革, 과거 폐지, 외국인 고문제 등이 결정되어 있었다.

이리하여 의정부는 내각이 되고, 일본에 망명해 있던 박영효, 서광범은 돌아와서 다시 정부에 자리를 잡고, 대원군과 민비는 둘 다 정부에 관계를 못 하게 되고, 청국의 세력은 청일전쟁에서 패하자 완전히 조선에서 물러가 버렸다.

이와 동시에 어떻든 이 나라엔 전면적으로 거센 개화의 물결이 흘러들어 오기 시작하였다.

갑오년—이해는 한 사람의 서당꾼 승룡의 과것길을 막았음과 같이, 전 민족에게도 역시 한껏 다난한 해였다.

갑오년—승룡은 인제 벌써 스무 살이 된 한 사람의 청년으로서, 또 이미 세 살이 된 한 아이의 아버지로서, 아직도 상투를 덩시랗게 꽂은 채 과것길마저 막힌 이 다난한 마당에 서 있다. 인제부터 우리는 그를 아명으로 부르지 않고, 바로 '이승만' 그 이름으로 부르기로 한다.

제2편

청년

제1장 고민

1

“그래 어찌할 작정이냐?”

“……”

갑오년 여름 과거법을 폐한다는 조서가 내린 뒤로, 부자가 조용히 얼굴을 대할 때마다 언제나 묻는 아버지의 질문이요 아들의 침묵이었으나, 그들에겐 역시 별다른 방책이 손쉽게 머리에 떠오르지는 않았다. 이미 육순이 넘은 아버지는 아버지대로 까맣게 절망을 하고, 아들은 또 아들대로 수그러진 머리를 치켜들 수 없는 채, 우울하고 가난한 나날이 겹쳐 갈 뿐이었다. 거기다가 설상가상으로 이 무렵에 와서는 일가친척들마저 이 출세의 길을 잃은 선비의 가족들을 아조 버리고 말았음인지, 돌보아 주는 이라고는 하나도 없이 되어, 그들 여섯 식구의 입에는 죽도 바로 들어가지 못하는 날이 많았다. 아버지의 울화는 나날이 더하고, 가족들의 얼굴은 눈에 보이게 수척해 갔다.

이러한 여름과 가을도 지난 뒤의 어느 첫 기러기 소리 나는 늦가을 밤이었다.

아버지의 밤자리를 보살피러 들어간 아들을 향해 아버지는 또 한 번 물었다.

"그래 요즘도 조정에서는 아무 딴 방책이 없다더냐?"

묻지 않아도 그것은 이 노인의 유일한 소망이었던 아들의 과거길에 대하여 아직도 혹시나 하는 한 가닥의 희망을 부치고 하는 말임에 틀림없었다.

"……"

그러나 아들은 여전히 대답할 말이 없기도 하려니와, 아버지의 걱정하심이 민망키만 하여 그 앞에 가 머리를 숙이고 묵묵히 앉아 있을 수밖에 없다.

"흥! 미친놈들! 조상이 천년을 하로같이 지켜 오든 성현의 길을 폐지하고, 그러고도 그놈들이 벌을 받지 않을까? 인재를 골라서 쓰지 않는다면 어느 개새끼라도 마구 갖다 쓸 작정인가! 무렴헌 왜놈들! 무렴헌 개화당 놈들! 그놈들 때문에 인제 나라는 망하고 마느니라! 인제 두고 보아라!……"

아들의 침묵과는 반대로, 늙은 경선의 울화는 한번 치밀어 오르면 그칠 바를 몰라, 손바닥으로 방바닥을 치고 책상을 치고 또 자기의 무릎까지를 거침없이 함부로 친다.

"……새로 된 시험제도라는 것이 있기는 한 모양입니다마는……"

승만은 자기의 침묵이 하도 딱하여 거의 억지로 한마디 되뇌어 본다. 그러자, 아버지의 소리는 한층 더 날카로워지며

"뭐? 시험제도라니? 그깐 놈들에게 붙어서 그래 개화당이 돼? 어림도 없는 소리다. 선비는 죽어도 군색해선 안 되느니라. 가령 백이 숙제같이 산채를 씹다가 죽을지언정, 어찌 그까진 왜놈배들에게 부동한단 말이냐? 그럴 리야 없겠지만, 꿈에라도 너는 그따위 시험제도 같은 건 생각지도 말고, 이 난세에 성명性命을 보존할 생각을 해라…… 고르지 못한 때에 묻혀서 사는 것은 예부터 있든 길이다. 알겠느냐?"

하고 마치 자기의 몸으로 아들의 앞길을 바로 하기나 하려는 듯이, 바짝 승만의 앞에 다가앉았다.

"어서 그만 진정하시고 주무시지요……"

아들은 아버지의 흐트러진 백발을 바라보고 문득 더워 오는 눈시울을 손끝으로 억누르며 나직한 소리로 권고하였다. 그러고는 그 자리를 일어서려 하였다.

그러나 아버지는 자리에 가 눕더니, 이제까지와는 아조 다른 조그만 소리로

"승룡아, 거기 잠깐만 더 앉어라……"

하고 오랜만에 아명을 불러 아들을 만류하였다.

"승룡아 들어 봐라……"

아버지의 음성은 돌연히 목이 메인 듯하였다.

"너도 아다시피 내 나이 벌써 예순이 넘지 않았느냐. 내 스스로 과것길에 실패하고 가산을 탕진한 뒤에 만득으로 너 하나를 얻어서, 네게나 어떻게 입신의 길이 열리는 걸 보려 했드니, 인젠 그것도 다 아 틀리고 딴 세상이 되고 말었구나. 그러니…… 인제야 내게 무슨 보람이 있겠느냐…… 어떻게 살건 인제는 벌써 구차한 목숨들이 되었다…… 승룡아…… 내일 나는 황해도 너의 누이 집에나 다녀올까 하니, 언제 돌아올런지는 모르지만, 딴생각 내지 말고 식구들의 연명책이나 생각해 봐라……"

"……"

승만은 역시 아무 대답도 하지는 못했지만, 듣고 있자니 그것은 너무나 비통한 아버지의 심정임에 틀림없었다. '그이 자신의 일생의 절망에 인제는 아들의 절망까지를 겸해 지니고 아버지는 또다시 분명히 그의 산천 소요의 길을 떠나려 한다'는 생각이 들자, 걷잡을 수 없는 눈물이 솟아오름을 승만은 금할 길이 없었다.

"아버지, 제발 진정해 주무시고 다시 생각해 보옵시오……"

승만은 겨우 이 말을 입 밖에 내고 그 자리를 물러 나왔다. 그만큼 엄한 아버지요, 그 뜻을 좌우할 수는 없는 아버지였기 때문이다.

이튿날이 되자, 경선은 가족들의 말림에도 불구하고, 그의 생각과 같이 방랑의 길에 오르고 말았다. 굳이

"평산 딸의 집에 잠깐 다녀오겠다."

고만 고집을 세워 말 위에 올랐으나, 한번 떠난 그는 물론 그 겨울이

다 지나도 돌아오지 않았다.

2

"어쨌으면 좋겠느냐?"

아버지가 늘 그에게 묻던 말을 승만은 그 뒤에도 날마다 속으로 되풀이해 보았다. 그러나 앞은 역시 아득하기만 할 뿐이요, 신통한 답안은 쉬이 발견되지 않았다.

그는 이때까지 지켜 오던 습성으로, 그 뒤에도 늘 서당엔 나갔다. 그러나 이미 배워야 할 경전을 모조리 다 배워 버렸고, 또 그것을 풀어 볼 목적을 잃어버린 지금의 그에게는 서당은 벌써 아무 소용도 없는 공허한 장소였다. 거기다가 그와 한 또래의 학도들은 모두 뿔뿔이 헤어져서 인제는 서당에 들어서야 마음 놓고 지껄일 말벗 하나 없었다. 그러자니 자연 그는 서당에 나가지 않는 날이 많았고, 또 그의 방 아랫목에 늘편히 누워서 천장만 바라보고 있는 날이 많게 되었다.

이러한 어느 날—뜻밖에도 같이 도동 서당에 다니던 신긍우가 찾아왔다. 긍우는 승만과 같이 서당에 다니던 그들의 삼 형제—응우 긍우 흥우 들 중의 한가운데로서, 그의 아버지 면휴冕休는 일찍이 기독교인으로 개종하여 개화당에 가담하고 있던 터인지라, 그의 아들들에게도 신학문을 두루 허락하여 긍우는 이미 유신파의 명사 현채

玄采라는 이에게서 일본 말 공부를 열심히 해 오고 있는 중이었다. 그들의 삼 형제가 모두 승만과 유달리 친했을 뿐만 아니라 그 아버지 면휴 또한 경선과는 흉허물을 가리지 않는 사이였다.

"자네 나허고 좀 조용히 이얘기헐 수 없나?"

긍우는 승만의 안방에 들어와서 그 어머니에게 인사를 마치자 승만을 보고 이렇게 말하였다.

그래 승만은 그를 이끌고, 아버지가 거처하던 윗방으로 갔다.

"다른 게 아니라 오늘은 꼭 자네에게 한 가지 권할 일이 있어서 왔네."

자리에 앉자, 성미가 급한 긍우는 곧 그의 찾아온 내력을 말하였다.

"자네도 대강은 짐작하겠지만, 때는 벌써 뒤바뀌어 가고 있네. 두말할 것도 없이 유학이나 닦아 과거나 보든 때는 지내고, 인제는 개화 천지가 되어 가고 있단 말일세. 그만하면 내가 무슨 말을 할려고 온지 알겠지? 주저하지 말고 자네도 우리하고 같이 개화를 배우세. 일본 말도 배우고, 영어도 배우고, 산학算學도 배우고, 세상 돌아가는 도리도 알아보잔 말야. 어쩔 텐가, 내일부터라도 같이 현채 선생한테 갈 텐가? 케케묵은 과거나 볼 생각 인제는 되지도 않을 것이니 그만 집어치우고……"

그러나 그의 열변은 여기에서 승만의 반대 때문에 중단이 되었다.

"아따, 자네 말주변이 꽤 늘었네그려."

승만은 찾아온 손에 대해 실례됨을 돌아볼 겨를도 없는 듯이 큰소리로 말하였다.

"그것 모두 다 현채라는 사람한테 배웠나? 과거야 하건 안 하건 10년을 학문을 닦었으면 그만한 건 가질 줄 알아야지. 자넨 대체 언제부터 그렇게 유자儒者가 아니고 천주학쟁이고 또 왜놈의 사환인가? 실없는 사람 같으니! 그런 소릴 할려면 아예 두 번 다시 우리 집에 오지 말게!"

이렇게 외치며 승만은 그 자리를 그대로 일어서려 하였다. 그러나 긍우는

"잠깐만 내 말을 더 듣게."

하고 승만의 팔을 붙들었다.

"자네가 아직도 그렇게 말할 것은 미리부터 다아 짐작하고 왔네. 자네 말도 옳으이. 그야 가질 것은 가져야지. 암 그렇고말고. 그렇지만 아무리 유자라도 알 것은 다아 알고 반대할 것을 반대해야 하지 않을까? 저 서양인들은 우리가 꿈에도 생각할 수 없는—하로에 천 리씩 가는 불수레도 만들고, 화륜선도 만들고 또 별것을 다 만들었다네. 그들이 그렇게 할 때에는 우리보다 무엇이든 아는 것이 조끔이라도 더 있어서 그러는 것 아니겠나? 위선 알기 쉽게 자네가 어려서 마마손님으로 장님이 될 뻔하였을 때 우리나라 의원의 재주로서는 고칠 엄두도 못 내든 것을 물약 멫 방울로 눈을 뜨게 한 위력은 무엇인가? 일본 사람들인들 어디 처음부터 그런 재주를 가지고 있었을 줄 아나? 그건 모두 그들이 너그러이 개화를 받어디려 서양 사람들에게서 배울 걸 똑바로 배운 때문이란 말야. 물론 나는 자네보고 개화당이 되라고 권고하지는 않네. 그렇지만 일본 사람이건 서양

사람이건 그들의 우리보다 나은 점을 알아는 봐야 하지 않을까?"

여기까지 긍우는 열에 복받친 사람처럼 단숨에 말하고는 비로소 승만의 팔을 놓았다.

승만은 처음 그가 선불리 자기를 움직이려 하는 것이 못내 불쾌하였으나, 나중엔 그의 너무나 지나친 열중 때문에 웃음을 띠지 않을 수 없었다. 어느 점으로 보거나 긍우는 긍우대로 마음이 쏠린 데가 있어서 친구를 위해 그와 같이 행동하기를 권하려 온 것이요, 그 밖에 허튼 생각은 조끔도 없음을 그의 태도로서 넉넉히 짐작할 수 있었기 때문이다. 그래

"자네가 좋으면 개화당을 맘껏 하게. 그렇지만 나한테 권할 생각은 아예 꿈에도 내지 말게."

하고 승만은 비로소 나직이 말하였다.

"고집부리지 말고, 좀 많이 생각해 보아. 일본 말과 영어를 배워 두어서 해로울 건 무에 있단 말인가? 행여 외국 사신으로 가드래도 말쯤은 알아 둬야 할 것 아니야? 자, 그럼 나는 가네. 며칠 새 또 올 테니 많이 많이 생각해 보아."

긍우는 이렇게 말하며 자리를 일어섰다.

승만은 그를 따라 나가서 문밖까지 전송하였다. 그러나 물론 이것은 긍우의 우정을 대접하려는 승만의 한 우정일 따름이요, 긍우의 열변에 조금치라도 감복된 때문은 아니었다.

그러나 참으로 무서운 것은, 아니 참으로 위대한 것은 이 우정이었다.

궁우는 그 뒤에도 쉼 없이 아마 하루 걸러씩은 승만을 찾아와서 되풀이 되풀이 그의 생각하는 바를 말하며 여기에 동의를 구하였고, 승만은 승만대로 그의 열중과 정의情誼에 감복하여 궁우 그를 이렇게 만든 것은 무엇 때문인가를 곰곰이 생각해 보고 궁금히 여기게쯤 되었다. 뿐만 아니라 궁우는 은근히 가난한 승만의 처지를 걱정하여 몇 차렌가 쌀말과 장작 짐을 하인에게 들려 보낸 일까지도 있어, 그의 사심 없는 우정은 승만을 적지 않게 감동시키기까지 하였다.

이와 같이 두어 달이 지난 뒤의 동짓달 어느 날의 저녁때였다. 궁우는 다시 찾아와서 승만을 조르기 시작하였다.

"그래 아직도 결심을 세우지 못했나? 자네보고 예수교꾼이나 개화당이 되란 말은 아예 권고도 하지 않네. 더구나 시방 자네 비위에 맞지 않는 일본 말은 배우란 말도 허지 않어. 그렇지만 제발 소원이니 배재학당엔 꼭 한 번 나와 보게. 늘 허는 말이지만 서양 사람들에겐 우리가 아직 한 번도 생각해 보지 못한 새로운 도리가 있어. 입학이야 하건 안 하건 꼭 한 번 구경이라도 와서 해 보게. 이것까지도 못 들어주겠는가?"

아닌 게 아니라 벌써 몇 달을 두고 여기까지 조르는 데는 승만으로서도 너무 거절만도 할 수는 없었다. 궁우의 우정도 우정이려니와, 한편으론 또 그 '배재학당'이라는 것이 무슨 요술을 하고 있는 곳인지 저으기 궁금키도 한 것이었다. 그래 승만은 드디어

"그럼 가 보지. 내일 가 봐!"

승낙을 하고 말았다.

제2장 배재학당 입학

이튿날 아침나절 승만은 벗 긍우와 흥우의 형제에게 이끌리어 배재학당을 향해 정동 고개를 올라가고 있었다. 낡은 도포와 헌 갓에, 그때에도 여전히 그는 굽 높은 나막신을 신었었다.

길거리가 모두 꽁꽁 얼어붙은 춥고도 맑은 날씨에 그는 늘 미끄러질 뻔 미끄러질 뻔 뒤뚱거리고 두 사람의 뒤를 따라가면서 말하였다.

"별일이 있어도 천주학天主學은 하지 않을 테니 그쯤 알어. 알겠나?"

그럴 때마다 긍우는 상을 찌푸리고 대답을 하였다.

"어이 사람도…… 천주학은 아무 데도 없다니까그래. 대원 대감이 다 잡어 죽이고 인제 어디 씨나 남었나? 염려 말고 따러와. 설마하니 내가 자네를 몹쓸 데로 인도하겠나?"

드디어 그들의 일행은 배재학당 사무실에 당도했다.

긍우는 먼저 그를 미국인 교사 노블이란 사람이 있는 곳에 데리고 가서 인사를 시켰다. 노블은 웃는 낯으로 흔연히 일어서서

"내가 노블이오, 잘 오셨습니다."

하고 유창한 조선말로 말하면서 악수를 할 양으로 손을 내밀었다. 그러나 악수를 아직도 모르는 승만은 적지 아니 의아하여 그의 하는 짓과 이상한 짐승 같은 생김새만을 뚫어지게 쳐다보고 있었다.

그러나 노블은 그러한 승만의 주시에는 조금도 관심이 없는 듯 여전히 빙글거리는 낯으로

"오, 이 선생, 우리 학당 오시는 것 싫어하신다더니 어떻게 오늘은 이렇게 반갑게 오시었소? 참 잘 오시었소. 부디 좀 잘 살펴보시고 좋으시면 우리 학교 입학하시오. 그리고 우리 미국 사람들께 조선말도 잘 좀 가르쳐 주시오. 우리들 조선말 모르는 사람 참으로 많습니다."

하고 유창키는 하나 역시 어색한 어조로 뇌까렸을 때에는 서양 사람이라는 것을 가까이서 처음 대하는 승만으로서도 저절로 웃음이 나왔다.

노블은 스스로 앞장을 서서 승만을 교실마다 안내해 주었다.

처음 그가 구경하게 된 것은 기도실이었다. 무슨 뜻인지 '금일대벽성今日大辟城 생구주生救主'라고, 붉은 비단 폭에 금글자로 써서 벽에 붙인 밑에 여러 사람들이 고개를 숙이고 눈을 감고 있는 방이었는데, 그 꼴들이 어찌나 우습던지 무심결에 승만은 소리를 내어 웃으며 옆에 있는 긍우를 보고

"저게 천주학이지?"
하고 물었다. 그러나 긍우는
"천주학은 무슨 천주학이야? 그건 기도라는 것일세. 여기선 기도만 하면 그만이니까."
하고 또 질색을 하였다.

다음에 들어간 것은 북학반北學班이었는데, 거기에서는 지리를 가르치고 있었다. 칠판 옆에다 시간표를 큼직하게 써서 붙여 놓았는데, 금목수화토의 오행五行밖에 배운 일이 없는 승만의 눈으로선 월화수목금토의 육요六曜의 분간은 오행을 잘못 뒤집어 놓은 것만 같아, 또 한 번 긍우를 돌아보고
"저게 뭐냐? 오행 하나를 똑바로 쓸 줄도 모르고?"
하고 묻기까지 하였으나, 강단에 선 선생이 5대양 6대주와 조선의 위치를 설명하고 있는 것만은 처음 듣는 것이어서 신기하기도 하려니와, 그 내용이 궁금하여 꽤 오랫동안 그의 발길을 여기에 멈추게 하였다.

옆에서 이 눈치를 알아차린 긍우는
"저까진 것은 아무껏도 아니야. 다녀 보면 우리들이 모르던 새 지식이 얼마든지 나오니까. 가령 우리나라나 청국뿐이 아니라 세계 각국의 역사라든지, 서당에서 못 배운 것을 얼마든지 배울 수 있어."
하고 승만의 귀 가까이 입을 갖다 대고 간곡히 말하였다.

그들이 마지막으로 영어 교실에서 한 미국인 교사가 생도들에게 단어를 가르치는 것을 보고 다시 노블 교사의 사무실로 돌아온 것

은 이미 점심시간이 다 된 때였다. 노블은 승만에게 점심 준비를 시켰으니 같이 먹자고 하였으나, 승만은 굳이 그것을 사양하고 긍우의 형제와 같이 밖으로 나왔다.

그들의 발길이 교문 밖을 나서자, 긍우는 승만을 돌아보고

"그래 어떤가?"

하고 물었다.

그러나 승만은

"어떻긴 무엇이 어때? 과히 심심치는 않겠고, 자네 말같이 꽤 배울 것도 있어 보이긴 하네마는, 거 정말로 천주학이나 개화당은 하지 않으렷다?"

긍우를 보고 도리어 물었다.

"염려 말어. 그런 것을 하거든 내 목을 베게. 내 목을 베어. 그럼 위선 먼저 자네는 집으로 돌아가게. 나는 또 학교에 가서 오늘 학과를 마저 마치고 저녁때 자네 집에 갈게."

긍우는 대한문 옆까지 승만을 전송하면서 이렇게 약속을 하고 헤어졌다.

승만은 집에 돌아가서 그를 기다리면서 걷잡을 길이 없는 여러 가지 생각에 잠기었다—집을 떠난 아버지의 일. 떠나시던 전날 밤에 그이의 하시던 부탁. 현재의 혹독한 가난. 배재학당. 아까 배재학당에서 노블이란 서양 사람이 그들에게 조선말을 가르쳐 달라고 하던 일. 개화당과 천주학. 개화당과 천주학은 하지 않는다던 긍우의 맹서…… 그리하여 이러한 착잡한 여러 갈래 생각 중에서 그가 마지막

으로 얻은 결론은 다음과 같았다.

'아버지의 부탁과 같이 가족들의 연명책을 세울 수 있다면 배재학당 아니라 그보다 더한 데라도 들어가자. 가령 긍우의 말과는 달리 배재학당이 천주학과 개화당을 하는 곳이라 하더라도, 내 마음은 그런 것에는 붙잡힐 리가 없다. 그러나 천주학과 개화당—그것이 참으로 어떤 것인가도 내 마음으로 똑똑히 알아보자.'

이렇게 그가 그의 마음을 마악 정리하고 누워 있는데, 때마침 또 오후의 학과를 마친 긍우가 찾아왔다.

"아까 노블이란 서양 사람이 조선말을 가르쳐 달란 말을 했는데 그것 정말일까? 그러고 또 월사금은 얼마나 내줄 작정인가?"

승만은 다짜고짜로 긍우에게 이렇게 물었다.

"그야 물론이지. 서양 사람은 거짓말은 않네. 아마 적어도 생활비야 받게 되겠지. 그렇지만 그럴려면 꼭 배재학당엘 입학해야 하네. 그래야만 조선말 교사로도 채용해 줄 테니까."

긍우는 대답하였다.

그러자, 승만은 서슴지 않고

"그럼 나 내일부터 배재학당에 입학을 하겠네. 오늘 갔을 때만큼 다시 찾아갈 테니 자네가 입학 절차를 소개해 주게. 진담일세!"

하였다.

그리하여 그는 이튿날부터 배재학당의 생도가 되었다. 그러나 그가 그곳에 통학하는 것을 상당히 오랜 뒤에까지도 그의 가족들은 몰랐다.

제3장 제중원

1

승만이 배재학당에 입학한 뒤 몇 주일이 지나지 않아 그의 총명은 교내에 두루 알려지고 널리 서양인 선교사들 사이에까지도 선전되어, 드디어 그는 그의 뜻대로 구리개에 있는 서양인 병원 제중원에 나아가 한 미국 부인에게 매일 아침 조선어를 가르치는 직업을 맡게 되었다. 제자는 여의사로서 조지아나 화이팅이라는 이름이었다.

제중원濟衆院—나는 인제 여러분에게 이것의 유래와 윤곽을 잠깐 동안 설명해 둘 필요를 느낀다.

여러분은 내가 이미 제1편에서 말한바 갑신정변 때의 이야기들을 기억하실는지 모르겠다. 새로 우정국이 설립되고, 홍영식이 그 국장으로 취임하여 낙성식 연회를 베풀었던 갑신년(1884년) 음력

10월 17일 저녁, 연회 도중에 "불이야!" 소리가 나서, 모였던 손님들이 우— 밖으로 몰려나가다가 보수파의 두령 민영익이 개화당이 매복시킨 자객의 칼끝에 쓰러졌던 것을 기억하실는지 모르겠다. 그러나 민은 그때 요행히도 아조 죽진 아니하고, 한쪽 귀가 떨어졌으며 머리 한쪽에 얼마쯤 생채기를 입었을 뿐이었다. 그리하여 그의 일가친척들은 그의 상처를 고치기 위하여 백방으로 명의를 찾은 끝에, 고종 황후 민씨가 마지막으로 끌어들인 것이 미국인 선교사요 또 의사인 알렌이란 사람이었으니, 그의 치료로 민영익의 상처는 참으로 씻은 듯이 잘 나았다. 그래 이 신속한 치료에 감동한 민비는 서양 사람의 병원이 필요함을 절실히 느끼고, 곧 알렌에게 명하여 세우게 한 것이 구리개의 제중원이었는데, 승만이 이곳에 조선어 교사로 취임했을 때는 서양 의사의 수효는 벌써 40명이 넘어 있었으나, 환자들은 웬일인지 이때까지도 잘 모아들지 않았다. 원장은 알렌의 뒤를 이어 이때에는 애비슨이란 사람이 맡아보고 있었다.

승만은 여기에 처음 얼마 동안은 아침 일찍 나가서 맡은 과업을 가르치고 다시 배재학당에 통학하고 있었으나, 그 뒤 오래잖아 제중원의 요청으로 배재학당은 그만두고, 동창생 이충구란 사람과 같이 매일 그곳에 가 백이게 되어, 오전에는 제자에게 우리말을 가르치고 오후에는 그 제자에게서 다시 유창한 영어를 배우는 것으로 일과를 삼았다. 그들은 승만과 충구에게 각각 방을 하나씩 주어, 승만은 계속해서 화이팅 부인을 상대하고, 충구가 또 따로 맡은 것은 지컵슨이란 이름을 가진 역시 미국인 여의사였다.

승만에겐 처음 이 외국인 여자를 상대하기가 여간 어색하고 난처한 일이 아니었다. 비록 상대는 이미 사십에 가까운 중년 부인이요, 또 털빛이 다른 남의 나라 사람이긴 하였으나, 아직껏 남녀칠세부동석의 윤리와 교양밖에는 가지지 못한 그에게 여자를 한방에서 호젓이 대한다는 것은 첫째로 어색한 일이요, 또 둘째로는 배재학당에서 몇 달쯤 배운 영어로는 말이 잘 통하지 않아, 늘 손짓과 몸짓으로 설명을 하기가 여간한 괴로움이 아니었다. 그러나 사람이란 사귀면 서로 통하게 되는 것이요, 또 스스로 알게도 되는 것이다. 처음 얼마 동안은 승만을 얼마쯤 얕잡아 보는 듯한 눈치가 보이던 화이팅 부인도 드디어는 그의 너무나 지나치게 경건하고 존엄한 태도와 투철한 재능에 감동하여 그를 존경하게쯤 되었고, 승만에게도 또 마침내는 이 외국 여자의 눈에 선 관습과 노린내 등이 아무렇지도 않은 것이 되어 버리고, 그의 좋은 점만이 골고루 눈에 띄기 시작하였다.

이곳에 취임한 지 꼭 한 달이 되는 1895년 2월의 어느 날, 그는 화이팅 부인에게서 한 달 월급으로 미화 20불이 든 봉투를 받았다.

"오, 이 선생. 이것 이달 월사금이오. 우리나라 돈으로 20불. 이것 정부에 가서 조선 돈으로 바꾸어 쓰시오."

그는 그것을 승만에게 전해 주며 이렇게 말하였다.

"이 선생 어머니를 오늘은 꼭 뵈러 갔으면 좋겠습니다……"

승만은 그전에 화이팅 부인의 물음에, 그의 어머니의 이야기를 한 적이 있었다. 그는 그때부터 승만의 집에 가서 어머니를 뵙고 싶다고 늘 기회만 있으면 졸라 왔었는데 오늘 월급을 받는 기회를 타서 그 이야기를 꺼내고 다시 승만의 눈치를 살피는 것이었다. 그러나 승만으로 말하면 아직도 가족들에게는 그가 배재학당과 이곳에 다니는 걸 숨겨 오는 터로서, 그걸 먼저 그가 알리기 전에 화이팅이 그의 집을 방문하는 일이 생긴다든가 하면 여간 딱한 일이 아니었다. 그래 그의 주소도 도동이라는 것만 알리고 번지 같은 건 늘 주의해서 숨겨 오던 터라, 오늘도 약간 얼굴을 붉히며

"미세스 화이팅, 고맙소. 우리 집엔 인제 내가 쉬이 안내해 드릴 것이니 미안하지만 그때까지만 기다려주십시오."

하고 그의 방문을 은근히 거절하였다.

"이 선생 대단히 미웁소. 오늘도 같이 어머니에게 안 가시오?"

하며 화이팅은 승만의 부끄러워하는 모양이 이상한 듯이 깔깔거리고 웃었다. 승만도 그의 익숙해진 듯한 언변이 우스워 같이 소리 내어 웃었다.

승만은 화이팅 부인을 작별하고, 마치 날아라도 가고 싶은 기분으로 도동 집을 향해 발길을 옮겼다. '20불이면 인제 한 달은 그래도 가족들이 굶지는 않겠지?' 그걸 생각하니, 그의 마음은 여간 기쁜 것이 아니었다. 돌아다보건대 벌써 얼마 동안을 가족들은 혹독한 굶주림에 시달려 왔던 것인가? 요즘 와서는 참으로 죽거리도 없어 굶는 저녁이 항다반하였던 것이다.

집에 돌아가자, 그는 가지고 간 월급봉투를 어머니 앞에 내어놓고, 그가 지난해 동짓달 배재학당에 입학했을 때부터의 경과를 죽 이야기하였다. 그러고는,

"어머니, 인제사 알려드려서 죄송합니다. 그렇지만 염려하실 건 없어요. 제가 설마 몹쓸 길에 떨어지지는 않을 테니까요."
하고 장담을 하였다.

그러나 늙은 어머니는 아들의 고백이 끝나자, 목메인 소리로
"굶어 죽어도 좋으니 행여 천주학은 하지 마라……"
하며 울었다.

좀처럼 눈물을 보이는 일이 없는 어머니의 우는 모습을 보니 승만은 가슴이 미어지는 듯하였다. 그러나 그는 그 스스로도 한없이 울어질 것만 같은 심정을 꾹 억누르며
"어머니, 나를 믿으세요!"
하고 뚜렷하고도 자신만만한 소리로 외쳤다.

2

승만의 매달 받는 수입으로 가족들은 굶주림을 면하게 되었다. 거기다가 화이팅 부인은 한번 승만의 집을 알게 되자 매일같이 찾아와서 그의 어머니를 위로하고, 물질적으로도 또 적지 않은 도움을 주었다.

그러는 동안 는 것은 화이팅 부인의 조선말뿐이 아니라 승만의 영어도 또한 많은 발전을 하게 되어, 그들이 상대한 지 반년이 지난 뒤엔 승만도, 어지간한 일상생활에 대한 영어 회화에는 군색함을 느끼

지 않을 정도가 되었다.

그리하여 1895년 8월, 승만은 제중원에 나가는 한편 또 배재학당 벙커 교사의 초청을 받아 그곳의 영어 교사로도 취임하게 되었으니, 이것은 실로 그가 배재학당에 입학한 지 꼭 8개월 만이었다.

8개월이라면 얼마 안 되는 동안이지만, 그는 이 동안에 보통 사람이 일생을 걸려서도 깨우칠 수 없고 알 수도 없는 일들을 참으로 많이 깨닫게도 되었고 또 알게도 되었다. 영어 같은 것은 말할 것도 없다. 그는 그동안에 개화당이 그 근본 이상에 있어선 정당한 것도 알게 되었고, 세상에는 유교만이 사는 도리가 아니라 기독교 또한 한 사는 도리임도 알게 되었고, 여러 개화당의 친구들을 통해 정부의 움직임도 그전보다는 똑똑히 알게 되었다.

배재학당에 입학한 뒤로 그가 주로 사귄 친구들은 신긍우의 형제들 외에 이충구, 윤창렬, 이익채 등이었는데, 그들은 늘 개화를 주장하는 열혈 청년들로서, 승만이 그들에게 배운 것은 참으로 많았다.

그들은 정부에 정치적 변동이 있을 때마다 승만에게 그것을 알리고, 자기들의 의견을 말한 뒤에 승만의 동의를 늘 구하는 것이 예사였거니와, 8월 20일 아침 민비의 살해 사건이 있었을 때에도 맨 먼저 그 기별을 승만에게 알리고 비분한 감개를 말하며 찬성을 구한 것도 그들 중의 한 사람인 이충구였다.

"승만 형! 이런 비분한 일이 또 어디 있겠소? 오늘 아침 국모께서 일본 공사 미우라란 놈들의 손에 살해를 당했다니! 우리는 얼굴을 어디로 두르고 다니겠소? 천벌을 받을 무엄한 놈들…… 살해하고는 또 그걸로도 부족해서 어구御軀를 다시 불에 던져 살랐다니! 이놈들의 원수를 갚지 않고 어찌 견디겠소?!"

"아니, 그게 정말이오? 좀 더 자세히 설명해 주시오!"

이 비참한 기별엔 승만도 너무나 놀람과 동시에 이가 갈림을 느끼며 물었다.

"내가 왜 거짓말을 하겠소! 정말이오, 정말이야!"

충구의 말에는 벌써 울음이 섞여 있었다.

"형도 아시다시피, 왜놈들은 이번 청일전쟁엔 이겼으나, 시모노세키조약에서 정한 요동반도의 점유는 러시아, 독일, 프랑스 세 나라의 협박과 간섭으로 취소해 버리지 않았소? 이렇게 제 몸 주체도 못하는 주제에 우리나라에까지 손을 벌리려는 것이 얄밉기도 하려니와, 또 이 틈에 교묘히도 조정에 손을 뻗치기 시작한 러시아 공사에게 정부가 홈빡 반하여서 모든 친일파들을 배척해 오던 것은 형도 잘 아는 일이 아니오? 여기에 악이 바친 왜놈들은 이노우에를 불러가고 미우라란 놈을 보내오더니, 오늘 아침에는 기어이 그 보갚음으로, 대원 대감을 일부러 공덕리에서 모셔 내어, 그분이 보는 앞에서 국모를 살해하여 장작더미 불 속에 던졌다는구려! 아! 분해라! 우리는 왜 이리도 약하오? 형!"

충구는 이렇게 말하며 분을 못 이겨 제 가슴을 제 주먹으로 쿵—하고 쳤다. 두 눈에서는 뜨거운 눈물이 소리 없이 솟아나고 있었다.

그는 다시 말을 이었다.

"국모께선…… 놈들에게 무찔리어 돌아가시며 친위대를 향해 '날

벽 바로 대궐로 쳐들어가서 국모를 죽이게 한 친일파 내각 놈들과 그 흉악한 왜놈들을 모주리 없애고, 상감을 모실 작정이오마는…… 혹시 일이 어찌 될런지 몰라서…… 그래서 사실은 형을 모시고 온 게지만, 형! 만일에 내게 화가 미치는 날이 있으면 내 가족들을 좀 보살펴 주시오. 웬일인지 이 부탁은 꼭 형에게 해 두어야만 할 것 같아 미안을 무릅쓰고 말씀하는 것이오."

충구의 말을 듣고 있던 승만은 그전 언제와 같이 옆에 가서 충구의 손을 붙잡으며

"그게 무슨 말씀이오?"

하고 충구를 나무랐다.

"요전에도 말한 것처럼 형의 하는 일이면 나도 같이할 각오가 있소. 형만 혼자 보내고 낸들 뒤에서 어찌 편안히 앉어 있겠소?"

"그렇지만 이번 일을 맡은 사람들은 이미 다아 결정이 되었고, 다만 내 뒤를 부탁할 친구만이 없소…… 형을 빼고 싶어서 뺀 게 아니라, 그렇게 한 것은 역시 부질없지만 내 우정인 줄 아시오. 형은 6대 독자가 아니오? 그러니 인제 그 값이 될 만한 더 큰일에 몸을 바치시란 말이오…… 그래 형은 내 청을 들어주시려오? 어쩌시려오?"

그러나 여전히 충구의 생각과 말은 어느 한모 빈틈이 없어, 반대할래야 반대할 나위도 없었다.

그래 승만은 드디어

"그렇게 하리다."

하고 그의 청을 승낙하는 수밖에는 별다른 도리가 없었다.

그날 저녁상을 같이하고 두 사람은 그 방을 나왔다. 집을 나올 때에도 충구는 가족들에게 이렇다 하는 부탁 한마디도 없었다. 그들은 나란히 길거리로 나와 아무 말도 없이 묵묵히 악수를 하고 갈렸다.

승만은 그길로 집으로 돌아갔으나 밤내 잠도 오지 않았다. 생각하면 생각할수록 충구야말로 자기보다는 너무나 강하고 의젓한 것만 같아 견딜 수가 없었다.

뜬눈으로 밤을 밝힌 뒤에 이튿날 아침 일찍이 승만은 충구의 그 뒷일이 궁금하여 다시 그의 집에 가 보았다. 그러나 으레이 그때 그 집에 없어야 할 충구가 그의 부름에 직접 나와 주는 데는 승만은 또 한 번 놀라지 않을 수 없었다.

충구는 당황해하는 승만에게 딱한 얼굴로 조용히 설명을 하였다.

"흥! 애석하게도 일은 다 틀렸소! 새벽에 우리들은 틀림없이 대궐문 앞에 가서 신호의 총을 놓았지만, 안에 호응하기로 약조한 놈들이 문을 열어 주어야지! 놈들은 하룻밤 사이에 변절하여 도리어 우리를 향해 탕탕― 총을 놓고 있는 것이 아니오? 참 분하고도 어이가 없소…… 사람들이 이렇게 되어 가다가는 이 나랏일이 어떻게 될려는지…… 일은 벌써 다 글렀소! 인제 오래잖아 포졸들은 우리를 잡으러 올 것이오."

"그럼 어째 도망하지 않고 그러고 계시오?"

승만은 참으로 딱하여 물어보았다.

그러나 충구는

"도망해선 무엇 하게요? 내가 달아나면 같이 일하려든 사람들만

경칠 테니 내가 혼자 총책임을 지겠소."
할 뿐이었다.

아무리 권해도 소용이 없으므로 할 수 없이 승만은 그 집을 나왔다.

그 이튿날 들으니, 충구는 이미 이도철과 같이 체포되고 윤웅렬은 윤치호와 같이 상해로 망명하였다고 했다.

법부대신 장박이 몸소 충구를 고문하니

"이 역적 놈들아, 내가 성공했으면 너희 놈들이 먼저 죽었을 것이다!"
하고 외쳤다는 소식도 들렸다.

그런 기별을 들으면 들을수록, 승만의 이충구에 대한 존경과 흠모의 마음은 점점 더해 가기만 하는 것이었다.

2

그러자 그 뒤의 어떤 날.

승만은 제중원에서 화이팅 부인을 가르치는 일과를 계속하고 있는데, 뜻밖에도 그의 집 하녀 복녀가 울면서 쫓아 들어왔다.

놀라서 일어선 화이팅 부인에겐 거리낌도 없이 그는 승만을 향해 떨리는 울음소리로 말하였다.

"서방님, 큰일 났어요. 아까 윤창렬 씨가 서방님을 집으로 찾아왔는데, 그 뒤를 따라서 순검들이 셋이나 쫓아 들어오며 윤 선생의 손을 붙들어 잡고 '당신이 이승만 씨요?' 허지 않겠어요? 아니라고 하니 윤 선생은 놓아주고 방으로 들어와서 샅샅이 뒤지고 있어요! 마님께선 어떻게 놀래시는지…… 그러니 서방님, 집엔 가시지 말고 어디 숨으세요, 네?"

"그래 윤창렬 씨는 어떻게 되었니?"

승만은 물었다.

"윤 선생은 순검들이 방에 들어온 틈에 도망했어요."

"알았다. 그럼 어서 집에 가서 마님께 잘 알어서 할 테니 내 일은 조금도 걱정 마시라고 해라. 어서 빨리 가거라."

이렇게 당부하여 승만은 복녀를 돌려보냈다. 그러나 진작부터 그런 예감이 전연 안 들었던 것도 아니지만, 돌연히 당하는 일이라 마음속은 어수선하기만 하였다. 충구처럼 일에 관계나 하고 당하는 일이라면 또 모르지만, 전연 사건에는 아무 관련도 없는 사람을 잡겠다는 이 법은 또 무슨 법인가?—그걸 생각하자, 그는 즉시 피신할 것을 결정하고 화이팅 부인과 애비슨에게 그 사정을 말한 후에 그를 잠깐 동안 어디로 피신시켜 달라고 청탁하였다.

그래 그는 애비슨의 부탁도 있고 하여 바로 그 자리에서 상투머리를 잘라 버리고, 길 떠날 준비를 하였다. 바로 며칠 전에 단발령이 내려 있던 때인 만큼 머리를 길러 두면 혹 정부의 눈엣가시가 되지 않을까를 염려한 때문이었지만, 사실인즉 진작부터 승만은 그 거추장스런 상투만은 깎으려고 마음은 먹고도 하루 이틀 미루어만 오던 판인지라, 차라리 이 기회에 깨끗이 깎아버리는 것이 오히려 속 시원하였다.

모든 준비는 밤 동안에 다 되었다. 이튿날 이른 새벽, 그는 화이팅 부인의 수고를 빌려 머리에 붕대를 감은 여자 환자로 가장하고, 가마에 몸을 실은 뒤에 남문 밖을 나와 양화진으로 갔다. 양화진에는 화이팅 부인의 친구요, 또 승만과도 알음이 있는 지컵슨 부인이 혼자서 살며 조선말 공부를 하고 있었으므로 거기에 잠깐 몸을 감출 생각이었던 것이다.

양화진에 당도하여 지컵슨 부인을 만나니, 그는 마음으로부터 반가이 승만을 맞아 주었다. 그러나 서울에서 별로 멀지 않은 이곳 역시 안심하고 숨어 있을 처소는 될 수 없는 것 같았다. 그래 그는 여기서 꼭 하루를 지낸 뒤에 다시 이곳을 떠나서 황해도 평산에 있는 누님 집을 찾아갔다. 4백여 리가 넘는 길을 단 혼자서, 늘 사람의 눈을 피해 걸어갔던 것이다.

평산의 누님 집에 숨어서 그는 꼬박 석 달을 지내었다.

그러자 그 뒤의 어느 날, 서울의 화이팅 부인은 이곳까지 일부러 사람을 보내 새로운 소식을 전해 왔다.

"이충구 씨는 사형을 면하게 되어 서북의 섬으로 귀양살이를 가게 되었고, 이도철 씨가 사형을 당한 외엔 딴 사람들에겐 별다른 화는 없을 듯하니 그만 상경하라."

는 부탁이었다.

정말로 그럴까—염려되는 바도 없지 않았으나, 승만은 우선 화이팅 부인의 부탁대로 상경해 보았다.

그러나 그가 상경한 뒤 오래잖아, 그의 염려와는 달리 정국은 또 한 번 바뀌었다.

고종께서 궁궐을 나와 잠시 미국 공사관에 계시다가 다시 러시아 공사관으로 옮기게 되자, 곧 '국모를 살해케 한 원수들을 잡아 죽이라'는 공포를 하였으니, 이 통에 장안은 또 한 번 벌컥 뒤집혀, 유길준, 장박, 박영효 등은 다시 일본으로 도망가고, 김홍집은 체포되어 맞아 죽고, 잠깐 동안 서북의 섬으로 귀양살이를 가 있던 이충구는 다시 불리어 서울의 경무사警務使가 되었다.

제5장 서재필 박사의 귀국과 협성회

1

1896년 가을, 서재필 박사가 정부의 초청을 받아 미국에서 돌아왔다. 아시다시피 그는 1884년의 갑신정변 뒤에 일본에 망명해 있다가 뒤에 미국으로 갔었는데, 그곳에서 온갖 고난을 겪으면서 워싱턴대학 의학부를 졸업하고 신풍조의 세련을 쌓은 후, 고국을 떠난 지 12년 만에 갑오경장으로 성립된 유신당 내각의 위촉을 받아 정부의 고문 격으로 돌아왔던 것이다.

그가 조선에 머물기로 정부와 약조한 기한은 10년 동안이었고, 또 그는 그때 이미 미국 시민의 자격으로 미국인 부인까지 동반하고 왔다. 물론 갑신정변 뒤에 그의 가족들은 외가와 처가까지도 모조리 처형을 당해 버리고, 이제는 이미 그의 가까운 일가친척이라고는 서울에 한 사람도 남지 않은 때였다.

그야 하여튼, 서 박사는 한동안 장안의 명물이 되었다. 그가 '실크해트'에 '모닝'을 바로 입고, 그의 색다른 부인과 같이 길거리를 걸어다닐 때는 늘 몇십 명씩의 구경꾼이 그 뒤를 졸래졸래 따라다닐 정도로 그는 유명하였던 것이다.

그가 귀국하여 오래지 않아, 배재학당에서는 그를 초빙해 강연회를 열었다. 그는 그때에도 역시 실크해트에 모닝을 차리고 강단에 올랐는데, 태반은 구경하러 온 사람들로서 좁은 강당은 미어질 듯하였다.

승만은 정각보다 한 시간이나 전부터 강당의 맨 앞줄에 앉아서 그를 기다렸고, 그가 등단하자 또 그의 일거일동을 주시했으며 말하는 한 마디 한 마디를 주의해 들었다. 그가 그리한 것은 물론 다른 사람들처럼 호기심에 이끌린 점도 전연 없진 않았지만, 그보다도 더 중요한 것은 웬일인지 이 '서재필 박사'를 똑바로 알지 않고는 한시도 견딜 수 없을 것 같은 그의 마음속의 불안 때문이었다.

그는 그때까지 들어만 온 소문으로서는 서 박사를 못마땅하게도 알았고 또 한편으론 의심스럽기까지도 하였으니, '왜 조선 사람으로서 떳떳이 돌아오지 못하고 미국 사람이 되어 미국 여자를 데불고 괴상한 차림새로 돌아와야만 하느냐' 하는 것이 그에 대한 불만이었고, 또 '저와 같이 고국에서 삼족을 멸하는 중벌을 받고 미국인으로서 돌아온 사람이 참으로 마음으로부터 조국을 사랑한다면 얼마나 사랑할 수 있을까? 여간 건실한 마음이 아니면 그건 어려운 일일 것이다' 하는 것이 그를 똑바로 알아보지 않고는 견딜 수 없는 의문이요 또 불안이었다.

이런 것을 생각하며, 12년 만에 돌아와 그의 앞에서 연설을 하고 있는 서 박사를 보고 있자니, 승만은 자꾸만 눈시울이 더워져서 견딜 수가 없었다.

그러나 승만의 의심과 염려는 한낱 쓰잘 데 없는 관심에 지나지 않았음을 드디어 그는 알았다. 아무리 고국에서 돌을 맞으며 쫓기어 나도, 또 삼족이 씨가 없이 무찔림을 당해도, 그 뒤 오랜만에 한 외국인이 되어 돌아온다 하여도, 조국이란 역시 잊을 수 없는 것이며, 사랑하지 않고는 견딜 수 없는 것임을 승만은 서 박사를 통해서 똑똑히 알 수가 있었다.

"여러분! 여러 가지 파란곡절 끝에 다시 내 나라에 돌아오니 뭐라고 했으면 좋을지 말문이 막히오……"

서 박사는 먼저 이렇게 말하고 한참 동안 감격을 견딜 수 없는 듯이 말을 계속하지 못했다. 그의 음성과 두 손은 떨리고, 안경을 쓴 눈에서는 눈물방울의 흔적이 역력히 빛났다.

이것을 보고 듣는 순간, 승만의 가슴속도 찌르르하여지며, 문득 자기도 울어 버릴 것만 같아 고개를 숙였다. '역시 제 나라를 버릴 수 없는 것은 그 나라 사람된 자의 필연이로구나. 그렇지 않고서야 서 박사의 눈에 어리는 저 뜨거운 것은 무엇인가?' 그렇게 생각하자 승만은 이때까지 자기가 서 박사를 의심하려던 것이 뉘우쳐지며, 그에 대한 신뢰감으로 가슴속이 그득하여짐을 느끼었다.

서 박사는 다시 말을 계속하여, 조선의 아직도 깨이지 못했음을 말하고, 미국의 민주주의와 국회 제도에 대해 자세한 설명을 하였다.

"미국에서는 인민의 권리라는 것을 대단히 존중합니다. 각 도 각 고을에서 백성들이 각기 자기들 마음에 맞는 훌륭한 인물을 선거해서 정부에 보내면, 정부에서는 이들로서 국회를 조직하고, 그들이 정하는 대로 온갖 정치를 운영하게 됩니다. 법도 그렇게 해서 정합니다. 그러니 미국에서는 정부가 하는 일에 대해 백성이 불평을 갖는 일이 없습니다. 그건 왜냐하면 국회는, 즉 그들이 뽑아 보낸 사람들이 모인 곳이니까요."

서 박사의 이 이야기는 적지 않게 젊은 청년들을 감동시켰다. 그렇잖아도 그들은 정부의 전제專制에 대해 많은 불평을 품어 오던 판이었다. '백성이 마음대로 뽑아 보낸 사람들이 정치를 움직이는 세상이 된다면 전제가 없어질 뿐만 아니라 온갖 타락과 무력無力은 저절로 없어지고 참으로 나라를 좋게 하여 보려는 열정과 힘도 자연히 생길 것이다' 이러한 생각이 들자, 그 이야기를 듣는 젊은 청년들은 누구나 미국을 부러워했고, 또 서 박사를 통해 미국을 좀 더 자세히 알고 싶어 했고, 되도록이면 조선도 그렇게 만들어 보고 싶어 했다.

그리하여 그 뒤에도 서 박사의 강연이 있을 때마다 청중의 수효는 점점 더하여 갔고, 그를 흠모하여 그에게서 배우고자 하는 사람들은 마침내 그를 모시고서 좀 더 자세히 배우자는 의견까지 내게 되어, 그 결과 서 박사의 승낙을 얻어 생긴 것이 협성회라는 모임이었다.

2

협성회에서는 한 주일에 두 번씩 서 박사를 모시고 강연을 들었는데, 차츰 자리엔 정부의 고관들도 많이 참석하여 듣게 되었다.

배재학당 패로서 당시에 서 박사의 협성회에 관계한 것은 승만 외에 유영석, 민찬호, 서영석, 신흥우, 이완용의 아들 이승구 등이었는데, 서 박사는 별 강연할 것이 없을 때는 이들 청년들을 시켜 토론회를 열기도 하였다.

가령 그 제목은 '민주주의와 전제주의'이기도 하였고, 또 '남자와 여자'이기도 하였는데, 제목엔 반드시 상대적인 두 개념을 내걸어, 그걸 가지고 둘로 패를 갈라 서로 반대편을 논박하고 자기편이 옳다고 주장하게 하였다. 그 결과 그들은 상당히 변론술이 발전되었다.

이러한 어느 날.

서 박사는 그들의 토론 도중에 문득 생각난 듯이 그들에게 박수하는 법을 가르쳤다.

"여러분은 아직 모르겠지만 미국에서는 남이 연설할 때 잘하면 손바닥을 마주 때려 박수라는 것을 하는 법이오. 여러분도 잘한다고 생각되거든 그렇게 해 보시오."

그러나 이때 승만에게는 '아무리 미국이 좋다 하여도 이런 것까지는 흉내 낼 필요가 없지 않은가?' 하는 생각이 문득 들어, 또 한 번 서 박사를 고쳐 보면서 청중을 향해

"자, 그럼 우리 박수합시다!"

하고 큰 소리를 내어 버렸다. 그처럼 그는 무슨 일에 열중하면 열중할수록 모든 형식적인 것을 미워하는 성미였던 것이다.

그러나 서 박사는 역시 실크해트와 모닝에 안경까지를 갖추고 큰 거리를 활보할 수 있는 한 사람의 형식주의자이기도 하였다. 그는 승만의 소리를 듣자 곧

"좋으면 혼자서나 박수하지 남까지 똑같이 하자고 권할 것은 뭐야?"

하고 호통을 하였다.

그러자 온 강당 안은 한바탕 웃음판이 되고 말았지만, 이 언뜻 보기엔 사소한 듯한 일은 이 두 사람의 성격 차이를 우리에게 여실히 보여 주는 것이 있어 참으로 재미가 있다. 아닌 게 아니라 이 두 사람의 그 뒤의 생애는 '손뼉을 칠 수 있는 사람'과 또 '손뼉을 칠 수 없는 사람' 사이와 같은 차이가 없지도 않았기 때문이다.

이와 같이 서 박사는 협성회를 통해 젊은이들의 계몽에 힘쓰는 한편으론 또 독립신보라는 제호로 영어와 조선말 두 가지로 주간신문까지도 발간하여 일반을 깨우치기에 전력을 다하였다.

제6장 '협성', '매일'지의 청년 주필

1

한편 협성회의 젊은 패들도 오래잖아 협성회보라는 주보를 따로 하나 내게 되었다. 물론 이것은 서 박사의 독립신보를 보고 신문의 성능이 대강 짐작되자 '우리도 신문을 하나 가지자'는 의견이 돌아, 앞뒤를 생각해 볼 겨를도 없이 곧 착수한 것이었으나, 여러 가지 기술이 부족하였음에도 불구하고 그들의 대담한 논설은 오히려 일반의 흥미를 끌어, 예상보다도 신문은 많이 나갔다. 승만이 주필이 되어, 유영석 등 협성회의 몇 사람과 같이 처음엔 등사판으로 박아 냈었으나, 나중에는 몇몇 미국 공사관 사람들의 후원을 얻어 마침내 활판으로 찍기까지에 이르렀다.

승만은 이 협성회보의 지면을 이용하여 정부의 부패한 관리들을 정면으로 공격하는 한편, 국민을 위한 민권 정치를 시행할 것과 국가의 독립을 보전하는 데에는 국민이 총궐기해야 할 것을 늘 기사로 보도도 하고 또 논설로 주창도 하였다.

"간신배가 작당하여 옹폐 총명壅蔽聰明한다."

"국민의 복리를 위한 입법을 새로이 하라!"

"독립을 보존하기 위해서는 동포들은 모두 다 일어나야 한다."

—이러한 것들은 그가 늘 즐겨서 신문에 붙인 제목들이었다.

그러나 이미 부패한 정부는 부패했기 때문에 더욱이 이러한 불만과 요구를 그대로 두지는 않았다. 정부 내의 간신배들은 드디어 협성회보를 정부 반대파라고 왕에게 고자질하여, 왕은 미국 공사 알렌을 통해 '신문의 즉시 폐간'을 명령해 왔다.

어느 날 미국 공사관에서 알렌이 기다린다 하여 승만이 가 보니, 그곳엔 알렌과 아펜젤러 두 사람이 나란히 앉아 이 신문 폐간 명령까지의 전후 사실을 자세히 알려주며

"섭섭한 일이지만 할 수 없는 일이오. 오늘부터 신문은 박지 말아주시오."

하였다.

"폐간이라니 안 될 말이오!"

승만은 즉석에서 반대하였다.

"우리를 정부 반대당으로 몰다니? 공정한 여론을 전개하는 우리를 그렇게 몰고, 타락한 관료배들의 말을 언제까지나 그대로 믿어간다면 이 나랏일은 대체 어떻게 되겠소? 더 뚜렷한 이유를 내세우

제7장 독립협회

1

한편 배재학당에서 서 박사를 중심으로 모이던 '협성회'는 '독립협회'로 이름을 고쳐서 새출발을 하게 되었다. 물론 그들이 이렇게 새출발을 한 데에는 당시의 정치 활동의 긴박성에 비추어 좀 더 모임의 확장을 꾀한 때문이 아니었던 것도 아니지만, 그보다도 더 직접적인 원인은 정부에서 서 박사가 배재학당에서 강연하는 걸 금지한 때문이었다. 위에서도 말한 것처럼 서 박사의 강연회엔 정부의 관료들이 언제나 많이 참석해 있었는데, 그들이 왕에게 가서 뭐라고 보고를 하였는지, 뜻밖에도 왕은 알렌 공사를 통해 이것마저 중지할 것을 명령해 왔던 것이다.

그리하여 이에 불만을 품은 협성회원들은 '그럼 딴 데로 나가서라도 하자'는 데 의견이 일치해서 백방으로 옮겨 갈 곳을 물색하던 끝에, 드디어 발견해 낸 것이 서대문 밖 모화관慕華館이었던 것이다. 모화관은 아시다시피 병자호란 이후 청국의 사신을 영접하고 그들의 사나운 비위에 아첨하기 위하여 지은 집으로서, 협성회 사람들은 이 집에 들게 되자 그 비겁한 이름을 없애 버리고자 머리를 기울인 끝에 생각해 낸 것이 바로 '독립관'이었으며, 또 '독립협회'였던 것이다.

"이 더러운 이름을 가진 집은 인제부터 독립관이라 하고, 우리의 모임도 그렇게 고쳐 독립협회라고 합시다."

"그럽시다."

곧 그들은 거기 협회의 간판을 써 붙이는 한편, 그 옆에 있는 영은문迎恩門을 헐어 버리고 그 자리에 새로 독립문獨立門까지 세웠다.

이 무렵의 독립협회의 중심 인물들은 이상재, 남궁억, 윤치호, 정교 등으로서, 그들의 애국열과 혁명 의욕은 참으로 물불을 헤아릴 줄 몰랐으니, 서 박사의 주창으로 '사자동맹死字同盟'을 맺어 죽음을 내걸고 외세에 항거하며 그들의 포부를 실천하기로 각오를 세우던 것도 이때의 일이요, '동해물과 백두산이 마르고 닳도록'—하는 저 우리들의 〈애국가〉가 윤치호의 손으로 쓰여진 것도 모두 이때의 일이었다.

독립협회에서는 마침내 정부의 자문기관으로서 중추원을 세우라는 요청을, 정부에 정식으로 하게 되었다. 직접으로 정부의 고문이 되어서 그들의 그릇된 점을 간하는 기관으로서 이것을 세우고, 협회원들이 여기 전부 참가하여 정부를 개조케 하고, 국운을 바로잡으려는 속심이었던 것이니, 말하자면 서재필 박사가 늘 말하던 미국의 국회와 같은 것을 이 나라에도 한번 세워 보자 함이었다.

그러나 이 요청은 헛되어 거절당했을 뿐만 아니라 오히려 왕의 노염을 사서, 서 박사를 다시 미국으로 돌려보내는 나쁜 결과를 가져오고 말았다. 왕은 그렇잖아도 가뜩이나 미국식 민주주의의 세력이 늘어가는 걸 걱정하고 있던 판인데, 거기다가 수구파의 간신배들은 있는 소리 없는 소리 왕에게 일러바치고, 심지어는 서 박사가 안경 쓰는 것까지를 '목무군부目無君父'니 '불경不敬'이라 몰아, 고종은 그들의 책략에 고스란히 넘어가서 또다시 알렌 공사를 불러 "서재필을 미국으로 데려가게 하라"고 분부하였던 것이다.

그래서 1898년, 서 박사는 고국에 돌아온 지 3년 만에 다시 아메리카로 떠나지 않을 수 없는 몸이 되었다. 그는 아메리카로 돌아갈 때에, "처음 약조는 10년 동안이었으니 10년 치의 월급을 내지 않으면 물러가지 않겠다"고 고집하여 기어이 그것을 받아 가지고 갔다. 오, 그는 조국을 사랑한 만큼 또 얼마나 원망했을 것인가—승만은 그것을 생각하니 차마 울 수도 없는 심경이었다.

서 박사가 떠난 뒤, 후임 회장과 독립신문 사장에는 윤치호가 취임하였으나 그는 본래 모험심이 적고 약은 사람이라, 협회의 통솔은 그전처럼 잘되지 않았고, 일반 사회에서도 협회를 점점 남의 집 일 같이 보기 시작하였다. 거기다가 또 정부는 이 기회에 독립당의 세력을 아조 꺾어 버리려고 부상배負商輩의 두목 길영수란 자를 시켜 팔도의 등짐장수를 모이게 하여 일진회와 보안회를 만들게 하고, 갑오년에 김옥균을 암살한 홍종우에게는 또 따로 황국협회라는 것을 조직게 하여 정면으로 독립협회와 대립게 하였으니, 독립당의 위기는 참으로 이때부터 비롯하였던 것이다.

2

이와 같이 독립당을 박해할 계획이 은연중에 진행되고 있던 어느 날 오후.

승만이 배재학당에서 맡은 교수를 끝마치고 독립신문사엘 들르니, 사장 윤치호는 무슨 큰 걱정이 있는 듯 파랗게 질린 얼굴로

"이거 아무래도 큰 야단 날 것 같소."

하고 승만이 자리에 앉기도 전에 말하였다.

"상감께서 나보고 궐내로 들어오라고 하시는데, 아무래도 무슨 일이 있고 말려나 보오."

"일이야 무슨 큰 별일이 있을라구요. 하여간 부르신다면 빨리 들어가나 보시구려."

승만은 이렇게 그를 달랜 뒤에 같이 밖으로 나와, 해 어스름 때 신문사에서 다시 만나기로 약속하고 헤어졌다.

승만이 해 어스름 때 다시 신문사엘 가니, 윤은 벌써 대궐을 다녀나와 있었는데, 그의 말을 들으면, 대궐에 들어가니 상감께선 뜻밖에도 다짜고짜로 "너 어제저녁 어디서 잤니?" 하고 묻더라는 것이다.

이 갇혀 있다는 경무청—그 앞에 당도하자, 승만은 자기 자신의 몸에 위험이 미칠 것까지도 잊어버리고 길거리의 군중과 지나는 행인들을 향하여 부르짖었다. 이러한 가두연설은 그에겐 이미 많은 경험이 있는 터였다.

"여러분! 지금 이 경무청 안에는 우리들 독립협회의 동지들이 갇히어 있습니다. 침략해 들어오는 외국 세력을 방지하고, 경상도의 한쪽이 러시아의 손아귀에 들어가려 할 때에 도루 찾어낸, 우리들 독립협회원들의 공적과 사업은 여러분이 잘 아시지 않습니까? 우리는 이 자리에서 바로 만민공동회를 다시 열어, 대표를 뽑아서 경무청에 교섭하고, 우리 동지들을 한시바삐 빼내어 기울어져 가는 내 나라의 운명을 건지도록 합시다!"

그의 성의와 힘을 다해 외치는 소리에 지나던 군중들은 한 사람 한 사람씩 모여들어, 드디어 경무청 앞은 문자 그대로 인산인해를 이루었다.

이렇게 만민공동회는 또 한 번 열린 것이었다.

제8장 만민공동회의 영도자

1

마침내 군중은 승만에게 동의하여 그를 만민공동회의 대표자로 선정하고, 체포된 독립협회원의 석방을 정식으로 경무사에게 요구할 것을 그에게 부탁하였다.

그리하여 승만은 공동회의 대표로서 경무사 김정근에게 면회를 청해 그를 만났다. 그는 승만이 들어가자 그의 옆에 놓아두었던 군도를 집어 들었으나 승만에겐 그런 것은 눈에 보이지도 않았다.

"황명皇命이 어제 같은데 이 무슨 일이오? 독립협회원들을 어서 빨리 놓아주고, 그들에게 독립운동을 추진케 하시오!"

하고 그는 큰 소리로 요구할 것만을 요구하였다.

그러나 김정근은 "빨리 해산하라"는 말을 할 뿐으로 요구 조건에는 대답도 하지 않는지라, 승만은 다시 밖으로 나와 그 경과를 알리고 다시 군중을 지도하여 경무청에 갇힌 17인의 동지들이 아조 놓여 나올 때까지는 공동회를 언제까지나 계속하기로 하였다. 한번 정의감에 감동된 군중이란 그 감정이 사라지지 않는 동안만은 참으로 무서운 것이다. 자진하여 생사를 같이할 것을 맹서하는 청년들의 수효를 헤일 수 없을 정도로 공동회의 결속은 점점 굳어만 갔다.

그날 저녁 경무청에 갇혔던 17인의 동지는 평리원(지금의 고등법원)으로 옮기어 갔다. 그러자, 승만은 다시 군중을 이끌고 평리원 앞으로 몰려가서 그곳에 모닥불을 피우고 밤을 밝혀 가며 외치고 또 외쳤다. 군중의 수는 밤이 되자 점점 더하여 정말로 이 공동회를 지키려는 사람뿐이 아니라 나중엔 거지 부랑배까지도 있는 대로 다 모여 참으로 수만 명이 되었다.

승만의 연설에 감동하여 울면서 나와서 금가락지 은비녀 같은 것을 비용에 보태 쓰라고 내놓고 가는 부인네도 있었고, 어떤 이는 일부러 달걀을 초에 타 가지고 와서 "목쉬는데 이걸 잡숫고 말씀하세요" 하며 권하는 이도 있었다. 배가 고파 요기를 하러 종각 거리 국밥집 같은 델 가면, "공동회 양반입죠? 많이 잡숫고 나랏일 좀 잘되게 하여 줍쇼" 하며 음식값은 아무리 주어도 굳이 받지를 않았다. 승만은 그런 그들을 대할 때마다 뼈가 부서지는 한이 있더라도 그들에게 보답할 각오를 또 한 번 새로이 하지 않을 수 없는 것이었다—이렇게 공동회는 밤낮을 가리지 않고 여러 날이 계속되었다.

그러자, 정부에서는 이 공동회를 그대로 내버려 둘 수만은 없다고 느끼었던지, 어느 날 새벽 한 떼의 무장 군대를 보내, 북을 울리면서 군중의 틈을 헤치고 행진하게 하였다. 이때는 마침 새벽이요 또 가을바람이 수월찮이 싸늘하여 군중의 수효가 가장 적은 때였다. 그래 '무장 군대의 시위에 군중이 헤어지면 어떻게 하나?' 염려한 승만은 그들을 이런 때 결속시키기 위해서는 스스로 용기를 보여야 할 것을 깨닫고, 무장 군대가 군중 사이를 헤치고 들어오자, 맨 앞에서 가는 자의 메고 가는 북을 발길로 힘껏 걷어차며

"이놈들 애국자들에게 이게 무슨 모욕이냐?"

하고 고함을 쳤다. 이 서슬에 가을 새벽 공기로 마음이 헷갈리기 쉽던 군중은 다시 기운을 얻어 사방에서 고함을 치며 단결을 새로이 하였고, 군대는 그냥 헛되이 지나가 버렸다.

이러한 공동회인지라 경향 각지는 이 때문에 떠들썩하였고, 정부도 마침내는 그 태도를 고치지 않을 수 없었다. 왕은 드디어 정식 칙사로 민영환을 공동회장에 보내, 종로의 한구석에 차일을 치고 단壇을 모으게 한 다음, 왕의 조서를 공포하게 하였다.

"짐은 공동회중共同會衆이 원하는 대로 해 줄 테니 빨리 해산하고 물러가서 진정하고 있으라."

조서의 내용은 대강 이러하였다.

그러나 승만은 여기에서 굴하지 않고,

"체포한 독립회원들을 지금 바로 내어놓고, 그들을 잡게 한 간신배들을 곧 쫓아내라."

하고 강렬히 주장하였다.

그 결과로 민영환은 다시 왕에게 교섭을 갔다 왔는데, 드디어 승만이 요구한 것의 전반만은 왕의 승낙을 얻어, 그날 밤으로 17인의 독립협회 동지들은 모조리 놓여나오게 되었다.

그들이 놓여나와서 공동회장에 나타나 그동안 지낸 감상과 앞으로 독립협회의 나아갈 길에 대해 연설을 하자, 모여 있던 수만 군중은 박수갈채를 하고 그중에는 흥분된 감정을 이기지 못하여 소리 내어 우는 사람, 울음 섞인 소리로 뜻 모를 고함을 치는 사람도 적지 않았다.

민영환은 다시 두 번째의 조칙을 받들고 단에 올라서 다음과 같이 그것을 읽었다.

"짐이 특별은사령으로써 17인의 독립당원을 석방하는 바이니 인제는 물러가서 안돈하고 기다리면 모든 정치를 다 개량 발전시키겠노라."

하는 말씀이었다.

그러나 이번에는 군중이 저절로 얽히어서 물러나질 않았다. 한번 그들의 주장이 무사히 통과되는 승리감을 맛본 그들은, 이 마당에 이르러서도 오히려 물러나려 하지 않았다.

"정부를 숙청하고 간신배들을 몰아내어 유신 정책을 진행시키라! 그렇지 않으면 우리는 물러나지 않는다!"

고 입입이 외치며, 다시 공동회를 발전시켜 이번에는 왕이 계시는 러시아 공사관의 대한문 앞으로 물밀듯이 몰려갔다.

일이 이렇게까지 발전되니, 유명한 정치가와 귀족 부호들 중에서도 그들을 자진하여 돕겠다는 이들이 많이 생겨, 김가진 씨와 판서 김종한을 비롯하여 임오군란 때에 민비를 구해 냈던 고영근 등이 있는 힘을 다하였고, 일본에 망명해 있던 패로서 황흥, 이규완 등이 같이 합류해 볼 양으로 돈을 대기 시작한 것도 이때부터였다.

2

당황한 것은 참으로 고종 황제였다. 그러나 이때는 각국의 외세와 이목이 무서웁던 때인지라, 무력으로 이들을 진압할 수는 없어, 머리를 기울여 겨우 생각해 낸 것이 길영수의 부상배와 홍종우의 황국협회원들을 동원시켜서, 이들—만민공동회의 군중을 공격하는 일이었다.

그리하여 시내에서는 여기저기서 독립당과 그들 사이에 싸움이 벌어져, 김덕구라는 청년이 청파골에서 부상배에게 맞아 죽기까지 하였다.

이에 독립협회에서는 정부에 시위를 하기 위하여 일부러 대한문 앞에서 그의 장례식을 굉장히 지내고, 공동회의 군중으로 하여금 한층 더 기세를 올리게 하였다.

그러자, 벌써 왕명을 받은 팔도의 부상배 수만 명은 이때 바야흐로 대한문으로— 대한문으로— 모여들기 시작하였다. 집도 절도 없이 바람 따라 구을러다니며 등짐장사로 생애를 단련해 온 무지한 그

그러나 일이 이렇게까지 되자, 각국 공사들은 공론을 하고 고종 황제의 잘못이라고 힐난을 하였다.

그리하여 그 대책으로서 시행된 것이 대한문 앞에서의 조서 발포였다. 왕은 마침내 독립협회 대표와, 길영수, 홍종우 들과, 각국 공사를 대한문 앞에 모으고

"너희들이 만족할 만한 새 법령을 곧 세우겠다. 여기 있는 각국 공사들이 그 증인이니 염려 말고 해산하라."

고 선포하는 데까지에 이르렀던 것이다.

그 결과로 오래잖아, 서 박사가 있을 때 독립협회에서 요구한 중추원中樞院이 서게 되었다.

제9장 중추원과 격문 사건

서 박사를 미국으로 다시 쫓아 보낸 직접의 원인이 되었던 중추원은, 늦게야 인제사 한 무마책으로 설립을 보기는 하였으나, 그것은 어디까지나 한때의 무마책에서 나온 것인 만치, 독립협회에서 애초에 요구한 바와 같은—정말 민중의 의견을 대표하는 기관으로서 그들의 의견을 채택하기 위해서라고 하기보다는, 오히려 그들에게 의관議官이라는 허울 좋은 감투를 주어, 슬그머니 달래어 보려는 정부의 얕은 속심에서 세워진 것임에 틀림없었다. 그러므로 의장엔 일부러 참판 이종건과 같은 독립협회의 정신과는 너무나 거리가 먼 사람을 임명해 앉히었고, 소장 의원들의 열렬한 주장은 한 번도 채택을 보지 못했을 뿐만 아니라 늘 위로부터 억누르기만 하게 되었다.

이러한 중추원인지라, 승만의 왕성한 민주주의 사상이 여기에 만족할 리가 없었다. 그는 중추원에 얼마 동안 나다니는 동안, 그 진부한 관복이라는 것은 한 번도 입어 본 일이 없이 늘 두루마기에 커다란 지팡이 하나만을 끌고 다니며, 여전히 부패한 정부의 쇄신을 부르짖고, 그들을 공격하기에 여념이 없었다. 여러 차례 민영환 등으로부터 "근신하라"는 명령도 받았으나, 그는 그런 말은 들은 체도 아니하였다.

그리하여 그는 드디어 이들의 형식주의에 분격한 나머지,

"중추원을 둘 테거든 지금 있는 것과 같은 고루한 완고파를 웃대가리에 앉히고 억누르려 할 것이 아니라, 차라리 일본에 망명해 있는 박영효 씨라도 데려다가 앉히라!"

고 주장하는 데까지에 이르렀다. 그때의 형편이 이 '박영효'라면 그를 싫어하는 사람이건 좋아하는 사람이건 유신의 거물로서는 일반이 인정할 만큼 유명하였기 때문이다.

그러나 그의 이 엉뚱한 주장은 정부의 큰 반감을 샀을 뿐만 아니라 마침내는 왕의 귀에까지 들어가, 그의 비위까지 거슬리어 놓았다. 민비의 참변이 있은 뒤로, 왕은 일본에 망명한 정치가라면 덮어놓고 원수처럼 생각하는 감정에 사로잡혀 있는 까닭이었다.

"이승만은 참으로 맹랑한 놈이다."

왕은 기회가 있을 때마다 그의 심복 신하들에게 중얼거리며, 어떻게 해서라도 그를 체포해 들이고자 하였다. 그러나 그에게 뚜렷한 죄가 없는 이상, 외국 공사관들의 안목 때문에도 그렇게 맘대로는 할 수가 없는 일이었다.

이와 같이 정부가 승만에게 단단히 눈독을 올리고 있는 반면에, 승만은 이런 소문에는 조금도 구속을 받지 않고 여전히 그의 할 일만 계속하였다.

'기울어져 가는 나라를 바로잡기 위해서는 현 정부 기구를 완전히 뜯어고쳐야 한다. 어리무던한 중추원 따위에 만족해서는 아무것도 안 된다.'

이렇게 생각한 그는, 이 일을 구체적으로 추진시키기 위해 이규완, 황홍, 김덕기, 박용만, 정순만 등의 소위 진고개파와도 연락하여 유신파의 대동단결을 꾀하는 한편, 오래잖아서는 드디어 그 실천에 착수하여, 황위를 황태자에게 넘기게 함으로써 대개혁 운동을 일으킬 방침을 세우고, 그때에 설립되어 있던 청년회의 이름으로 '황제는 나이가 많으시니 황태자에게 자리를 옮기셔야 한다'는 뜻의 격문을 박아 서울 장안에 골고루 뿌리게 하였다.

그러나 그에게는 방대한 계획의 한 서곡일 따름이었던 이 격문 사건이 뜻밖에도 그의 일생에 일대 변환을 가져오는 결과가 되고 말았다.

어느 날 오후, 진고개에서 돌아오는 길에 그는 돌연히 수십 명의 별순검에게 체포되어, 꼼짝달싹도 못하고 경무청 평리원을 거쳐, 서소문의 감옥 속에 갇혀 버리고 말았던 것이다. 1899년, 광무 3년 정월이었다.

제10장 탈옥과 재투옥

감옥이라야 그것은 기다란 담벽과 큰 목제의 대문으로 둘러싸여 있을 뿐 그저 긴 줄행랑 같은 목조건물에 연달아서 감방이 마련되어 있을 뿐이었다.

그 여러 감방 중에 특별 감방이라 하여 온돌방이 하나 바로 대문 곁에 마련되어 있었는데, 여기엔 일테면 비교적 점잖다는 죄인만을 수용하는 곳으로서, 승만은 입옥하자 바로 이 온돌방을 쓰는 혜택을 받게 되었다.

뿐만 아니라 그가 감금당하자 각국 선교사와 공영사들이 모조리 일어나서 그를 변호하는 한편, 경무청 미국인 고문관 설필림薛必林(본명은 스트리플링) 씨에게는 미국 공사가 따로 편지를 내어서 그의 신변 보호를 부탁하여, 날마다 그에게 간수들이 하는 짓을 감시하게 했기 때문에, 그는 비록 감옥에는 있을망정 아무도 그에게는 손가락 하나 대 볼 수 없었다.

그 온돌방에는 승만이 들어가기 전부터 서상대란 사람이 들어 있었는데, 그는 간성이란 고을의 군수를 지낸 사람으로서, 유신 명사 박영효와도 가까운 사람이었다. 승만은 한동안 이 사람과 단둘이서 고독하고 암울한 날을 보내다가, 어느 날은 뜻밖에 최정식이라는 사람이 한 감옥 속에 들어 있음을 알게 되자 설필림에게 부탁하여 그까지 불러내어 셋이서 같이 한방에 있게 되었다. 최정식이라면 이미 위에서도 보이는 바와 같이 승만과 같이 한동안 매일신문의 기자를 하던 사람으로서, 그 뒤 그는 어느 모임에서 연설을 하다가 황제를 모욕했다 하여 불경죄로 몰려서 붙잡힌 터로, 사죄死罪에 해당하는 중죄수가 되어 있었다.

그러나 최는 목숨이 경각에 달려 있는 이 마당에 와서도 조끔도 그의 한 몸을 걱정하는 일이 없이 늘 명랑하게 웃고 지내었다. 그는 흔히 〈백구타령〉을 잘하는 솜씨로서, 울적한 밤에는 늘 목청을 가다듬고

"백구야 훨훨 날지를 마라. 너를 잡을 내 아니다. 성상이 버리시니 너를 좇아 예 왔노라."

하고 한 가락 뽑아, 승만과 서상대를 위로해 주기가 예사였다.

승만에게는 그러나 최정식과 같이 모든 것을 단념하고 안심해 버릴 수 없는 초조가 있어, 날이 갈수록 가슴속은 바작바작 달아오르기만 하였다.

밖에서 들어오는 소문은 "각국 공사들이 맹렬히 석방 운동을 하고 있으니 인제 곧 놓여 나갈 수 있으리라" 하였다. 그러나 이러한 소문만이 날아들어 오는 속에서 하루 이틀 감금의 날만이 거듭해 가니 속은 한층 더 조급하기만 한 것이었다.

'독립협회는 어찌 되었을까? 아조 없어지지 않었을까? 정부는 협회를 없애기 위하여 나를 움직이지 못하게 잡어 가둔 것이다.'

이렇게 생각하니 그는 한시반시도 더 감옥 속에 머물러 있어서는 안 될 몸임을 느낌과 동시에, 또 자연히 여기에서 빠져나갈 궁리를 하게 되었다.

그리하여 그는 한 감방의 죄수 서상대, 최정식을 달래어, 같이 탈옥하여 다시 만민공동회를 모아 협회를 부흥하기로 굳게 맹서를 한 후, 배재학당 때의 절친한 친구인 한글학자 주시경에게 밖으로 연락을 해서 탈출할 때의 호신용으로 세 자루의 권총을 비밀히 들여오게 하는 한편, 공동회의 응원대도 미리부터 조직해 놓게 하였다.

"죽기 아니면 살기다. 그러나 살아서 탈출하게만 된다면, 우리는 기어이 만민공동회를 통해 다시 독립협회를 살려서 민주 혁명을 기어이 성취하자."

승만은 이렇게 두 사람을 격려하며 기회가 오기만을 기다렸다.

마침내 그 기회는 왔다. 경무청 고문관 설필림은 그 고문관의 직책 때문에 가끔 감옥서에 와서 죄수들을 검사하는 일이 있었는데, 정월 30일 오후에도 마침 그 조사를 나왔던 것이다.

간수들은 모두 설필림을 따라서 감방을 살펴보고 다니기에 딴 일을 돌아볼 겨를이 없었다. 설 씨가 들어올 때 열어 놓은 감옥서 대문은 아직도 열린 그대로 있었다. 이미 탈옥을 작정하고 그때가 오기만을 기다리고 있던 세 사람에게는, 이것은 참으로 하늘이 그들에게 선택해서 제공한 좋은 기회임에 틀림없었다.

그래 그들은 설필림에게 밖으로 불리어 나온 때를 이용해서 "햇볕을 조끔만 더 쏘이겠다"는 핑계로 얼마 동안 밖에 그대로 머물러 있다가, 설 씨와 간수들이 딴 감방을 검문하는 틈에 미리 준비해 간직하고 있던 권총을 빼어 들고 쏜살같이 밖으로 내달렸다. 대문 옆에서 머뭇거리고 있던 간수 두 사람이 뒤를 따르긴 하였으나

"가까이 오면 쏜다!"

하고 위협하며 내두르는 권총 때문에 그중 한 사람은 엉거주춤하고 서서 바라보기만 하고, 또 한 사람은 그래도 끝내 뒤를 쫓는 것을, 최정식이 드디어 발사하여 발을 맞혀 주저앉혀 버렸다.

이 틈에 최정식, 서상대 두 사람은 날래게 몸을 피하여 배재학당 쪽으로 달아나 버렸으나, 참으로 불운한 것은 승만이었다.

승만은 있는 힘을 다하여 그들의 뒤를 따라가다가, 이때에사말고 공교로이도 다리에 쥐가 나서 한 걸음도 더는 옮길 수가 없어, 그대로 길바닥에 풀썩 주저앉아 버렸다.

일이 이렇게 되면, 아무리 비겁한 추격자들이라 할지라도 그를 그대로 놓아둘 리는 없었다.

그 자리에서 그는 파수병들에게 다시 체포되어 이번에는 남문 안의 병대 영문兵隊營門으로 끌리어 갔다.

영문에서는 그의 두 발에 단단히 차꼬(족쇄)를 채워 놓고, 곧 그가 탈옥하다가 잡힌 사실을 대궐로 보고했다.

그러나 대궐에서는 명령을 내리어 그날 밤 안으로 그를 다시 경무청으로 옮겨 가게 하였다.

경무청엔 그때 박돌팍이라는 사람이 경무사로 있었는데, 그는 손수 승만에게 온갖 고문을 다 하였다. 화젓가락에 불을 빨갛게 달궈 팔다리를 지지는 것, 두 팔을 뒤로 틀어서 공중에 오랫동안 매달아 두는 것, 그 밖에도 여러 가지 잔인한 형벌을 승만은 당하였다. 그러나 그는 이미 각오한 바가 있는지라, 굳이 끝까지 입을 다물고 박돌팍의 힐난에는 대답도 하지 않았다.

그는 드디어 또다시 감옥서로 끌려갔다. 그러나 그가 들어가게 된 곳은 그전과 같은 온돌 감방이 아니라 살인범 같은 중죄수만 가두는—널판자도 깔지 않은 알흙바닥이었다. 뿐만 아니라 그의 두 발에는 여전히 차꼬를 채웠고, 목엔 다시 칼까지 씌웠다. 이리하여 그는 캄캄한 흙바닥 위에 몇 사람의 살인강도의 무리와 함께 웅크리고 앉아서 마침내 당도할 사형의 날만 기다리게 되었던 것이다.

제11장 옥중 생활

1

한 가닥의 햇빛도 들지 않는 어두운 흙바닥엔, 밖에 비가 나리는 날은 또 견디기 어려운 습기가 어렸다. 이러한 날 새벽녘이나 해 어스름 때면 으레 또 같이 있는 중죄수들의 통곡이 터졌다.

"선생님, 나 같은 것은 죽으면 으레이 지옥에 가겠습죠?"

차마 듣기 어려운 울음 끝에 어떤 자는 승만에게 이렇게 묻기도 하였다.

또 어떤 자는 밖에서 덜커덕하고 문 여는 소리만 나도 승만의 어깨에 매어달리며

"선생님 인제는 꼭 내 차례가 왔나 보지요?"

하고 비지땀을 흘렸다.

똑같은 사형수의 처지이건만 그들은 웬일인지 승만에게 물으면 모든 것을 알 수도 있고, 또 그들의 할 수 없는 영혼을 기댈 수도 있는 무슨 큰 기둥처럼 생각하는 모양이었다.

그럴 때마다 승만은 늘 그들의 울음을 달래고 마음을 가라앉히기에 정성을 다했지만, 아닌 게 아니라 스스로의 목숨쯤이라면 그는 벌써 어떠한 처형 앞에서도 조용할 각오가 서 있기는 하였다. 그러나 그를 아직도 울리고 서글프게 하는 것은 자기 아닌 주위의 모든 것들—저 후줄그레한 흰옷을 걸친, 의지할 곳 없는 가족들과 동지들과 민족의 일이었다.

어느 날 아침 같은 방의 한 죄수가 밖의 심문을 받으러 나갔다가 검사의 방에서 그날 신문 한 장을 훔쳐 가지고 들어왔다.

펼쳐 보니 그 잡보란雜報欄에는

"죄수 이승만은 이 나라에서 누구보다도 나라를 위하는 독립운동자이니 그를 죽일 테거든 나를 대신 죽게 하여 달라."

는, 채규상이라는 사람이 쓴 글이 실려 있었다.

그것을 읽고 있는 동안 승만은 문득 울음이 복받쳐서 소리 없이 울었다. 그를 울리는 것은 역시 그 자신의 처지 때문이 아니라 그의 처지를 그처럼 동정하는 알 수 없는 벗의 정의情義 때문이었다.

그러자, 이때 밖에서는 또 한 번 문이 덜커덕하고 열리는 소리가 나더니

"승만아……"

하고 자지러지는 듯한, 분명히 틀림없는 그의 아버지의 음성이 들려

왔다.

"여보시오…… 내 자식의 시체를 어서 주시오! 어젯밤에 처교했단 말 다 들었으니 어서 내놓으시오……"

늙은 아버지는 울음 속에서 계속해 이렇게 옥리를 향해 부르짖고 있었다. 분명히 그는 신문에 난 채규상이란 사람의 글을 오해하고 온 모양이나, 그의 절망해 있을 심정을 생각하니, 승만은 가슴이 무너지는 듯하여 칼 위에 고개를 떨어트리고 걷잡을 길 없는 통곡에 잠겼다.

"이 늙은이가 미쳤나? 처교는 무슨 처교요? 당신 아들은 아직도 멀쩡허니 살아 있으니 염려 말고 어서 가시오. 어서 가!"

어떤 옥리인지 날카로이 대답하는 소리가 들렸다.

"무엇이 어째? 이놈들!…… 거짓말 말고 어서 내 아들의 시체를 내어놔라…… 어서……"

그러나 아버지는 여전히 외치고 있었다.

승만은 듣고 있다가 참지 못하여

"아버지!"

하고 큰 소리로 불렀다.

"아버지! 저는 아직 살아 있으니 안심하시고 어서 집으로 돌아가시오……"

그러자 밖에서는

"승만아!"

아버지의 부르는 소리가 다시 들리더니, 왁자지껄하며 덜커덕 또 문

잠기는 소리가 나는 것이, 옥리들에게 늙은이는 끝끝내 문밖으로 쫓겨나는 모양이었다.

그 뒤에도 가족들은 가끔 찾아와서 못 잊히는 음성으로 문밖에서 승만을 불러, 승만의 가슴에 아픈 못을 치고 갔고, 또 어느 때는 감옥서에 정식으로 교섭을 하여 그를 만나고도 갔다. 그러나 승만은 언제든 오래잖아 한번은 형틀에 이슬이 될 몸으로서 아직도 살아 그들을 괴롭히는 것은 여간한 설움이 아니었다.

'어차피 죽일 바엔 어서 빨리 죽여 주었으면……'

드디어 그는 그것만을 바라는 사람이 되었다.

그래 그는 다시 가족들은 안 만나 볼 작정으로 어느 날 아버지께 올리는 마지막 유서를 썼다.

'불효한 자식 하나 안 두신 셈 치시고 길이 잊으시옵소서.'

이렇게 써서 언제든지 그가 형틀에 오를 때는 옆에 남은 사람에게 주어 전하게 할 양으로 몸에 끼리고 있는데, 하루는 해 질 때쯤 되어 문득 그들이 들어 있는 제5칸의 감방 문이 덜컥 열리며 흉측한 옥리의 얼굴이 나타났다.

'인제는 틀림없이 내 차례로구나……'

이렇게 생각한 승만은 가슴패기에 끼렸던 유서를 재빠르게 꺼내 옆엣사람에게 전한 다음, 무심결에 앉았던 자리에서 일어섰다.

그러나 형틀에 올리고자 데불러 온 것은 사실은 승만이 아니라, 공교로이도 승만에게서 유서를 받아 지닌 그 늘 저승 일을 걱정하던 강도였다.

승만은 애가 바작바작 탔다. 그러나 그 뉘우치던 강도는 승만의 유서를 돌려줄 겨를도 없이 황망히 끌리어 나가 그 유서를 몸에 지닌 채 목을 졸리우고 만 것이다.

사형의 선고와 동시에 그 집행을 받을 수 있었던 예수 그리스도는 오히려 행복이었을 것이다. 감옥서의 담벼락 밖에서 늘 사모치는 가족들의 목울음이 들려오는 속에서, 몇 달을 두고 집행의 연기를 받아야 하는 사형수의 조여드는 마음과 애탔을 긴 시간을 상상해 보라.

이러한 흙구덩이 속의 일곱 달이 꼬빡 지나는 동안에, 승만은 그야말로 뼈다귀만 남았다. 다만 한결 맑아진 것이 있다면, 그것은 늘 죽음과의 엄숙한 대면 속에서 이미 모든 것을 체념한 그의 한 쌍의 눈동자뿐이었다.

그러나 참으로 예상과는 다른 것은 진실로 운명이었다. 7개월 동안의 사형 유예에서 죽음이라는 걸 온전히 그의 것으로 만들어 버린 승만에게, 뜻밖에도 사형을 면제한다는 황제의 특사령이 내렸다. 이렇게 된 데에는 물론 황제의 심경도 심경이려니와, 또 밖에서 많이 노력한 동지와 외국 공사들의 힘이 없은 바도 아니었지만, 승만에겐 참으로 이건 너무나 뜻밖이어서 한참 동안은 얼떨떨한 것이 꼭 무슨 못 당할 일을 또 당하고 있는 것만 같았다.

그러나 그는 틀림없이 사형에서 풀리어 이 지긋지긋한 흙구덩이에서 다시 유기수의 감방으로 옮기게 되었다.

2

허나 이렇게 부자유한 감옥 속에서도 그는 언제나 그의 일을 쉬지는 않았다. 감옥이면 감옥 그대로 거기 적합한 일거리를 찾아내지 않고는 견디지 못하는 것이 또한 그의 성미인 것이다.

흙 감방에서 보통 감방으로 옮기어 가자, 그는 곧 죄수들의 교육을 한방 사람들로부터 시작하여, 뒤엔 감옥서장의 승낙을 얻어 감옥 안 전 죄수들에게까지 미치기에 이르렀고, 또 오래잖아서는 그들의 정신 작흥을 위하여 감옥 안에 도서관을 두게까지 하였던 것이니, 그때 서울에서 발간되었던 신학월보神學月報 제1권 5호를 보면, 그가 밖으로 내보낸 자세한 옥중 서신이 다음과 같은 소개 전문紹介前文을 붙여 발표되었는데, 그 속엔 그의 당시의 옥중 생활의 모습이 물심양면으로 잘 나타나 있으므로, 여기에서는 오히려 번거롭게 그것을 설명하는 것을 피하고, 그 글 전문全文을 여기 옮겨, 직접 그의 붓을 통해 기록된 그때의 그를 엿보기로 한다.

■ **옥중 전도獄中傳道**

우리 사랑하는 형제 이승만 씨는 옥에 갇힌 지 우금 7, 8년인데, 그지간 고생하는 중 참아 견딜뿐더러, 옥중에 갇힌 사람에게 전도하여 아름다운 일을 행한 것이 많은데, 그 대강 사기史記를 얻어 게재하노라.

허구한 옥중 생활에 거연히 6년이 되오니 자연히 인간 고초도 많이 겪었삽거니와, 고초 중에서 경력이 생겨 항상 세상을 대하여 말씀하고 싶은 것이 무궁무진하오나, 그렇지 못한 사정이 여러 가지인 고로 귀월보를 볼 때마다 침음 울울沈吟鬱鬱할 뿐이옵더니 다행히 오늘 기회가 있기에 옥중 경력의 두 가지 긴중한 것을 대략 말씀코저 하니, 이 두 가지인즉 첫째 깨달음이요, 둘째 감사할 일이라.

세상 사람이 항상 남의 허물은 보기 쉽되 자기 허물을 보기 어렵고, 자기 허물은 용서하기 쉽되 남의 허물은 용서하기 어려운 고로, 사람이 한번 국법을 어기고 옥중에 들어가 몸이 징역에 처한 자를 보면 곧 세상이 용납지 못할 인생으로 알아 함께 접화하기 싫어하며, 심지어 죄지은 자는 다 죽여 없이 하여야 절도 강도 등의 2, 3차 3, 4차 다시 들어오는 폐단이 없으리라 하며, 나도 또한 밖에 있을 때에는 이 뜻을 합당히 여겨 악한 자를 화하여 착한 자가 되게 하는 도가 있는 줄을 깊이 믿지 못하였삽더니, 처음으로 옥중에 와 본즉 위생 간수 등절의 가련 측은한 사정은 이루 말할 수도 없고, 또 글 보는 것을 금하는 전례가 심히 엄하여, 혹 언문 고담책을 사사로이 보다가 발각되면 곧 빼앗으며, 혹 오랜 죄수가 공부를 하여 보겠노라 하면 관원들의 대답이 이곳은 학당이 아니니라 하매, 혹 유지有志한 자 있어도 공부하기를 생의生意치 못하거든 어데서 착한 말을 얻어들으며, 착한 말을 얻어듣지 못한 후에야 어데서 회개하는 마음이 생기리요. 이러므로 신문에 이르기를, 감옥서는 회개시키는 복당福堂이 아니요 곧 도적 기르는 굴혈이라 하였나니, 이로 볼진대 5, 6년 전 옥중의 어떠함을 가히 알리로다.

그중에 내가 홀로 특별한 인기를 얻어서 외국문의 여러 가지 서적을

수족과 몸을 만져 곧 시신과 함께 섞여 지내었으되 홀로 무사히 넘기고, 이런 기회를 당하여 복음 말씀을 가르치게 되매 기쁨을 이기지 못할지라.

작년 예수 탄일에 우리도 다행히 구속하심을 얻는 사람이 되어 기쁜 정성도 측량없거니와, 만국만민의 영광스러운 명일을 옥중에서도 처음 경축하는 것이 또한 용이치 않은 기회인 고로 관원과 죄수들이 우연히 수합한 돈이 뜻밖에 수백 냥이 된지라. 다과를 예비하고 관민 40여 명이 모여 저녁에 즐거이 경축할새 그 지낸 예식은 다 말할 수도 없으며, 이날 오전에 팽거 목사께서 예물을 후히 가져오고 위로차로 오셨다가 모인 아이들을 보고 대단히 기뻐하여 매 주일날에 와서 가르치기를 작정하매 관원들이 다 감사히 치사하였으며, 서적실을 실시하여 죄수들로 하여금 임의로 책을 얻어 보게 하려 하매 성서공회에서 기꺼이 찬조하여 50원을 위한하고 보조하기를 허락하여 4백 냥 돈을 들여 책장을 만들고 각처에 청구하여 서책을 수합하매, 심지어 일본과 상해의 외국 교사들이 듣고 서책을 연조한 자 무수한지라. 영어, 한문, 국문의 모든 서책이 방금 있는 것이 250여 권인데, 처음 15일 동안에 책 본 사람이 268인이요, 지난달은 1삭 동안에 통히 249인이라. 천문, 산학, 경제 등 모든 정치상 관계되는 책이 더 있으면 보는 사람이 더욱 많을 터인데 방금 구하여 오는 책이 또한 불소하다 하는지라, 국민의 이만치 유조할 일이 없을 듯하도다.

이 험한 중에서 이 험한 괴질을 겪으며 무사히 부지하여 있는 것이 하느님의 특별히 보호하신 은혜가 아니면 인력으로 못하였을 바이요,

하느님의 사랑하시는 자녀들로 하여금 나를 감화시키는 힘을 주시지 아니하였으면 이 일에 도움이 되지 못하였을 것이요, 하느님의 거룩하신 뜻으로 세상 죄인들을 감화시키는 교가 아니면 불소한 재정으로 서적실을 졸지에 실시하였을 수 없을지라. 이것이 나의 이른바 하느님의 은혜를 감사함이니, 이 깨달음과 감사함으로 여일히 힘쓰면 오늘 심는 겨자씨에서 가지가 생겨 공중에 나는 새가 깃들이게 될 줄을 믿겠나이다.

광무 7년(1903년) 3월 8일

교제教弟 이승만 백

제3편

해외 풍상

제1장 출옥 전후

1

긴긴 7년의 감옥살이를 마친 뒤에 1904년, 승만은 왕의 특사를 받아 다시 밝은 날빛을 보게 되었다.

돌아다보건대 그건 얼마나 울적하고 지루한 일곱 해의 어두운 나날이었던가. 제아무리 참을성이 많고 정신이 큰 사람이라 할지라도, 감옥은 분명히 견디기 어려운 이 세상의 지옥임에 틀림없다. 그러나 승만이 그 속에서 한 일과 배운 일은 또한 적지 않았던 것이다. 위에서 우리들이 본, 그 자신의 옥중 서신에도 적혀 있는 것과 같이, 그는 감옥을 한 학교로 삼아 무지하고 마음이 어두운 죄수들에게 문자와 지식과 정신 감화를 주어 그들을 많이 밝은 곳으로 인도하였을 뿐만 아니라 또 그 스스로도 늘 공부와 마음 닦기를 게을리하지 않았던 것이니, 저 방대하고도 철저한 선지자로서의 글—『독립 정신』의 저서를 한 것도 그때의 일이요, 그의 과거의 투쟁에 다시 움직이지 않는 신념을 얻어 그 뒤 일생 동안을 한결같이 조국 광복과 인류 정의를 위해 싸우고 버티게 한, 그 태산 같은 기개도 이 긴 감옥 안의 체념 생활에서 배워진 바 많았던 것이다.

소개하는 순서가 좀 늦어진 듯하나, 그가 광무 3년 탈옥하다가 다시 체포되어 사형수로서 흙구렁 속에 갇혀 있을 때에도 늘 두 눈을 지긋이 감고 영어 단자單字를 기억해서 외우기에 힘썼다 한다. 옆에 있는 죄수가

"언제 죽을는지도 모르는 사람이 그런 걸 외워선 무엇에 쓰나?"

하고 물으면,

"죽으면 못 쓰드래도 산 동안은 할 건 해 보아야지…… 혹 쓰일 일이 있을지도 모르니까……"

하고 그는 태연히 대답하며 공부를 쉬는 일이 없었다 한다.

그러한 그가 1904년 다시 쇠사슬이 풀리어 감옥 밖으로 나왔다.

그러나 그에게 자유가 없던 7년 동안에 조국은 또 참으로 너무나 많이 변하였다.

청일전쟁 뒤로 한국을 에워싸고 나날이 반목과 알력을 계속해 오던 러시아와 일본은 마침내, 승만이 출옥하던 해인 1904년 2월에는 정식으로 전쟁을 시작하기까지에 이르렀다. 독립협회가 왕성하던 시절에는 그들의 인민항쟁 때문에 늘 별렀던 마수를 머뭇거리지 않

을 수 없었던 러시아와 일본은 승만이 감옥에 들어가고, 독립협회가 무력하여지자 다시 그들의 음흉한 손길을 펴기 시작하였던 것이니, 승만이 바로 입옥하던 해인 광무 2년에는 일본이 먼저 경상도의 마산을 손에 넣게 되었고, 그 이듬해에는 다시 러시아가 그 마산의 남쪽에 있는 밤구미를 그들의 해군기지로서 빌리게 되었다. 그리하여 그들은 암투를 계속해 오다가 1903년 러시아가 만주로부터 한 떼의 마적단과 같이 내려와서 평안도 용암포를 점령하고 한국 정부와 타협하여 이의 조차권을 얻으려 하는 데에까지 이르자, 드디어 그들의 그늘의 싸움은 표면화하고 말았다. 광무 7년 6월 23일, 일본과 러시아의 대표들은 광무 황제 앞에서 어전회의를 열고 "한국에서의 우리나라의 이익을 보호키 위해서는 군대를 출동하겠다" "아니다. 차라리 북위 39도 이북의 한국을 중립지대로 만들자" 하는 등의 문제로 옥신각신하다가 마침내 의견의 일치를 보지 못하고, 서로 헤어져서 싸움을 준비하게 되었던 것이다.

그래 승만이 감옥 문을 나왔을 때에는 전쟁은 한창 불을 토하는 때여서 경의와 경원의 두 선로는 군용으로서 급히 만들어지고, 일체의 통신사업은 이미 일본인에게 위임된 뒤였다. 뿐만 아니라 일본의 그악한 간섭으로 러시아와의 모든 조약은 깨뜨려지고, 일본인들을 정부의 고문으로 모시는 소위 고문정치가 결정된 때였다.

한국에서의 일본인의 세력은 이미 고정화하여 가기 시작하는 때였다.

2

승만은 또 한 번 밝은 날빛을 보게는 되었으나 마음속은 다시 암담하지 않을 수가 없었다. 그들의 협회는 다시 수습하기 어려울 정도로 이산離散한 지 오래인 뒤였을 뿐만 아니라 러일전쟁의 여파는 한국에까지 거세게 휘몰려와서, 협회를 다시 단합할 수도 없을 만큼 정국은 긴박하였다. 거기다가 1902년 영일동맹이 체결된 뒤론 미국은 오히려 일본의 편을 드는 때여서, 미국 사람들의 후원을 얻어 다시 협회를 세우자면 자연히 일본인들과도 대립할 수 없게쯤 되어야 하는 것이나, 이미 일본의 야심을 빤히 들여다보고 있는 승만으로선 죽어도 그들과 결탁할 수는 없는 일이었다. 러시아가 일찍부터 그의 적수였던 것처럼 일본도 인제는 때려부숴야만 할 그의 적수임에 틀림없었기 때문이다.

그는 출옥하자 바로 별 휴양을 할 겨를도 없이, 종로에 있는 기독교청년회에 나가 총무의 일을 맡아보는 한편, 그의 진로에 대해서 많이 생각해 보았다. 그러나 역시 별 묘안이 손쉽게 생기지 않았다. 가족들의 일이라면 그들은 이미 그의 뒤를 따라서 모두 독실한 기독교 신도들이 되어 있는 때이니, 그에게 꼭 할 일만 있다면, 그들의 뒷일은 다시 하늘에게 맡겨 버리고, 또 한 번 목숨을 내어던져도 좋은 것이었다. 그러나 문제는 그의 몸을 내어던져서 '일'을 어떻게 성취할 수 있는가 하는 데에 있었다. 저 표적을 가서 맞히지도 못하고 떨어져 버리는 한 개의 쓸데없이 희생된 화살이 되어서는 안 된다는,

투철한 지혜가 오랫동안 그를 괴롭히었다.

그러자, 여러 벗들과 선배들에게서 "미국에 한번 가 보지 않겠느냐"는 권고가 들어왔다. 언더우드, 아펜젤러 같은 미국 친구들도 열심히 그것을 그에게 권하고 주장하였다.

"인제는 모든 것이 국제 관계로서 결정되는 때이다. 청일전쟁 뒤에 온 저 삼국간섭을 보라. 일본은 청국을 버젓이 이기고도, 러시아, 독일, 프랑스 세 나라의 간섭을 어쩌지 못해 다 먹은 요동반도를 도로 내놓지 않았는가. 이번 러일전쟁 직전에 생긴 영일동맹과 러불동맹 등을 보라. 그들은 모두 국제적으로 뭉치고 동맹을 함으로써 그들의 나갈 길을 튼튼히 하려 하지 않는가. 그러나 일본과 러시아는 그들의 야심을 버리지 않는 한, 언제나 한국 독립의 적이 아닐 수 없다. 다만 미국만은 아직 우리에게 아무런 영토적 야심도 보인 적이 없다. 그러고 미국은 또 일본이나 러시아보다도 훨씬 센 나라다. 그러니 승만 그대는 미국에 건너가서 그곳의 문물을 똑똑히 배우는 한편, 한국의 실정을 미국에 호소하여, 미국과의 친선을 도모하고, 청국, 러시아, 일본 세 나라의 장벽 때문에 똑바로 알리지 못한 우리나라 사정을 널리 유럽 각국에도 알리게 하라."

그들의 의견은 모두가 이러하였다. 뿐만 아니라 이번 러일전쟁이 끝나면 그 뒷수습에는 반드시 미국이 나서서 간섭할 것이니, 더구나 승만이 이 기회에 꼭 미국에 가서 그들에게 한국에 대한 인식을 새로이 하지 않으면 안 된다고 그들은 주장하는 것이었다.

"뒷일은 아무 염려도 하지 마라. 나라 안의 일은 우리들이 모두 자

무심결에 속으로 또 한 번 맹세를 하고 있는 것이었다.

'잘 있으라 동포들이여. 내 끝까지 그대들의 행복을 위해 싸우리니, 동포들이여 부디 잘 있으라……'

그가 시모노세키와 고베와 요코하마 등을 거쳐 하와이의 항구 호놀룰루에 당도한 것은 11월 28일 오전 7시였다. 먼저 검역관이 배에 올라서 승객들의 검역을 한 뒤에 상륙증을 배부하였다. 승만은 계속해서 삼등을 타고 온 터라, 정상적으로 말하면 상륙증을 탈 자격이 없었으나, 그들은 특별한 편의를 보아서 그에게 그것을 하여 주었다.

부두에는 벌써부터 미국 기독교 선교사 존 W. 워드먼 박사를 비롯하여 몇 사람의 동포들이 마중을 나와 있었다. 그는 그들의 뒤를 따라 조선 사람들의 교회로 가는 동안, 아직껏 보지 못한 경치와 수목들을 대하고는 주춤하고 발을 멈추지 않을 수가 없었다. 일찍부터 여러 사람들에게서 들어오기는 한 터이지만, 조선은 벌써 추운 겨울일 텐데 여기는 아직도 수목이 청청한 여름이었다. 말로만 듣던 야자수와 바나나의 수풀 속에 반나체의 남녀들이 유쾌히 웃으며 뛰놀고 있는 광경은 처음 보는 승만에게는 참으로 지상낙원과 같았다. 이러한 먼 곳에까지 우리 동포들이 와서 살고 있는 것을 보니 그의 마음은 여간 기쁘지 않았다.

저녁때에 우리들은 호놀룰루로부터 20마일 밖에 있는 조선 농원의 이화교회로 갔다. 약 2백 명의 우리 동포가 나와 같이 성찬聖餐을 나누기 위하여 모여 있었다. 아, 거기서 나는 사랑할 사람을 많이 만났다!

투철한 지혜가 오랫동안 그를 괴롭히었다.

그러자, 여러 벗들과 선배들에게서 "미국에 한번 가 보지 않겠느냐"는 권고가 들어왔다. 언더우드, 아펜젤러 같은 미국 친구들도 열심히 그것을 그에게 권하고 주장하였다.

"인제는 모든 것이 국제 관계로서 결정되는 때이다. 청일전쟁 뒤에 온 저 삼국간섭을 보라. 일본은 청국을 버젓이 이기고도, 러시아, 독일, 프랑스 세 나라의 간섭을 어쩌지 못해 다 먹은 요동반도를 도로 내놓지 않았는가. 이번 러일전쟁 직전에 생긴 영일동맹과 러불동맹 등을 보라. 그들은 모두 국제적으로 뭉치고 동맹을 함으로써 그들의 나갈 길을 튼튼히 하려 하지 않는가. 그러나 일본과 러시아는 그들의 야심을 버리지 않는 한, 언제나 한국 독립의 적이 아닐 수 없다. 다만 미국만은 아직 우리에게 아무런 영토적 야심도 보인 적이 없다. 그러고 미국은 또 일본이나 러시아보다도 훨씬 센 나라다. 그러니 승만 그대는 미국에 건너가서 그곳의 문물을 똑똑히 배우는 한편, 한국의 실정을 미국에 호소하여, 미국과의 친선을 도모하고, 청국, 러시아, 일본 세 나라의 장벽 때문에 똑바로 알리지 못한 우리나라 사정을 널리 유럽 각국에도 알리게 하라."

그들의 의견은 모두가 이러하였다. 뿐만 아니라 이번 러일전쟁이 끝나면 그 뒷수습에는 반드시 미국이 나서서 간섭할 것이니, 더구나 승만이 이 기회에 꼭 미국에 가서 그들에게 한국에 대한 인식을 새로이 하지 않으면 안 된다고 그들은 주장하는 것이었다.

"뒷일은 아무 염려도 하지 마라. 나라 안의 일은 우리들이 모두 자네 몫까지 맡아서 잘 처리할 터이니 주저하지 말고 믿고 떠나라."

벗들은 부탁하는 것이었다.

물론 승만은 "더 생각해 보겠다"는 한마디의 유예도 없이 곧, 이 일을 승낙하고 말았다. 무엇을 더 돌아보고 생각해 보자 하겠는가. 이때와 같은 정국의 국제 관계에서는 그와 같은 출발이야말로 가장 표적이 적확하고, 가장 보람 있는 한 개의 화살의 출발과 조금도 다름이 없었음에…… 그리고 이것은 이 나라에서 가장 나라를 사랑하는 선각자들이 머리를 나란히 하여 결정한 일이었음에……

그리하여 승만의 출발이 결정되었다. 칠순이 넘은 늙은 부모와 아내와 어린 아들을 전란의 조국에 그대로 두고, 한국의 민중을 대표하는 한 개의 날카로운 화살—한 개의 커다란 소리가 되고자 승만은 첫 항해의 길에 올랐다.

그는 인제 갓 서른 살이었다.

제2장 아메리카로 가는 길

1904년 11월 4일 오후 1시, 승만은 서울을 떠나 이튿날 제물포에서 기선 오하이오호로 출범하였다. 그러나 뜻밖에 항해 첫날은 거센 날씨로 하룻밤 동안 배는 캄캄한 바다 위를 헤매다가 첫새벽에야 겨우 다시 출발하였다. 죽음을 극복할 기회는 어느 때 어느 곳에나 있는 것이라는 것을 승만은 새삼스러이 느끼지 않을 수 없었다.

목포를 거쳐서 부산에 들렀다가 배가 다시 조국의 마지막 항구 부산을 떠난 것은 11월 8일 밤 7시였다.

승만은 싸늘한 늦가을 밤의 바다 기운이 스며들어 오는 갑판 위에 우두커니 서서 배의 진행에 따라 점점 멀어져 가는 부산항의 수많은 불빛을 유심히 바라보고 있었다. 그러자, 그 수많은 가난한 불빛은 낱낱이 그의 가슴속으로 안겨 들어오는 듯한 감개가 생기며, 그는 무심결에 속으로 또 한 번 맹세를 하고 있는 것이었다.

'잘 있으라 동포들이여. 내 끝까지 그대들의 행복을 위해 싸우리니, 동포들이여 부디 잘 있으라……'

그가 시모노세키와 고베와 요코하마 등을 거쳐 하와이의 항구 호놀룰루에 당도한 것은 11월 28일 오전 7시였다. 먼저 검역관이 배에 올라서 승객들의 검역을 한 뒤에 상륙증을 배부하였다. 승만은 계속해서 삼등을 타고 온 터라, 정상적으로 말하면 상륙증을 탈 자격이 없었으나, 그들은 특별한 편의를 보아서 그에게 그것을 하여 주었다.

부두에는 벌써부터 미국 기독교 선교사 존 W. 워드먼 박사를 비롯하여 몇 사람의 동포들이 마중을 나와 있었다. 그는 그들의 뒤를 따라 조선 사람들의 교회로 가는 동안, 아직껏 보지 못한 경치와 수목들을 대하고는 주춤하고 발을 멈추지 않을 수가 없었다. 일찍부터 여러 사람들에게서 들어오기는 한 터이지만, 조선은 벌써 추운 겨울일 텐데 여기는 아직도 수목이 청청한 여름이었다. 말로만 듣던 야자수와 바나나의 수풀 속에 반나체의 남녀들이 유쾌히 웃으며 뛰놀고 있는 광경은 처음 보는 승만에게는 참으로 지상낙원과 같았다. 이러한 먼 곳에까지 우리 동포들이 와서 살고 있는 것을 보니 그의 마음은 여간 기쁘지 않았다.

저녁때에 우리들은 호놀룰루로부터 20마일 밖에 있는 조선 농원의 이화교회로 갔다. 약 2백 명의 우리 동포가 나와 같이 성찬聖餐을 나누기 위하여 모여 있었다. 아, 거기서 나는 사랑할 사람을 많이 만났다!

그는 그 당시의 일기에 이렇게 기록하고 있지만, 이건 비단 그가 스무 날 남짓한 항해 뒤에 느끼는 향수 때문만은 아니리라. '아, 거기서 나는 사랑할 사람을 많이 만났다!'—이것이야말로 그가 일생 동안 지니고 온 동포애와 조국애의 표현이 아니고 무엇이겠는가.

그와 같이 조선인 교회에 참석했던 워드먼 박사는, 다음과 같이 그를 모인 사람들에게 소개하였다.

"이곳 우리들의 일은 굉장히 잘 되어 가고 있는데, 성령은 또다시 우리들에게 우리들의 형제 이승만 씨를 주셨습니다. 그러니 우리들은 그를 우리와 같이 있게 하고 싶지만, 그는 훌륭한 뜻이 있어 미국으로 가시는 길이니, 우리들은 그가 돌아오기까지 기다려야만 하겠습니다. 그래서 그가 돌아오면 그때는, 우리는 그를 붙들어 놓읍시다."

승만은 워드먼 씨에게 고맙다는 말을 하고, 그를 위해 대비하고 있는 연단에 올라섰다. 처음에는 치밀어 오르는 반가움과 감격 때문에 한참 동안 빙글거리고만 서 있었으나, 한번 말문이 터지자 그의 이야기는 네 시간 동안이나 그칠 줄을 몰랐다. 그는 참으로 많은 것을 이야기하였다. 조국의 형편—참으로 억울한 꼴이 되어 가는 조국의 형편, 러일전쟁, 청일전쟁, 삼국간섭, 영일동맹, 독립협회, 만민공동회, 투옥과 탈옥, 사형수로서의 옥중 생활, 앞으로 그가 하고자 하는 일…… 이야기는 한정이 없어서 워드먼 씨가 주의를 하지 않았으면 이미 밤 11시 반이 된 것도 까마득히 잊고 그는 밤새 그의 폭포와 같은 외침을 쏟아 내고 있었을 것이었다.

동포들은 그의 연설에 흥분하여 어떤 때는 소리를 같이하여 고함을 치고, 어떤 때는 나직하나 뼈에 사무치는 소리로 울었다.

그러나 승만은 중지된 연설뿐만으로는 도무지 그의 감개를 풀 수 없는 것만 같아, 다시 소리를 높여 그들이 독립협회 때 손수 만든 〈애국가〉를 불렀다.

"동해물과 백두산이 마르고 닳도록, 하느님이 보우하사 우리나라 만세……"

한 번 부르고, 두 번 부르고, 세 번 부르는 동안에, 어느새인지 많은 합창자를 얻어, 이 때아니한 조선의 노래는 오랫동안 하와이의 밤하늘을 울렸다. 그리하여 그가 저녁밥을 먹고, 잠자리에 들어간 것은 새벽 2시 반이었다.

그러나 그는 이튿날 아침 6시 반 정각에는 이곳을 출발하여 호놀룰루 시로 돌아와서 거기 동포들과 같이 또 다른 회합을 열고 다시 연설을 시작하였다. 그의 연설에 감동한 동포들은 금화 30불을 모아서, 그가 굳이 사양함에도 불구하고 그의 포켓에 넣어 주었으며, 오후 1시 배가 미국 본토를 향해 떠나려 할 때는 수백 명이 부두에까지 몰려나와서 서로의 모양이 보이지 않을 때까지 손수건과 모자를 흔들고 있었다.

호놀룰루를 떠난 지 엿새 만인 12월 6일에야 그가 탄 배는 미국의 샌프란시스코에 도착해서 닻을 내렸다. 고국을 떠난 지 꼭 한 달 하고도 이틀 만이었다.

그가 최초로 미국 땅에 발을 들여놓았을 때 그는 무엇을 느끼었을까—그것은 오로지 독자의 상상에 맡길 수밖에 없다. 나는 일찍이 한 번도 그의 입으로 이 감상을 들어 본 일이 없으므로 여기에서는 다만, 그가 샌프란시스코에 당도한 뒤부터 목적지인 워싱턴에 가기까지의 그의 수첩의 기록을 그대로 옮김으로써 여러분의 참고에 바치고자 할 따름이다.

12월 6일 오전 10시. 샌프란시스코 입항. 3시에 상륙. 일본 여관 오이소야에 투숙. 한방에 두 사람씩 자는 방. 하루 저녁 숙박료는 50센트. 먹는 것은 10센트 이상.

12월 8일 동東 오클랜드 12가 475번지 안정수 씨 집으로 왔다.

12월 9일 안 씨와 산 라벨 614의 5번지 피시 씨 댁에서 자다.

12월 15일 우리는 금문공원 박물관에 조선 동전 두 닢을 주었다.

12월 16일 샌프란시스코에서 시카고를 지나 워싱턴까지 가는 차표를 베일 씨가 남태평양철도회사로부터 샀다. 값은 반액으로 53불 75센트. 오후 5시 반, 샌프란시스코 출발.

12월 17일 자정에 로스앤젤레스 도착. 호 H. 심 씨가 마중 나옴.

12월 19일 출발하려 하였으나 호 H. 심 씨의 요청으로 출발 연기.

12월 25일 교회에서 강연.

12월 26일 오후 8시, 산타페를 지나 워싱턴으로 출발.

12월 30일 오전 9시, 시카고 도착. 마징가 박사(참벨 공원, 장로교회 목사)를 만나서 서울 언더우드 박사의 편지를 전했다. 오후 3시 펜실바니아행 기차를 탔다.

12월 31일 오전 7시 반, 피츠버그에서 차를 갈아타고, 오후 7시 워싱턴 도착. 이날 밤 조선 영사관과 코베난트 장로교회 목사인 할린 박사를 찾아갔다.

제3장 미국에서의 수학과 연설 행각

—철학박사가 되기까지

1905년 승만은 워싱턴에 있는 조지 워싱턴 대학에 입학하였다. 그와 동시에 조선을 대표하는 그의 소리는 미국의 방방곡곡에서 울리기 시작하였다. 학교에 나가는 시간만을 제외하고는, 그는 그의 모든 시간과 정력을 기울여, 조선의 사정을 외국인들 앞에 정확하게 소개하여 그들의 동정과 환심을 사기에 노력하였고, 만나는 동포들에게는 또 애국심을 주입시켜 그와 같이 조국 독립운동을 전개하는 동지를 만들기에 힘썼다.

그가, 그의 선전을 위하여 이용한 곳은 한동안 주로 교회를 통해서였다. 그것은 그가 교회를 배경으로 미국에 온 까닭도 있었지만 교회란—더구나 당시의 교회란 각국의 일류 정치가들까지도 빈번히 출입하는 곳이어서, 널리 그의 목적을 추진시키기 위해서는 어느 곳보다도 적당한 장소라 생각된 까닭이었다.

그리하여 그는 언제나 사람이 많이 모인 곳에 나가기만 하면—그 곳이 개인의 집이건 교회건—한국을 일본과 러시아의 손아귀로부터 보호하여 독립을 보장케 해야만 동양의 평화가 가능하다는 그의 포부를 주장하기에 겨를이 없었고, 더구나 상대할 만한 정치가들이 모인 자리에 가면, 기회를 놓치지 않고 그들에게 그의 생각을 발표하기 위하여 온갖 수단을 다 썼던 것이다.

1905년 한 해 동안 그가 미국 각지에서 연설한 것만 해도 다음과 같다.

1월 8일 아침, 워싱턴 스미스 교회 성서독회에서.
저녁때 교도 수양회에서.
2월 12일 일요일. 가래이 기념교회에서.
3월 26일 할민 교회에서.
4월 2일 일요일 6시 반, 수도침례교회에서.
5월 30일 수요일 오후 8시, 수도장로교회에서.
10월10일 칸덴스벨 장로교회에서.
11월 5일 뉴욕, 캄덴 기독교청년회에서.
또 그곳 제1장로교회에서.
11월 13일 조지타운 중앙연합교회에서.
11월 15일 워싱턴 M. E. 교회와 국제연합회에서.
11월 29일 오전 연합교회에서. 오후 M. E. 교회에서.

12월 1일 뉴욕 장로교회에서.

12월 3일 칼바리 침례교회의 중국성서회에서.

12월 5일 오전 11시 반, 제1복음교회에서.

12월 6일 발티모어 메디슨가 제1장로교회에서.

12월 10일 에프오수 연맹과 환드리 M. E. 교회에서.

12월 13일 제1침례교회에서.

12월 15일 트리니티 교회에서.

12월 17일 오후 7시 반 부리드 공원교회에서.

12월 24일 일요일 밤, 브룩랜드 침례교회에서.

위에서도 말한 것처럼 이것들은 1905년 한 해 동안의 그의 연설표에 불과하거니와, 물론 그 뒤라고 하여 그의 소리가 줄어들 리가 없다. 다음 해인 1906년에는 각지의 학교와 교회와 각국 사람들의 회합 등을 통하여 그의 열변을 퍼붓기 39차례, 그다음 해에는 또 50여 차례—이리하여 그는 마치 조선의 온갖 정열을 한 몸에 지니고 불을 토하는 한 개의 커다란 분화구처럼 점점 왕성하여지는 그의 소리를 세계를 향해 뿜고 있었던 것이다.

더구나 그가 미국에 간 다음 해인 1905년 6월에는 그의 아들 태산이가 조선에서 건너왔고, 다음 해 1906년에는 불행히도 또 그가 필라델피아의 시립병원에서 객사하고 말았음에도 불구하고, 아무런 상심의 흔적도 없이 언제나 그의 할 일만을 꾸준히 계속한 데는 또 한 번 머리를 숙이지 않을 수 없다.

아직 열네 살밖에 되지 않은 외아들을 호올로 남의 집에 맡겨 두고 그는 강연 행각을 하고 돌아다니느라고 태산이가 병원에서 죽었을 때에도 임석도 하지 못했던 것이다.

그는 그의 아들이 죽기 전후의 사실을, 1906년 2월 25일과 26일부터 일기에서 다음과 같이 아무 감정도 지니지 않은 사람처럼 기록하고 있다.

2월 25일　오후 7시 태산이가 필라델피아 시립병원에서 죽었다.
2월 26일　오드휠트 장의장에서 태산이의 장례식을 지냈다.

24일 오후 11시 반, 태산이를 맡아 있는 필라델피아의 보이드 부인한테서 전보가 왔다—'태산이는 이틀 전부터 회충약을 먹고 단식하고 있었는데, 뜻밖에 위독하니 어서 오라.' 그래 나는 곧 정거장에 나갔으나 벌써 두 시간 반이나 앞에 필라델피아로 가는 차가 떠난 뒤였다. 나는 그길로 우편국에 가서 '내가 갈 필요가 지금 있느냐. 속히 답하라'고 전보를 쳤다. 그랬더니 곧 답전이 왔다.—'경과를 보아서 다시 알리리다' 그래 나는 조끔 안심하고 전보를 기다리고 있는데, 25일 오후 2시경에 또 전보가 왔다—'태산이가 위독하니 내일 3시 20분까지 보이드 부인 댁으로 꼭 오라'는 것이다. 나는 '곧 간다'는 답전을 치고, 밤 9시 반 차로 떠났다. 그래 26일 첫새벽 2시 반에 보이드 부인 댁에 도착하니, 부인이 하는 말이, "태산이는 그 겁나는 전염병 디프테리아로 사흘 동안이나 병석에 누워 있다가 시립병원 격리병실에 입원시켰는

데, 당신이 만일 그 애를 만나기 위하여 병원에 간다면, 당신은 검역법에 의하여 최저 1개월 동안 그 병원 안에 억류되어 있게 될 것이오" 하였다. "억류되어도 좋소" 하고 내가 대답하니까 그는 "그럼 날이 밝거든 가 보시오" 하였다. 나는 다시 정거장으로 나와 날이 밝기를 기다렸다. 그래 아침에 병원엘 갔으나 병원에서는 나를 들여보내 주지 않았다. 11시가 되었을 때 머춰 부인으로부터 편지가 와서, 태산이 이미 오드휠트 화장장에서 화장이 된 걸 알았다.

이와 같이 그의 아들의 화장을 말하는 사람이 어디 있을까. 벌써 7대째 내려오는 외아들—더구나 그 어린 소년이 저 세계의 동녘 끝에서 서쪽 끝까지 그 아버지만을 의탁해서 찾아왔다가, 호을로 털빛이 다른 사람들 틈에서 죽어 불에 재가 되었는데, 이렇게 말하는 사람이 어디 있을까.

그러나 승만은 이날—26일 오후 장례식에 참석했을 때에도 눈물 한 방울 떨어뜨리지 않았을 뿐만 아니라 이로부터 닷새 뒤인 3월 4일에는, 여전한 음성과 여전한 태도로서 리버데일의 장로교회에서 연설을 하고 있었다. 그가 연설한 내용이 무엇이었던지는 모르나, 그것은 아마 사람이면 어린이거나 어른이거나 누구든지 울리지 않고는 견딜 수 없게 하는, 무슨 혼령이 잠겨 있었던 모양이다. 연설이 끝난 지 얼마 후에 애리스라는 미국 소년에게서 편지 한 장이 손에 들어왔는데, 거기에는 '나의 그리운 나라 조선 사람 이승만 씨! 나는 당신을 사랑합니다' 하는 어리디어린 글씨로 쓴 사연이 적혀 있었다

하는 것을 볼 것 같으면……

그러나 그는 한결같은 외침과 아울러, 학과에도 결코 등한한 사람은 아니었다. 아들이 죽은 해인 1906년 6월 5일에는 입학한 지 1년 반도 못 되어, 워싱턴 대학을 졸업하여, '배첼러 오브 아트'의 학위를 얻었고, 이로부터 2년 뒤인 1908년 8월에는 하버드 대학의 '마스터 오브 아트'의 전 과정을 마쳤으며, 다시 1909년 2월에는 같은 하버드 대학에서 문학사 학위를 받았다가, 1910년 저 한일합병의 치욕이 우리들의 머리 위에 씌워졌던 해의 7월 18일에는 프린스턴 대학에서 철학박사 학위를 얻었다.

그동안(1910년까지) 그가 조선의 정치적 사정을 소개하고 호소하여 세계 각국 인사의 많은 공감을 얻은, 큰 연설의 수효만도 실로 170여 차례가 넘었다. 그동안 그는 일정한 정처도 없이 이 고을에서 저 고을로 이 하숙에서 저 하숙으로 굴러다녔던 것이다.

제4장 한일합병의 소식을 듣고

1905년 러일전쟁에서의 일본의 승리는, 한국의 모든 외교권을 일본에 위임하고 또 그의 보호를 받아야 한다는—소위 을사보호조약의 결과를 가져오더니, 그것은 점차로 발전하여 5년 뒤인 1910년 8월에는 드디어 한일합병을 조인함으로써 끝장을 보게 되었다.

1907년에는 네덜란드 헤이그에서 열린 만국평화회의에 한국 밀사를 보낸 사건 때문에 일본의 책임 추궁을 어쩌지 못해 황제가 퇴위하고 황태자에게 자리를 옮겨 융희라 하게 되었더니, 1909년 10월 통감으로 와 있던 이토 히로부미가 하얼빈 정거장에서 안중근의 손에 거꾸러지자, 형세는 대번 변하여 이 나라엔 일본인의 손으로 삼엄한 헌병경찰제가 실시되고, 뒤이어서 바로 합병조약이 결정되고 만 것이다. 이리하여 조선은 완전히 몰락하고, 그나마 지니고 있던 국호까지도 빼앗기고 말았다. 역사적 필연이라면 한 필연일는지는 모르나, 그것은 참으로 너무나 억울한 일임에 틀림없었다.

승만이 이 소식을 들은 것은 8월 22일 서울에서 조인식이 끝나고도 얼마가 지난 뒤였다. 서울에 있는 동지들도 물론 이 기막힌 기별은 알려 왔지만, 일본은 또 정식으로 이 사실을 각국에 통고하여 미국의 신문에도 널리 보도되었던 것이다.

승만은 미국에 온 뒤에도 늘 본국의 소식을 동지들을 통해 들어온 터로, 보호조약이라든지 차관정치라든지 색다른 기별을 들을 때마다 "어디 보자. 어디 두고 보자!" 하고 이를 갈며 보복할 때가 오기만을 기다리고 있었던 것이, 이것은 참으로 꿈에도 생각지 아니한 청천의 벽력임에 틀림없었다. 인제 와서 생각해 보면 더욱이 절실하거니와 일본은 이때부터 이미 너무나 지나친 상식 밖의 짓을 많이 저질렀던 것이다.

이 환장할 기별을 처음 듣던 날 승만은 마치 실성한 사람처럼 그의 낡은 침대 위에 나자빠져서는 한나절을 온전히 흐느껴 울었다. 그가 '사형수'로서 죽음을 앞에 대했을 때에도, 또 그의 단 하나의 아들이 이역의 화장장에서 재가 되어 있는 것을 보았을 때에도 눈물을 흘려 본 일이 없었지만, 이번만은 참을래야 참을 수 없는 울음이 터져서 견딜 길이 없었다. 그리하여 그는 그 자리에 누운 그대로 사흘 동안을 온전히 침식을 잊고 밖에도 나오지 않았다. 그러고는 속으로 생각해 보았다—'깜빡 속았구나. 나는 그래도 어느 정도의 세계 정의를 믿고, 일본이 이처럼 야만일 줄은 몰랐더니, 이런 일이 또 언제 어느 때에 있었는가? 이렇게만 나간다면 일본은 인제 반드시 망한다. 인제 두고 보아라! 그것은 물론 그러려니와 그러나 나는 지금 어찌면 좋을 것인가? 나의 생애라는 것은, 조국아! 너 때문에 있었고, 앞으로도 그렇지 않을 수 없다. 7년의 감옥살이를 치른 것도, 아메리카 군다리에까지 굴러온 것도 조선아! 결국은 너의 행복을 위하고자 한 때문이 아니었더냐. 그러나 인제는 모든 것이 헛것이 되었다. 그러면 인제 나는 죽어야 하는가?'

그러나 생각이 여기에 미치자, 승만은 마치 이 어리석은 유혹에 항거나 하려는 듯이 자리를 박차고 일어섰다. '아니다. 아니다. 나는 살아야 한다. 살아서 이 목숨을, 조국아! 너를 살리기 위해 쓸 대로 다 써 버리고 가야 한다!' 그는 어느새인지 다시 마음속에서 이렇게 부르짖고 있었다.

그와 동시에 그는 지금 당장 그가 꼭 미국에서 해야 할 일이 무엇인가를 생각해 보았다. 그리하여 그는 먼저 미국 대통령을 만나 한일합병의 부당성을 말하고 그의 동의를 얻어 그것을 세계에 선포하는 일이라 생각해 내었다.

그래 그는 그 자리에서 바로 붓을 들어, 미국 대통령에게 전할 성명서를 기초하기 시작하였다.

한국의 주권이 일본에 예속되어서는 아시아 평화는 있을 수 없을 것이며, 만일에 이것을 그대로 내버려 둔다면 일본의 야만정책은 머지않은 앞날에 반드시 태평양 주위의 여러 나라에까지 그 나쁜 영향을 미칠 것이니, 그대가 진정으로 인류의 평화와 세계의 정의를 위한다면, 그대는 한국 2천만 동포를 속이는 한일합병조약의 폐기를 요구하는 나의 성명서에 동의 서명해 주기를 바란다.

그것은 물론 굉장히 긴 글이었으나, 요약하면 대개 위에 적은 바와 같은 내용이었다.

승만은 그 성명서가 기초되자 백방으로 연락하여 대통령을 직접 면회하려 하였다. 그러나 그의 열성과 노력에도 불구하고 그의 소망은 수포로 돌아갔다. 그의 요청은 보람도 없이 거부되고 말았던 것이다. 승만에게는 모든 하늘이 금시에 자꾸만 무너져 내리는 것 같은 감개가 생겼다.

'그렇다. 지금 조국의 하늘은 쉴 사이 없이 무너져 내리고 있다. 동포들은 시방 모두 통곡 속에 잠겨 있으리라.'

이러한 생각이 물밀듯 그의 가슴속에 육박해 왔다. 그러자, 그는 불현듯 그 암담한 속에 잠겨 있는 조국이 한없이 그리워졌다.

'가자! 조국으로 가자! 가서 거기서 동포들과 같이 당할 일을 같이 당하며 밀고 나갈 데까지 어디 한번 밀고 가 보자……'

드디어 그는 이렇게 마음속으로 작정을 하고, 초라한 하숙방에서 바삐 행장을 수습하기 시작하였다. 그리하여 9월 초순의 어느 날, 샌프란시스코에서 다시 어두운 고향 땅을 향해 배에 올랐다.

제5장 빼앗긴 조국의 하늘 밑에서

승만이 부산에 상륙한 것은 10월 초순의 어느 맑은 날 오전이었다. 으레 그러리라고 예상은 하고 온 바이지만, 부산 부두에 내려 동포들의 오고 가는 모습과 얼굴들을 눈앞에 바짝 대하자, 그는 그만 가슴이 딱 질리어 저절로 벌려진 입이 좀처럼 다물어지지 않았다.

'내 눈앞에 오고 가는 저들이 정말로 조선 사람들인가? 저 웅숭그리고 땅만 보며 걸어 다니는, 저 웃음도 바로 못 웃고 눈치만 슬슬 살피는—저들이 모두 조선 사람들인가?'

나라를 잃어버렸다는 것은 참으로 너무나 무서운 현실임에 틀림없었다. 여섯 해 전에 그가 고국을 떠날 때만 하여도—물론 그들은 대부분이 가난하고 소극적인 사람들임엔 틀림없었지만—지금 보는 것과 같이 얼빠지고 다 죽어 가는 얼굴들은 하고 있지 않았다. 그들이 뜻밖에 모두 저 죄수의 얼굴들을 하게 된 것은 무엇 때문인가!

승만은 무심결에 눈을 들어서 하늘을 우러러보았다. 드물게 맑은 가을 날씨임엔 틀림없었지만 하늘도 인제는 마음의 탓인지, 모든 동포들에게도 그러할 것처럼 승만에게도 벌써 너무나 무거워서 견딜 수 없는 것이 되어 있었다. 어깨가 저절로 축 늘어졌다.

그러나 호올로 활기를 띤 것은 길거리에서 가끔 만나는 일본인들의 눈방울이요, 그들의 걸음걸이요, 새로 번성하는 그들의 상점, 그들의 살림살이의 모습이었다.

승만은 이것을 보고 저것을 보는 동안 마음속이 너무나 어지러워서 부산에서 차를 타고 서울에 오는 동안, 늘 눈을 감고 앉아서 되도록이면 그들의 얼굴을 보지 않으려 노력하였다. 그러나 서울에 당도하여 정거장 앞에 내리자, 똑같은 현실은 밀물처럼 겹겹이 그를 에워싸는 것이었다. 아! 그의 친구들의 얼굴에도, 일가친척들의 얼굴에도, 그 무서운 저주와, 자조와, 형벌의 흔적은 역력히, 역력히 나타나 있는 것이었다! 다만 아무것도 모르는 어린이들의 얼굴만이 쑥대밭에 섞여 있는 풀꽃들처럼 한층 더 그의 마음을 미어지게 할 뿐이었다.

'어떻게 했으면 좋을 것인가?'

그의 선배와 친구들 중에도 어떤 이들은 이미 스스로 목숨을 끊었고, 어떤 이들은 또 국외로 가 버렸고, 또 다른 이들은 모두 문을 닫아걸고 들어앉은 채 아직도 나오지 않고 있었다. 독립협회 때의 동지들이 서울에 없는 바는 아니었으나 그들에게도 아직 별다른 묘안은 없었다. 요컨대 조선은 완강한 쇠사슬에 겹겹이 얽혀서, 뜻밖에 온 압제에 질식 상태가 되어 있었다.

그러나 승만은 이러한 상태에서 자멸할 사람이 아님과 동시에, 또한 방탕의 몸부림이나 조그만 반항쯤으로 그의 맡은 책무를 손쉽게 처리해 버릴 수 있는 사람은 절대로 아니었다. 그는 적어도 여러 십년을 두고두고, 넓고 질기게 싸워서 우리를 에워싼 마지막의 쇠사슬이 끊어지는 것을 보기 위해서만 언제나 그의 생명을 예비할 수 있는 사람 중의 하나였다.

그러므로 이와 같은 사람이, 이 질식할 합병 초의 고국에 돌아와서 아직도 집집마다 통곡이 끊이지 않은 장안이 내려다보이는 언덕위에 올라서서, 몇몇 어린아이들로 더불어 한겨울을 하늘을 쳐다보며 연만 날리고 지냈다 하여도 우리는 그것을 이해할 수가 있다. 이 민족의 통곡을 능히 대표할 감정과 의리를 가진 사람이면, 그 통곡의 때에 연 같은 걸 날리던 심정도 알 수가 있단 말이다.

그렇다. 그는 1910년 합병되던 해의 한겨울을 날마다 남산 마루턱에 올라, 종이 연을 하늘에 띄워 놓고는 자새에 감긴 실을 풀었다 감았다 하며, 수두룩이 짓밟히고 있는 조국의 혼을 모조리 그의 속에 불러들이기에 여념이 없었던 것이다.

그와 동시에 그가 또 시행한 것은 통곡하는 동포들과의 일종의 기도와 어린이들에게 준 일종의 세례였다.

11월 27일　서울 YMCA에서 동포들과 같이 기도.

12월 11일 크리스마스 휴가에 세례를 받기 위해 32명이 성명과 주소를 알려 왔다.

12월 12일 어린 학생들이 세례 받기를 신청해 왔다.

이상은 1910년 겨울 그의 수첩의 기록 중의 한 토막이어니와, 이 기도와 세례를 역시 우리는 그의 이 무렵의 연 놀이와 거진 비슷한 것으로 생각해서는 안 될까. 그의 이 무렵의 연 놀이가 얼마나 많은 통곡과 민족애와 부동의 신념을 표현하는 것인가를 우리는 위에서 보았다.

그의 기도와 세례 역시 이러한 데서는 어쩔 수도 없는 그의 축복의 몸짓이 아니고 무엇이겠는가.

이런 것들을 다만 그의 감상이라고만 생각해서는 안 된다. 감상이란 언제나 이산하는 세계의 이야기요, 이러한 집중 속에서는 그것이 혹시 어느 순간에 얼마쯤 있었다 하더라도 그 흔적을 찾아보는 것은 잘못이기 때문이다.

제6장 다시 세계를 무대로

1

두 해 동안을 조선에 있은 뒤에 1912년 3월 26일, 승만은 다시 미국으로 떠났다. 5월 1일부터 29일까지 미국 미니애폴리스에서 열리는 '세계메서디스트총회'에 참석할 조선 대표로서 선임된 것이었다. 그러나 물론 그는 이 회의가 끝난 뒤에도 조선에 돌아오지는 않고, 거기 남아서 다시 활동을 계속할 작정이었다. 이미 꼼짝도 할 수 없이 속박되어 있는 조선에 남아서 일하는 것보다는, 다시 미국에 가서 세계를 상대로 일하는 것이 역시 정통적이라고 생각한 때문이었다. 갈 바를 찾지 못하던 서울의 많은 동지들도 물론 그걸 찬성하였다.

도중, 그는 5월 29일 일본 도쿄에 내렸다. 31일부터 4월 5일까지 열리는 재동경조선기독교청년회의 학생회의의 초청을 받았으므로 거기 참석하기 위해서였다.

도쿄 신쿄 정거장에서는 30여 명의 대학생들이 비를 맞으며 그를 기다리고 있었다.

"어제 오신다고 하셔서, 어제는 백스무 명이 여기 와서 기다리다가 실망하고 돌아갔습니다."

그들은 말하며, 승만을 떠메고 가다시피 그들의 회관으로 데리고 가서 성대하고도 다정한 환영회를 열어 주었다. 백남훈, 조용근 등이 그들 중의 대표로서 열렬한 환영사를 하였는데, 이 원수의 땅에서의 그들의 기세는 참으로 당당하여서 승만을 적잖게 감동시켰다.

회의가 끝난 이튿날인 4월 6일 오후 2시에는 혼다라는 일본인 대승정의 장례식에 초대를 받아 참석하게 되었다. 그러나 승만에게는 이것이 적지 아니 불쾌하였던 모양이다.

> 나는 이날 오후 2시 청산학원에서 거행되는 혼다 대승정의 장례식에 참석지 아니하면 안 되게 되었다.

라고 그는 그날의 일기에서 말하고 있거니와, 분명히 이 글투로 보건대 종교인으로서의 감정보다도 조선 사람으로서의 감정이 그에게는 이러한 때에도 훨씬 더 세었던 것임을 알 수 있다.

장례식에서 돌아오자, 그는 오후 7시부터 열리는 조선 학생들의 특별 회합에서 수백 명의 학생을 상대로 '조선인 학생에게의 기대'라는 제목으로 두 시간에 걸치는 긴 강연을 하였다. 이 특별 회합은 도쿄에서의 조선 학생들의 집합 장소가 될 조선인 YMCA의 건축 자금을 모으는 것이 목적이었던 것이다.

강연이 끝나자 청중은 즉석에서 1362원 50전을 기부하였다. 그리하여 회의 때 국제위원회에서 기부한 돈 2만 원과 합하여, 회관의 건축 기금은 넉넉하게 되었다.

2

4월 10일 오전 11시, 승만은 다시 요코하마에서 배를 타고 빅토리아 항에 상륙하여 5월 1일에는 '세계메서디스트총회'가 열리는 미니애폴리스에 도착하였다.

회의는 예정대로 이날 오전 10시부터 시작되어 29일 동안 계속되었다. 승만은 이 회합에서 "세계의 평화를 위해서는 먼저 약소민족의 해방이 필요하며, 아시아의 평화를 위하여선 먼저 한국의 자주독립이 있어야 한다. 기독과 모든 교회의 정신은 마땅히 이러한 평화옹호에 있어야 할 것이며 세계의 기독교도는 이 일을 위해서 단결 실천해야 한다"고 주장하여 각국 대표들의 많은 동의를 얻었다. 한편, 그는 각국 대표들과의 개별적인 친선에도 힘을 썼고, 회의의 여가에는 그들과 같이 미니애폴리스 근처의 도시들을 찾아다니며 얼마 동안 멈추었던 그의 소리를 다시 울리기 시작하였다.

그러나 그가 미국에 와서 바로 착수하기로 결정하고 온 중요한 목적은 메서디스트 총회도 총회이지만, 그보다도 오히려 한시바삐 미국 대통령 윌슨을 만나는 데 있었다. 그를 만나서 그동안 보고 온 한국의 실정을 알리고, 한국 해방을 위하여 그의 동의를 얻는 데 있었다.

승만은 윌슨 대통령을 만나기 전, 먼저 그의 딸 윌슨 양을 '라이트 하우스'에서 만나고, 메서디스트 총회의 한국 대표자의 자격으로서 대통령이 그를 만나게 해 줄 것을 요청하였다. 윌슨 양은 상냥한 처녀로서, 그렇게 할 것을 쾌히 승낙하고 가더니 그로부터 오래지 않은 6월 19일에는 대통령이 스스로 승만을 불렀다.

머지않은 장래에 민족자결주의를 주창하여 우리나라에도 3·1운동이 전개될 사상적 근거를 세워 주게 될 이 거물은, 사람을 대하는 데도 퍽 원만하였을 뿐만 아니라 약소민족에 대해서는 이때부터 특히 상당한 동정을 가지고 있었다.

승만은 그가 프린스턴 대학에서 박사학위를 받은 논문 「미국의 영향에 의한 중립주의」가 마침 대학으로부터 책으로 되어 나왔으므로, 그걸 한 권 가지고 가서 그에게 전하고 찾아온 뜻을 말하니 여간 반기지 않았다.

승만은 그가 보고 온 한국의 참혹한 꼴을 자세히 설명하고, 일본의 제국주의가 얼마나 동양의 평화를 해하고 있는가를 말한 후에, "한국 해방을 세계에 호소하는 성명서를 만들고자 하니, 거기에 꼭 좀 동의 서명을 하여 달라"고 요청하였다. (이것은 일찍이 1910년에도 그가 계획했다가 실패한 것이었음을 우리는 안다.)

그러나 노련한 정치가 윌슨은 다만,

"미국 대통령 아닌 한 개인으로서는 거기에 물론 서명해 드리고도 싶소. 서명할 뿐만 아니라 당신의 일을 도와주려고도 하오. 그렇지만 미국의 정치를 위해서는 아직도 내가 당신의 성명에 도장을 찍을 때는 아니오. 그러나 인제 우리가 같이 일할 때는 반드시 올 것이니 그것을 믿으시오. 그렇잖아도 나는 벌써부터 당신의 조국 한국을 포함한 모든 약소민족 국가들의 일을 생각해 오고 있는 중이오."
하고 웃는 낯으로 너그러이 대답할 뿐이었다.

승만은 다시 한 번,

"현상 유지의 정치보다 정의 인도의 미래를 위하여 나의 편이 되어 주시오."
하고 졸라 보았다.

그러나 그는

"물론이오. 그렇지만 모든 일의 해결엔 반드시 그 적당한 때가 있는 것이오. 하여간 내 당신의 갸륵한 뜻을 명심해 두리다."
하고 여전히 빙글거리고만 있었다.

그리하여 이날은 우선 그의 집을 물러나왔으나, 그 뒤에도 연달아서 그는 윌슨 씨의 집을 찾았고, 그러는 동안 미국 대통령은 한국에 대해서 여러 가지로 자세히 알게도 되고 동정도 하게 되었다. 또 그것은 뒤에 그가 주창한 민족자결주의의 사상을 세우는 데 어느 만큼의 도움이 되었는지도 모를 일이다.

하여간 얼마 사귀지 않아서 승만은 윌슨 대통령의 많은 신망을 받게 되어서, 그의 소개를 받아 미국 안을 두루 강연 행각을 할 수 있게까지 되었다.

"좋은 일이오, 퍽 좋은 일이오. 이승만 씨! 당신은 나 한 사람의 도장을 받을 생각을 하지 말고 미국 국민들의 마음의 도장을 모두 받도록 하시오."

하며 윌슨은 그를 격려하고 선선히 추천장을 써서 주는 것이었다.

그리하여 외쳐도 외쳐도 한이 없는 그의 강연 행각이 다시 시작되었다.

그러는 동안 그가 그의 부친 별세의 전보를 받은 것은 1913년 2월 3일, 하와이의 호놀룰루에 막 상륙한 때였으나, 그날도 그의 외침은 쉬지 않았었다.

제7장 기미 3·1운동 전후

—그가 임정 대통령이 되기 전후

1

그가 윌슨을 향해 늘 주창해 온 '약소민족 해방론'이 얼마만 한 자극을 윌슨에게 주었는지는 모른다. 그러나 하여간 윌슨의 약소민족 해방에 대한 관심은 나날이 높아 가서, 1917년 9월에는 미국 측의 주최로 뉴욕에서 세계약소민족대표자회의가 열리게 되었다.

승만은 이 회의에 그가 정식 한국 대표가 되는 것을 굳이 사양하고, 각지에 흩어져 있는 동지들과 연락하여 박용만이라는—뒤에 한때 임시정부의 외무총장이 된 사람을 파견케 하였으나, 이것은 어디까지나 한국에 쓸 사람이 많다는 것을 외국인들에게 보이기 위한 그의 겸허한 애국심 때문이었음을 우리는 알아야 한다. 그러나 그는 한국 대표가 회의에 나가서 많은 효과를 거두게 하기 위하여 온갖 노력을 아끼지 않았던 것이다. 우선 회의 때 우리 대표들에게 소용된 1120불의 비용도 그의 힘으로 하와이에서 갹출되어, 직접 그의 손을 통해 안창호에게 전해졌었다.

약소민족회의의 뒤를 이어서 1918년 1월, 대통령 윌슨은 미국 국회에서 다음과 같이 그의 교서를 낭독하였다.

> 한 민족과 국민은 강하고 약한 것을 가릴 것 없이 다른 모든 민족 사이에서 자유 평등의 권리를 누릴 수 있으며, 또 그 생존의 평안과 공평한 기회를 받아야 한다. 그래서 모든 국제적인 갈등의 원칙이 되는 것을 해결해야 할 것이다.

이것은 물론 그의 평소의 신념일 뿐만 아니라 뒤에는 대전 후 평화조약의 한 부분으로 그가 세계에 제시한 내용의 골자를 이루는 것으로서, 이것이 국회에서 발표되자 미국의 조야朝野는 한참 동안 이 화젯거리로 왁자지껄하였다. “이번 세계 전쟁이 끝나면 윌슨은 반드시 그것을 세계강화회의에 제출하리라”는 것이 많은 사람들의 의견이었다.

승만도 또한 그렇게 생각하였다. “반드시 그때가 올 것이다”라고, 윌슨이 언젠가 자신에게 말하던 일이 문득 기억되었다. 그러고 그때라는 건 바로 지금인 것만 같았다. 그래 승만은, 바로 국내와 국외에 뿔뿔이 흩어져 있는 동지들에게 연락하여 윌슨의 성명에 대해 주의를 환기시키고, 그가 대전 후 강화회의에 이 문제를 올리게 될 때,

세계의 약소민족은 모조리 일어설 것이라는 것을 예언한 후, 한국도 지금부터 이에 호응할 준비를 갖추고 있어야 한다고 지시하였다. 그는 이 지시를 서면으로도 보내고, 밀사를 통해서도 보내고, 전신으로도 보내어, 뜻있는 모든 동지들의 인식을 새롭게 하였던 것이다.

그러자, 바로 이해—1918년 11월 11일, 소란하던 세계대전은 독일의 참패로 휴전되고, 오래지 않아서 열린 파리의 예비적 평화회의에는 미국 대통령 윌슨이 제창한 평화조약안 14개조 중에, 위에 말한 그의 성명의 내용과 틀림없는 민족자결주의의 원칙이 똑똑히 명시되어 있었다.

아직 정식 회의가 열리기 전부터(정식 회의는 1921년 1월부터 있었다) 세계의 많은 나라들은—특히 약소한 나라들은 입을 나란히 모아 그의 제창에 찬동하였고, '민족자결주의'라는 새 개념과 사상은 세계의 방방곡곡에 침투하게 되었다.

승만에겐 참으로 기다리고 기다리던 때가 온 것이었다. 그는 이 기별을 듣자 바로 먼저 중국과 일본에 있는 동지들에게 "민족 총궐기의 기회가 왔으니 속히 대비하라"는 지시를 보내는 한편, 파리강화회의에 한국 대표를 정식으로 파견하기 위하여 미국 정부에 교섭을 시작하였다.

그리하여 그는 1919년 2월 26일, 미국 정부의 내무부 장관인 프랭클린과 국무부 장관인 폴크를 만나고, 한국의 정식 대표로서 강화회의에 참석할 길을 열어 달라고 요청하였다.

국무장관 폴크는 "곧 파리에 연락하겠다"고 그에게 대답하였다.

한편 그는 대통령에게도 면회를 청했으나, 윌슨은 세계의 모든 눈이 그에게만 모여 있는 때여서 그런지, 혹은 정치적 제스처에서인지, 비서를 통해 "바쁘다"는 뜻을 말하고 "할 이야기가 있으면 서면으로 전해 달라"고 하였다. 그래 승만은 할 수 없이 그 문제를 직접 대통령의 이름으로 회의에 보내 달라고 요구하고, 또 거기 대한 회답을 곧 하여 달라는 편지를 전했다. 그러나 그 결과는 정식 대표로서의 참석은 불가능하고, 다만 한 객원의 자격으로 당시 상해에 있던 김규식이 뽑히어서 유명한 우리들의 청원서를 가지고 가게 되었던 것이다.

이와 같이 주밀한 연락과 지시를 내리고, 또 외교적 교섭을 진행시키는 한편으로, 그는 다시 미국에 있는 동포들을 단합하여 4월 14일부터 사흘 동안은 워싱턴 미국독립기념관 앞에서 일대 시위 운동을 일으키고, 한국의 독립을 선언하였으며, 파리강화회의에는 '대한 정부를 승인하라'는 전보를 쳤다. 이날은 서재필 박사도 나와서 그와 같이 열렬한 연설을 하였는데 미국 사람들도 굉장히 많이 모여서 모두 그들에게 동의를 표하였다.

2

한편 중국에 있는 동지들은 일찍부터 그의 지시에 의하여 파리강화회의에 대비할 것을 계획하고, 1919년 2월 1일 상해에 모여 그 대책을 토의한 결과, 위에서도 말한 것처럼 김규식을 파리에 보낼 것을 가결함과 동시에 조선 본국과 일본에 일대 항쟁 운동을 전개하기로 하여, 장덕수를 일본에, 김철, 선우혁, 서병호 등을 본국에, 여운형을 러시아에 각기 파견 지도케 하였다.

그리하여 일본 도쿄에서는 2월 8일, 조선인 청년 회관에서 많은 학생이 모여 독립선언서와 결의문을 낭독하고, 손가락을 깨물어 '독립요구서'를 써서 그것을 일본 의회와 정부에 제출하려다가, 일본 순경들의 칼끝에 유혈의 참극을 이루고 모두 체포되었으며, 서울에서도 역시 외국 동지들과의 연락 아래 비밀리에 송진우, 현상윤, 최린, 최남선 등의 젊은 청년들이 계획을 추진시키고 있다가, 각 종교 단체의 협력을 얻어, 드디어 3월 1일에 와서 전국적으로 무서운 폭발을 보게 되었다. 여러분도 아시다시피 천도교의 손병희, 권동진, 오세창, 예수교의 이승훈, 박희도, 함태영, 불교의 한용운, 백용성이 이 운동에 참가하였고 손병희는 이 운동의 맹주가 되어 천도교로 하여금 일체의 비용을 부담하게 하였으며, 최남선은 독립선언서와 일본 정부에 보내는 글을 기초하였던 것이다.

드디어 3월 1일, 독립 만세 운동은 서울 탑골공원에서부터 시작되었다. 뜻밖에도, 오랫동안 잊었던 태극기가 미리 예비했던 깃대 위에 걸려 하늘 높이 펄럭거리자, 천도교의 한 청년은 쌓아 놓은 단 위에 올라 독립선언서를 높고도 맑은 음성으로 낭독하였다. 그것이 끝나자 모인 군중들은 손에 들고 온 작은 태극기들을 높이높이 치켜들며 소리를 나란히 하여 만세를 계속해 부르며 길거리로 쏟아져 나왔다. 길거리에서는 골목마다 또다시 새로운 군중이 그들의 뒤를 따랐다. 늙은이도 어린이도 부인네도—그들은 모조리 뛰어나와 "대한 독립 만세!"를 연거푸 부르며 달리어갔다. 이 불길은 나날이 조선 전체에 번지어서 일본은 군대를 출동하여 삼천리의 방방곡곡에서 체포 감금을 수없이 하는 한편, 몸서리치는 학살을 계속했던 것이니, 그들의 손에 온갖 악독한 수단으로 무찔려 죽은 자의 수효는 남녀노소를 합하여 실로 7천5백여 명, 체포 감금된 자 46만 9백여 명, 이 운동에 참가한 동포의 수는 실로 2백만 명이 훨씬 넘었던 것이다.

10년 동안을 짓밟혀 오던 민족은 여기에서 죽음을 내어걸고 그들의 민족정신의 건재함을 또 한 번 보였고, 세계 각국은 이 사실을 보고 한국민의 염원이 무엇인가를 새로이 인식한 동시에 일본의 야만성에 대해 비로소 이맛살을 찌푸리기 시작했다.

이와 같은 민족정기의 발현과 아울러, 3·1운동은 우리들의 커다란 또 한 개의 수확인 대한민국임시정부를 낳게 하였다. 3월 1일 이후 국내와 국외에 있는 많은 독립운동가들은 민족의 독립 의사를 대표하는 최고 기관으로서 임시정부를 만들 필요를 모두 절실히 느껴오던 차에, 그중에 대표 인물들이 약속이나 한 듯이 3월 하순경 모두 중국 상해로 모여들게 되자, 이것을 급속히 세울 것을 결의하고 서울에 있는 독립 본부와 연락한 결과, 4월 11일 다음과 같은 제1차 내각이 선임되었다.

임시의정원의장 이동녕, 국무총리 이승만, 내무총장 안창호, 외무총장 김규식, 법무총장 이시영, 군무총장 이동휘, 재무총장 최재형,

교통총장 문창범.

그러나 그 뒤 다시 많은 지도자들이 국내와 국외로부터 몰려오고, 특히 안창호가 미국에서 5월 25일에 상해로 오게 되자, 곧 임시 헌법을 만들고, 역사편찬부를 두어 한일 교섭의 유래와 이번 독립운동의 모양과 일본인의 야만적인 학살의 사실 등을 자세히 기록게 하여 국제연맹에 제출토록 준비하는 한편, 서울의 국민회와 다시 연락하여 임시정부 내각을 뜯어고치니 그 부서는 다음과 같았다.

대통령 이승만, 국무총리 이동휘, 내무총장 이동녕, 재무총장 이시영, 군무총장 노백린, 법무총장 신규식, 학무총장 김규식, 외무총장 박용만, 교통총장 문창범, 참모총장 유동열, 노동국총변 안창호.

그러나 승만은 이러한 임시정부의 부서 결정은 전하는 소식으로만 들었을 뿐으로, 여러 차례 상해로부터는 '잠깐 왔다 가라'는 초청을 받았으나 좀처럼 발이 움직여지지 않았다. 파리의 강화회의를 앞두고 미국의 여론을 한국에 집중시키는 것과, 대통령을 비롯한 미국 정치가들에게 한국에 대한 동정심을 일으키게 하기 위하여서 동분서주하느라고 머리를 조끔도 딴 데로 돌릴 수 없었음은 물론, 새로 사업이 확장된 조선인위원회와, 준비 중인 구미 각국을 상대로 하는 한국 사정 소개 잡지의 발간 사무 때문에도 도무지 눈코를 뜰 새가 없었다.

그리하여 그가 겨우 발을 옮겨서 비서 임병직과 같이 상해에 당도한 것은 임시정부가 수립된 지도 한 해가 훨씬 넘은 1920년 12월 5일이었다.

찾아다가 허수아비 황제로 앉혔다. 물론 만주국이란 다만 빛 좋은 명목이요, 이것은 이미 그들의 완전한 영토였다. 이렇게 그들은 중국 침략의 첫 손을 벌린 것이었다.

그러자, 중국 천지에는 항일운동이 맹렬히 일어났으며, 이 운동에는 우리들 한국의 독립운동자들도 가담하여 공동전선을 펴게 되었다. 그 당시 임시정부의 주석이었던 김구의 명령을 받고, 우리나라 청년 이봉창이 도쿄에서 일황을 쏜 것도, 또 상해에서 윤봉길이 일황 생일 축하식장에 폭탄을 던져 일본군의 괴수인 시라카와를 죽이고 시게미쓰 공사와 노무라 중장 등을 부상케 한 것도 모두 이때의 일이었다.

그리하여 만주사변 문제를 에워싸고 세계는 다시 왁자지껄하여, 1932년부터 33년에 걸쳐 국제연맹은 이 문제를 논의하게 되었다.

그러자, 하와이와 미국에 있는 동포들은 "이 기회에 국제연맹에 가서 다시 조선 문제를 제기하자"고 하여 승만을 그 대표자로 선정하였다. 이 불변하는 화산은 58세의 환갑이 가까운 나이로 다시 한 번 세계를 향해 그 애국의 불길을 뿜을 기회가 왔던 것이다.

1932년 12월 11일, 그는 미국 국무성에서 극동국장極東局長을 만나고 제네바의 국제연맹에 나가서 활동할 그의 패스포트를 발행하여 줄 것을 요청하였다. 그는 미국에 온 지 이미 30년이 되었건만, 미국 시민으로서 입적하는 것을 늘 거부해 왔기 때문에 세계를 여행하자면 특별한 패스포트가 필요한 것이었다. 미국 정부는 이미 그의 업적을 잘 알고, 또 이번 연맹에 가는 목적에도 찬동하여 선선히 국무장관 스팀슨이 서명한 패스포트—일종의 세계 통행을 미국 정부가 책임 추천하는 패스포트를 내어 주었다. 이것은 참으로 미국 정부로서도 전례가 없는 일이었다.

그리하여 그는 12월 23일 배로 뉴욕을 출발하여 1933년 1월 2일 영국 런던을 거쳐서, 다시 비행기로 1월 4일에는 목적지인 제네바에 도착하였다.

그가 제네바에서 활동한 모습은 마침 그의 일기에 자세히 기록되어 있으므로 나는 번잡을 피하기 위하여 그 골자만을 아래에 옮겨 여러분에게 보이고자 한다.

1월 6일 나는 중국대표 W. W. 엔 씨와 그의 숙소에서 여러 시간 회담하였다. 그리고 회의의 준비를 하였다.

1월 7일 AP 통신원 푸란트스 J. 립시 씨가 여관으로 나를 찾아왔다. 나는 그에게 "우리들의 문제를 진정의 형식으로 연맹에 제출하려고 하니 경험 있는 통신원이 문제를 취급해 주기 바란다"고 말하니, 그는 "정당한 보도를 하기 위하여 적당한 방법을 생각하겠다"고 대답하였다.

1월 8일 미국 총영사 브레이크 씨 부부와, 부인동맹 총재 가트리 더라스 부인을 만났다.

1월 9일 워싱턴의 드류 퍼슨 씨에게서 편지가 왔다. 미국 영사요 연맹 옵서버인 푸렌티스 길버트 씨와, 뉴욕 타임스 통신원 스트레이드 씨, 세계통신사원인 알빈 E. 존슨 씨 등에게 주는 소개장이 들어 있었다. 그래 나는 스트레이드 씨 등을 만나 우리들의 일에 대한 협조적인 보도를 의뢰하였다.

1월 11일 중국 대표 W. W. 엔 박사를 만났다. 말을 들어 보니, 처음 그는 우리들을 돕기 위해서 무엇을 해야 될지 까마득하였던 모양이다. 그래 나는 그에게 "조선 문제를 연맹에 제출하는 것은 만주 문제와 아주 밀접히 관계가 되므로, 이것은 다른 각도에서 일본을 물리치는 것을 뜻한다"고 말해 주었더니, 그는 곧 찬성하고 "당신들이 요구하는 일이라면 무엇이든지 우리는 연맹에 제소하겠다"고 약속하였다. 그는 다시 나에게 파리에 있는 중국 정치가 구 윌돈 씨와 주영 중국 공사 궈태치 씨를 만나 보라고 권하였다.

1월 12일 나는 궈태치 씨를 그의 아파트에서 만났다. 그는 나에게 "엔 박사와 구 씨와 나는 당신들이 준비해 놓은 어떤 서류라도 연맹에 제출하는 데 찬성하였습니다"라고 말하였다. 오후에 알빈 E. 존슨 씨가 여관으로 나를 찾아왔다. 그러나 나는 그가 일본 신문과 관계하고 있는 것을 알고 있었으므로 우리들의 계획에 대해서는 깊은 이야기를 하지 않았다. 그를 보낸 다음 나는 다시 엔 박사에게서 받아 둔 소개장을 가지고 연맹보건부 책임자인 라치만뉴 박사 집을 찾아갔다. 그는 처음 "조선 문제를 제출하기에는, 지금은 좋은 기회가 아니다"라고 하였으나, 내가 "아니다. 첫째 문젯거리는 조선이요, 그다음이 만주다. 만주 문제에 뒤이어서 조선 문제를 제출하기에 지금은 제일 적당한 때이다. 조선은 중국의 도움이 됨은 물론, 연맹을 위해서도 반드시 도움이 될 것이다. 우리들은 연맹이 지금 곧 우리의 독립을 제기하는 걸 기대하는 게 아니라, 우리 문제를 한 생생한 문제로서 취급해 주기를 바랄 따름이다"라고 말하니 "당신네들의 일을 도웁기 위해 대표자들과 연락하겠다"고 말하였다. 그의 집을 물러나와 오후 6시 반, 나는 다시 중국의 유명한 정치가 구 씨 댁에 갔다. 그는 나를 미국에서부터 잘 아는 터였으므로 여간 반겨 하지 않았다. 그는 "중국 대표는 조선이 원하는 어떠한 서류라도 연맹에 제출할 터이니 '일본의 조약 위반과 조선인의 항쟁'의 기록, '일본이 조선에 끼친 압제'의 기록을 꼭 그 서류에 자세히 써 달라"고 부탁하였다.

1월 13일 미국 영사 길버트 씨를 방문. 그는 맨 처음 나에게 "당신이 대통령이십니까?" 하고 물었다. "아니다"라고 내가 대답하니 그는 빙그레 웃으며, "미국 친구들은 나에게 당신을 소개하는 편지를 할 때마다 '대통령'이라고도 하고 '주지사'라고도 했습니다. 그런데 당신은 여기서 무엇을 하실 예정입니까?" 하고 물었다. 나는 그에게 대답하였다.

"나는 연맹과 중국과 세계의 평화를 도웁기 위하여 왔다. 조선 문제는 중일 관계의 한 부분이니 지금은 이 문제를 생생한 문제로 만들기에 제일 좋은 때라고 생각한다.

1910년, 세계 각국은 일본이 조선 정복과 만주의 문호 개방쯤으로만 만족할 것이라고만 믿고, 일본의 세계 정복의 야심을 몰랐었다. 그러나 우리는 세계가 반드시 일본에 대해 환멸을 느낄 때가 오리라는 것을 알고 기다리고 있었다. 보라! 일본은 조선을 짓밟아 버리더니 인제는 다시 만주를 완전히 손아귀에 넣었지만, 이것은 결코 그들의 마지막 침략은 아니다. 그러므로 나는, 세계가 극동 평화를 유지하기 위하여 연맹 일본을 그들의 본래의 모양인 한 작은 섬나라로 밀어뜨려 버리도록 조처하여 달라는 것을 요구하러 왔다. 나의 이 요구를 연맹의 여러 나라는 반드시 응원해 줄 줄 믿는다."

나의 이 말에 길버트 씨는 대단히 찬성하며 "약소 제국은 모두 당신의 편이 될 것이다. 그네들이 여기 모이는 대로 두루 연락을 해 주마"라고 하였다.

1월 14일 중국 신문계의 대표 양궁송 씨가 다녀갔다. 밤에는 푸랑코라는 언론인을 찾아가, 그에게 우리들의 일에 대한 서류와 기사의 수습과 그 보도 임무를 맡기기로 하였다.

1월 15일 AP 통신원 립시 씨가 와서 뉴욕 본사에 보낸다고 나의 사진을 여섯 장 가져갔다. 오후에는 또 중국 신문기자가 와서 나의 담화와 사진과 약전略傳 등을 가져갔다.

1월 16일 오후에 푸랑코 씨가 와서 나와 같이 연맹에 제출할 진정서의 초고를 정리하였다.

1월 17일 연맹에 제출할 서류가 작성되었다. 나는 중국 대표 엔 박사를 만나서, 그의 법률 고문에게 우리들의 서류를 사열시켜 제출을 준비하여 달라고 하였더니, 그는 승낙하고 이 문제를 그들 손으로 제출하겠으니 구 씨를 만나 보라고 나에게 권고하였다.

1월 18일 나는 구 씨를 만났다. 그랬더니 그는 이상하게도 뜻밖에 "지금은 조선 문제를 제출할 때가 아니다"라고 하였다. 나는 그에게 긴 설명을 하였으나 "그 문제는 근거가 박약하여 우리 중국 대표들은 제출하지 않기로 하였다"고 잡아떼므로 할 수 없이 여관으로 돌아왔다.

1월 19일 중국위원단 고문 코린스 씨가 나를 전화로 불러서, "나를 중국 공사 궈 씨가 소개하여 이승만 씨를 만나 보라 하였으니 만나 줄 수 있겠느냐"고 물었다. 내가 승낙하였더니 그는 곧 왔다. 그가 오자, 나는 곧 그에게 '조선 임시정부 승인과 연맹에의 참가권을 요구하는' 서류를 내주었다. 그랬더니 그는 그것을 보고 말하기를 "연맹맹약에는 독립국가라야만 어떠한 문제를 제기할 수 있다"라는 조항이 있다는 것이었다. 그래 나는 생각하였다. '중국 대표가 이걸 제출하지 않으면 우리들의 이 정당한 요구는 연맹에 보내도 결국 상정도 보지 못하고 말 것이다. 그러니 우리들의 요구를 관철하기 위해서는, 먼저 조선과 연관성이 있는 만주 문제를 취급해서 중국이 이것을 제출케 해야 한다. 그것을

성취하는 날을 기다려, 우리의 문제는 상정 해결할 수 있을 것이다.'

1월 20일 중국 주영 공사 궈 씨 집의 연회에 갔다. 궈 씨는 나에게 "당신들의 요구를 제출하기 전에 먼저 조선 사람의 만주 이민 문제를 상정해야겠으니 거기 대해서 서류를 준비해 주시오" 하였다. 나는 그에게 "그건 참 좋으신 생각이다. 왜 그러냐 하면, 그렇게 하는 것은 결국 한국 독립 문제를 열어 주는 열쇠가 될 수 있기 때문이다"라고 대답하였다. 뒤이어 나는 이 자리를 물러나와서 아일랜드 대표 레스터 씨에게 전화를 거니 "곧 만나겠다"고 하여서 나는 그길로 연맹 영국 본부로 갔다. 레스터 씨는 나에게 말하였다. "당신네들이 제출한 것은 모두 퇴짜를 맞을 것이며, 비서도 그건 돌리지도 않을 것이오. 그러니 방법은 신문기자와 먼저 연락하여서 이 문제가 제출되면 곧 세계가 모두 떠들도록 하시오" 하였다. 그는 나에게 각국 대표를 추천해 주고, 또 조선에 관한 책을 빌려 달라고도 하였다.

1월 21일 궈태치 씨가 그전 펜실베이니아 대학교수요, 현재 중국 대표단 고문인 코린스 씨를 또 보내 주어 우리를 돕게 하였다. 그리고 우리들이 연맹에 제출할 제안의 대략을 그에게 전해 달라고 하였다. 그래 나는 우리들의 계획서와 1919년에서 1921년까지의 조선 항일 운동의 연대록을 그에게 주니, 그는 그것을 가지고 가면서 "연맹에의 제출 사항이 갖추어지면 곧 통지하겠다"라고 하였다.

1월 23일 코린스 씨가 연맹에 제출할 우리들의 서류 내용이 되었다고 가지고 와서, "궈 씨가 좋다고 하였다"고 하면서 나에게 그것을 보고 서명하라고 하였다. 그 내용은 '리턴 보고에도 보이는 것처럼 조선 문제는 만주사변의 한 부분인 만치, 만주에 있는 조선 사람들을 일본의 지배로부터 건져 한 중립국인으로서 대우하도록 하기를 요구한다'는 것이었다. 리턴 보고란, 여러분도 아시다시피 1932년 연맹이 만주에 파견한 영국인 리턴을 중심으로 하는 사절단의 보고를 말함이다. 나는 거기에 곧 서명을 하였다. 내 생각인즉, 중국이 우리 한국임시정부 문제를 곧 연맹에 제기할 수 없을 바에야 우선 이렇게라도 조선과 연관성이 있는 문제를 상정케 하여, 연맹이 이 문제를 주목하게 될 때 어떤 딴 나라를 시켜 한국의 승인을 요구하는 것이 순서라고 본 까닭이었다. 생각이야 꿀 같지만, 지금 당장 우리들끼리 '조선 독립'을 승인하라고 요구했다가 연맹이 그것을 보지도 않고 물리쳐 버리면 그뿐 아닌가. 미국 영사 길버트 씨를 찾아갔더니, 그는 "며칠 전에 만주국 사절단이라는 사람들이 와서 만주국 승인을 요구하는 요구서를 연맹에 제출했으나 비서는 곧 그것을 물리쳐 버렸다"고 말하였다. "만일에 그들이 일본이나 다른 승인된 국가를 시켜 이 문제를 상정케 하였으면 이 문제는 각하되지 않았을 것이다"

는 것이었다. 그리하여 나는 여러 가지 점으로 보아 만주 문제를 먼저 올리는 것이 순서라고 보았기 때문에 그 서류를 정리하여 구 박사에게 제출해 달라고 부쳤다.

제9장 국제연맹회의 2

1

1월 26일 오전 10시에 코린스 씨가 찾아와서 "당신들이 구 박사에게 보낸 서류는 조선인으로부터의 진정이 아니라, 중국인의 문제처럼 꾸며서 중국 대표가 연맹에 제출해야 되는 까닭에, 역사적 문제와 일본의 침략 문제 등을 삭제하고 다만 만주에 있는 조선인 문제에 한해야 되겠다. 그러니 우리 궈태치 씨와 상의해서 중국의 성명서같이 만드는 걸 양해하라"고 말하였다. 나는 그에게 대답하였다. "그렇지만 우리들에게는 3, 4종류의 계획이 있음을 명심해 주기를 바란다. 즉, 그것은 우리의 정부 승인과 연맹에의 참가권 문제 등이다. 중국이 우리들의 이 요구에 입각하는 것이라면 우리는 중국이 시키는 어떠한 일이라도 하겠다" 그랬더니 그는 "좋다. 당신네들이 원하는 대로 하겠다"라고 하였다. 그 뒤 우리는 다시 궈태치 씨 댁에 모였다. 궈 씨는 나에게 "당신들의 진정서에 있는 한국 정부 승인 문제와 연맹에의 참가권 요구는 삭제하고, 우선 만주에 있는 조선인 문제만을 우리가 취급해 제출코자 하는데 좋은가. 그래야만 중국은 이번의 만주사변과 어긋나지 않은 문제로서 이 진정서를 연맹에 제출할 수가 있다"라고 하였다. 그래 나는 그렇게 하는 것이 이미 우리들이 엔 박사에게 제안한 것이므로 찬성한다고 말하였다. 중국 대표가 이 문제를 제출하면 뒤이어서 곧 우리들의 요구를 또 각서로서 낼 수가 있을 것이다. 이 상의가 있은 후 궈 박사는 우리들의 각서로서 20페이지나 25페이지쯤 되는 서류를 만들어 놓으라고 나에게 요구하였다. 이렇게 하여 우리는 한 걸음 한 걸음 목적점을 향해 나아갔던 것이다. 그러나…… 그들 중국 대표들은 참으로 앞뒤가 맞지 않는 이야기를 하고 있다. 만약 그네들이 다시 다른 제안을 하면 어떻게 할까? 그러나 그들은 늦어도 5, 6일 안에는 이 문제를 제출 추진시키자고 약속하였다.

1월 27일 '워싱턴 스타'지의 존슨 씨가 전화를 걸어 피시니 공사와 에스토니아 공사를 꼭 만나라고 권고해 왔다. 그들은 모두 이번 회의에 참가한 약소국가의 대표들이다.

1월 28일 나는 피시니 공사 홀스티 루돌프 씨와 에스토니아 공사 A.

슈미트 씨를 만났다. 그들은 입을 나란히 하여 "우리들은 동맹국이니 힘을 다해 서로 협력하자"라고 말하였다. 그들을 만난 후에 나는 다시 중국 공사 궈 씨를 찾아갔다. 궈 씨는 "며칠 안에 '만주에서의 조선인 시민권' 문제를 제기하겠다"라고 말하였다.

1월 30일 중국이 만주 조선인 문제를 연맹에 제출한 뒤에 우리들이 그 뒤를 이어서 제출할 진정서를 만들기에 나는 분망하였다. 나는 코린스 씨를 만나서 "중국이 조선인 문제를 제출하는 것을 주저하는 데에는 상당한 이유가 있을 것이다. 그들이 그러하다면 우리는 인제 더 기다리는 데 시간을 허비할 수는 없다"라고 말하였더니, 코린스 씨는 "우리는 중국이 끝마치도록 기다려야 된다. 그것이 우호적 신문기자단의 공통한 의견이다"라고 대답하였다.

2월 1일 코린스 씨가 와서 나에게 곧 중국 대표 엔 박사를 만나라고 하기에 나는 "엔 박사가 곧 우리 문제를 연맹에 제기할 것을 바란다"라고 요구하였다. 그랬더니 그는 만주인을 대표하는 서류 586호가 '만주국을 지지한다'라고 성명한 회람—이것은 연맹 각국 대표에게 돌렸었다—의 사본을 가지고 왔다. 그 서류에는 '만주국은 인민의 원에 의하여 건국되었다'는 것을 성명한 길림에 있는 조선인들의 성명이 쓰여 있었다. 나는 거기 대하여 조선의 이름으로 항의문을 쓰고, 그것을 중국 보고국에 보내서 등사시키게 하였다.

2월 4일 연맹 대표로서 만주를 다녀온 리턴 성명서의 주인공 리턴 경을 만나려고 백방으로 연락했으나, 그는 너무나 바빠서 만날 수가 없었고, 그와 같이 '리턴 보고'를 심리하기 위하여 연맹에서 임명된 19개국 위원 중의 한 사람인 스웨덴 대표 크리스천 렌지 박사를 만나게 되었다. 그는 능숙한 영어로 말하였다. "중일 문제가 미묘한 관계를 가지고 있는 이때, 어느 나라 대표도 조선 문제를 연맹에 제기하지는 않을 것입니다. 그러나 앞날에는 반드시 조선 독립을 우리들이 말할 날이 올 것입니다." 그래 나는 그에게 대답하였다. "아직 나는 귀하뿐만 아니라 어떤 나라 대표에게도 조선 독립 문제를 제기해 달라고 요구하지는 않겠습니다. 그러나 나는 지금 귀하의 앞에 놓여 있는 문제에 관해서 중대한 한 개의 보고를 드림으로써, 연맹과 중국을 원조할 수는 있습니다. 귀하의 앞에 지금 놓여 있는 문제는 연맹이 리턴 보고를 각하하고 일본의 요구를 받아들이느냐 안 받아들이느냐 하는 것입니다. 한쪽으로 일본은 또 리턴 보고는 거짓이라는 인상을 연맹뿐 아니라 세계에 선동하기 위해 온갖 수단을 다할 것입니다. 그들은 조선인 2명까지를 포함한—소위 서류 서명인 일람표 중에 '만주국은 일본인의 손으로 만든 것이 아니다'라는 것을 증명하는 586호 서류를 가지고 있지 않습니까. 나는 일본인의 서류 내용에 대항하는 데 필요한 증거를 가지고 있습니다.

그것을 나는 연맹에 제출하려고 하는 것입니다. 그러나 그것이 보도 가치가 있도록 공적인 입장에까지 이르도록 하기 위해, 나는 그것을 중국 대표 아닌 어느 다른 나라 대표가 연맹 비서에게서 요구하여 각국 대표들에게 회람케 해 주기를 바랍니다. 지금 내가 요구하는 것은 이것뿐입니다" 그랬더니 그는 "잘 알겠습니다. 나는 귀하가 스웨덴 수상과 또 다른 스웨덴 대표들을 만날 수 있도록 해 드리겠습니다. 수상은 귀하를 만나고자 할 것입니다"라고 말하였다.

2월 5일 일요일, 푸랑코 씨 부부와 제네바호까지 산책을 나갔다.

2월 6일 리치몬드 여관에 가서 영국 대표 세신 경을 만났다. 그에게 부탁하면 리턴을 만날 수 있으리라는 말을 들었기 때문이다. 그는 나에게 몇 가지 질문을 하였다—"조선인과 중국인은 서로 친한가. 만주에 있는 조선인이 만주국에 반대하는 것을 표시하는 무슨 증거 서류가 있는가" 나는 거기에 대해 곧 "있다"고 대답하고, "그것을 약소국 중의 어느 대표가 연맹 사무국에 부탁하여 회람시킬 수 없겠느냐"라고 물었다. 그랬더니 그는 스페인 대표 마다리아가 씨에게 소개장을 써 주었다.

2월 7일 스페인 대표 마다리아가 씨를 만나려고 연락하였으나 그는 군축위원회의 중대한 일 때문에 시간이 없었다. 나는 여관에서 조선성명서와 연맹사무총장에게 보내는 편지

150장과, 이 두 문제에 관계되는 리턴 보고서 초록 150벌을 준비하였다. 전부 오늘 2월 7일 날짜로 하였다. 그러나 그 뒤 바로 미국 영사 길버트 씨를 만나니, 그는 "그것을 연맹에 제출하기 전에 먼저 스페인 대표 마다리아가 씨를 만나서 상의하라. 그와 아일랜드 대표 레스터 씨는 그들의 손으로 그것을 제출해 줄는지도 모르니까"라고 권고하였다. 그래 나는 하루를 더 기다리기로 하고 있는데 마침 연맹 비서가 나에게 보낸 우편 한 통이 배달되었다. 떼어 보니 그것은 '만주에 있는 조선인과 만주인이 만주국을 지지한다는—소위 586호 서류를 일본인이 제출'한 데 대해서 반대한 하와이 조선인 동지회가 중국 대표 엔 박사에게 보낸 전보에 대한 답장이었다. 하와이에 있는 우리 동포들을 시켜 나는 엔 박사에게 그 전보를 치도록 지시하였던 것이다. 이것은 연맹에 회람되고, 몇 군데 신문에도 발표되었다.

2월 8일 아일랜드 대표 레스터 씨에게 전화를 하니 오라고 하였다. 연맹에 보내는 우리들의 서한의 발송 준비를 끝마친 뒤 그것을 한 부 가지고 가서 그에게 보였더니 그는 그것이 잘 되었다고 하며 "우리 정부의 지시 없이는 아무것도 할 수 없지만, 나는 꼭 정부에 요청해서 될 수만 있으면 당신 나라의 일을 연맹에 회람토록 하겠다"라고 말하였다. 그래 나는 여관으로 돌아오자, 그것을 곧 연맹에 발송하고, 약

60부는 각국 대표에게, 또 그 나머지는 각 신문 통신사에 보내 버렸다. 뒤에 들으니 영, 불 두 나라 말로 작성된 우리들의 항의는 곧 방송국을 통해서 발표되었고, 제네바의 각 신문은 이것을 자세히 보도하였다고 한다. 나의 일을 도와주고 있는 서영해가 연맹에 가서 이 사실을 서울 동아일보에 무전으로 알리고 있는데, 뜻밖에 일본 신문인들이 그 옆에 와서 더 자세히 이 소식을 타전하였으므로 우리는 덕택에 결국 돈 한 푼 안 들이고 조선에 알리게 되었다고도 한다. 우리들은 이 이야기를 하며 많이 웃었다.

2

2월 9일 푸랑코 씨가 왔다. 그는 우리들의 항의서의 내용과 그 제출 방식을 칭찬하고, 그것을 비참가국 대표들에게도 보내라고 하였다. 나는 그것을 이미 다 보냈다고 말하였다. 서영해 군의 말을 들으면 중국 신문국도 우리들의 항의서에 대해 긴 전보를 본국에 보냈다고 한다.

2월 10일 항의서 사본을 미국 영사 길버트 씨에게 보내, 그것을 스팀슨 비서와 린도브 소련 영사에게 보내달라고 부탁하였다.

2월 11일 뉴욕 타임스가 우리들의 통신을 게재했다는 뉴욕으로부터의 전보를 받았다. 스위스 뉴스 신디케이트를 대표하는

E. 데브리스 박사가 찾아와서 독일과 프랑스의 신문에 우리들의 일에 대한 기사를 쓰겠다고 약속하고, 내 사진과 약전을 가져갔다.

2월 13일 존슨 씨가 전화를 하여, 연맹위원과 신문인들은 우리들의 성명서에 관한 대책을 토의 중이라고 하였다. 한편 신문 발표에 의하면 19개국 위원은 일본에 반대하는 결의를 하였고, 루즈벨트 미국 대통령은 연맹과 스팀슨 안을 지지한다고 성명하였다 하며, 영국 외상 존 시몬스는 일본에 반대하는 연맹의 결의에 공공연히 반대하였다고 한다. 서 군은 나에게 "중국은 지금 이 박사께 축하를 드리기 위해 구 박사 성명서라는 것을 준비하고 있다고 합니다" 하였으나, 나는 그들이 약속을 실행해 주지 않은 것이 역시 불쾌하였다. 나는 오늘부터 '만주에 있는 조선 사람은 일본인이 아니니, 중국이나 다른 나라에서도 조선인만은 중립국인으로 대할 것'을 요구하는, 리턴 보고서에 의거한 서류를 꾸미기에 골몰하였다.

2월 16일 중국 대표 구 씨의 비서가 전화를 걸어서 "중국 대표가 조선을 위해 연맹에 제출할 성명서에 관해서 만나고 싶어 한다"고 하길래, "내일 오후에 오라"고 대답하였다.

2월 18일 그 중국 대표라는 사람은 오늘 오후 3시에야 나를 찾아와서 킹 운쓰라는 명함을 내어놓았다. 그러고 나서 그는 '재만조선인을 위하여 만주국을 세우는 데 반대한다'는 성명서를 내어놓고, 나에게 서명을 하라는 것이다. 연맹 총회는 21일 화요일에 다시 열리니 이것은 늦어도 월요일 아침까지는 취급되어야만 할 것이다. 나는 그에게 "읽어 보고서 서명할 테니 나가서 기다리라"고 하고, 그가 나간 후 자세히 보니 그건 너무나 부족한 것이었다. 극히 상식적인 전 정세全情勢를 재설명하는 것밖에는 되지 않았다. 그래 나는 몇 군데를 삭제하고, 만주에 있는 조선인의 상태와 감정에 관하여 자세히 써넣었다. 그래 나는 점심 뒤에 그 킹 운쓰 씨의 숙소를 찾아가서 둘이서 상당히 세밀한 검토를 다시 하였다. 그는 그것을 19일 오후까지 수정 완료하여 나에게 다시 통지하겠노라고 하였다.

2월 19일 킹 씨가 수정된 성명서와 나의 약전 두 부를 보내왔으므로, 다시 검토해보고 거기 서명을 해서 원문을 돌려보냈다.

2월 20일 종일 재만조선인 문제에 관한 서류 작성에 분망하였다.

2월 21일 연맹 총회가 오후 3시 반부터 열렸다.

2월 22일 중국 대표 W. W. 엔 박사가 우리의 성명서를 오늘에야 겨우 연맹에 제출하여, 토이벌 비서가 그것을 회람에 부쳤다.

제10장 국제연맹회의 3

—러시아행

위에서 저자는 이 박사의 성명서가 중국 대표의 손을 빌려 마침내 연맹에 제출 회람된 데까지의 그의 일기를 보였다. 그리하여 이 문제는 연맹 안에서 많은 물의를 일으켜 마침내 연맹이 만주국을 반대하는 데 박차를 가하였고, 이에 할 수 없이 일본은 드디어 이해 3월에 연맹을 탈퇴하는 데에 이르렀던 것이다.

일본이 탈퇴하자 그 뒤 얼마 동안 한가한 틈을 얻어, 승만은 유럽의 각지를 여행하며 각국의 정치가들과 친선을 꾀하기에 노력하였다.

그러나 4월 18일에는 다시 제네바로 돌아와서 그의 일을 착수하였다. 이번에는 연맹에서 물러난 일본을 징계처분하려는 연맹 안의 일부 세력과 합동하여 이 일을 추진시킴으로써 그의 주장을 관철하려 함이었다. 나는 아래에 이에 관한 그의 일기를 다시 초록하려 한다.

4월 25일 미국 영사 길버트 씨를 만나서 나는 "일본인이 제출한 586호 서류가 허위라는 강력한 증거를 제출해서 그들을 연맹이 징계처분하도록 하려 한다. 그 증거를 수집하기 위해 러시아를 거쳐서 만주까지 갔다 오려 하는데 어떻겠느냐?"고 물어보았다. 그는 그건 퍽 재미있는 일이라 하며 역시 그걸 제출하는 데에도 중국 대표의 손을 빌려야 할 것이라고 말했다. 오후엔 중국 영구 대표永久代表 후치태 씨를 만나 같은 뜻을 말하니, 그는 크게 찬성하여, 힘이 자라는 대로 최선을 다할 것을 약속하였다.

4월 29일 후치태 박사가 전화로 "소련 대표는 귀하를 추천하는 글을 파리와 베를린의 그들의 영사관에 보냈으니 거기서 귀하의 여권 사증을 받으면 된다"라고 하였다.

5월 2일 중국 대표 본부에서 후치태 씨와 회담을 하였다. 우리들은 연맹 규약 제16조에 의하여 일본을 처벌할 것을 요구하는 성명서를 연맹에 제출하는 문제에 대하여 토의하였다. 그는 내일 오후 1시부터 중국 대표 숙사에서 열 예정인 중국 오찬회에 나를 초대하였다.

5월 3일 오전에, 연맹 총회에 의하여 임명된 중국 문제 고문위원회의 의장 크리스천 렌지 박사의 사무소를 방문하였다. 우리들은 극동 정세에 관해 많이 이야기하였고, 그는 특히 일본에 대해서 많이 물었다. 그는 "일본은 분명히 전쟁을 또 원하고 있다. 여기 대해서는 연맹이 이미 조처를 강구하고 있으니 오래지 않아서 결정적인 무엇이 있을 것이다"라고 말하였다. 내가 "조선의 연맹 참가권은 승인될까?" 하고 물으니 "그것은 지금은 안 될 것이다. 그렇지 않아도 비공식 회의에서 이 문제를 토의한 일이 있는데, 그때 그것을 승인치 않기로 의견이 일치되었다"라고 하였다. 그와 헤어진 후 나는 중국 본부의 오찬회에 나가, 그들 중국 대표들과 같이 조선과 중국 문제에 대해 많이 이야기하였다.

5월 5일 조선관계조약을 연맹에 등록하기 위해 그 준비로서 각국 정부에게 '조선관계조약의 정식 사문寫文을 보내라'는 요청서를 과거에 조선과 조약을 체결한 일이 있는 여러 나라에 보냈다. 이것이 수집되면 이걸 연맹에 등록하고, 조선이 얼마나 각국으로부터—더구나 일본으로부터 조약 위반을 당하였는가 하는 산 증거로 삼아 다시 우리의 문제를 논의케 하려 함이었다.

5월 9일 연맹 사무총장에게서 우리들의 성명서를 틀림없이 받았다는 확인장이 왔다.

5월 11일 중국 대표 후치태 씨는 내가 러시아를 거쳐 만주로 가는 일에 대하여 베를린 주재 중국 공사에게 소개장을 부쳐 주었다.

5월 18일 나는 제네바를 출발하였다. 파리에 가서 먼저 나의 패스포트에 러시아 영사의 사증을 받아야 하는 것이다.

5월 21일 파리 도착.

5월 30일 러시아 영사관에 갔으나 제네바에서 아직 추천장이 오지 않았다 하여서 후치태 씨에게 빨리 추천장을 부치라는 전보를 쳤다.

6월 10일 제네바에 있는 데비스 씨로부터 편지가 왔는데, 거기에는 내가 5월 5일부로 각국에 발송한 '조선관계조약의 정식 사문을 보내라'고 한 요청서에 대하여 벨기에 정부가 보낸 정식 사문이 동봉되어 있었다. 그 밖에 다른 나라에서는 모두 묵살해 버렸거나 또 그렇게 할 수 없다고 회답해 온 것이었다.

7월 13일 나는 겨우 여러 곳에서의 여권 사증을 마치고, 빈에서 모스크바를 향해 출발하게 되었다.

7월 18일 폴란드의 서울 바르샤바 출발. 기차는 넓은 평야를 북쪽으로 달린다. 여기저기 차창 밖으로 내다보이는 것은 지금까지 유럽에 와서 내가 보아 온 중에서는 가장 동양의 농가와 비슷한 집들이었다. 남녀노소들은 들에서 열심히 일을 하고 있었다. 거기에는 물오리, 물새, 또 조선에서 보던 것 같은 학의 무리가 긴 목을 빼고 지나가는 기차를 바라보고 있었다. 러시아 시간으로 오후 6시에 우리는 러시아와의 국경 지방 네가레라그에 도착하였다. 삼엄한 경계. 제복의 병정들이 쌍안경으로 우리를 감시하고 총칼을 번쩍거리는—이러한 광경은 참으로 흥미가 있었다. 이곳에서 차를 바꾸어 타고 특별열차로 나는 국경을 넘어 모스크바로 갔다.

7월 19일 오전 9시 반, 소비에트 러시아의 서울 모스크바에 도착하였다. 정거장에는 여행안내소원과 두 사람의 미국인이 나를 마중 나와 있었다. 안내소원은 나의 수하물을 찾아 가지고 그들의 안내소 소속의 80대의 자동차 중의 한 대에 나를 싣고 모스크바 호텔 525호실에다 안내해 주었다. 이 여관은 바로 모스크바 강변에 크레믈린 궁과 붉은 광장 반대편에 있었다. 나는 방값, 식사, 구경값으로 날마다 5불씩을 주면 되는 여행자표를 사서 쓰기로 하였다. 그 표를 사면 모든 일에 친절한 접대를 받을 수 있는 것이다. 나는 또 그들의 혐의를 받지 않기 위하여 혼자 돌아다니는 걸 피하고 다른 여행자들과 같이 구경을 나갔다가 오후 2시쯤 여관으로 돌아왔다. 그랬더니 여관의 통역이, "외무성에서 사람이 와서 당신을 찾다 갔습니다. 방에 그대로 계시겠으면 내가 외무성에 연락을 해 드리겠어요" 하였다. 통역은 G. 토빈슨이라는 처녀였다. 나는 빈에서 러시아 공사 피터위스키 씨로부터 나의 이번 임무를 러시아 정부에 알려 협조를 얻도록 하겠다는 언약을 받았으므로, 그들이 이미 피터위스키 씨의 전보를 받고 사람을 보낸 것이려니 생각하고 내 방에 머물러서 다음과 같이 그들의 외무성에 보내는 편지를 썼다.

소비에트 러시아 외무위원회 귀하.

나 이승만은 오늘 모스크바에 도착하였습니다. 될 수 있는 대로 속히 적당한 귀국의 관계관과 비밀히 회담코자 하오니 보내 주십시오. 빈에서 나는 내가 모스크바에 온 사명을 귀국 공사 폰 피터위스키 씨에게 자세히 이야기하였습니다. 그는 나의 말에 찬성하고 내가 여기 도착하면 편지를 써서 외무위원회에 보내라고 하였습니다. 나는 지금 모스크바 호텔에 있으니 속히 답하여 주기를 기다립니다.

날씨는 무척 덥고 답답하였다. 내가 이 편지를 다 썼을 때, 누가 문을 노크하여서 열어보니, 토빈슨 양이 웬 젊은 청년 하나를 데리고 와서 "여기 외무인민위원회 대표자가 왔습니다. 내가 통역을 하겠습니다" 하였다. 우리가 방에 들어가서 각각 자리에 앉자, 청년은 정중한 투로 말하였다. "외무인민위원회는 대단히 미안하오나 귀하에게 러시아를 떠나시기를 요구합니다. 입국 여권 사증을 준 것은 사무장의 실책이었습니다" 그 말을 듣자 나는 어안이 벙벙하였다. 그래 방금 써 놓은 편지를 보이고, 내가 여기 오게 된 것은 파리의 러시아 영사 안토노프와 빈의 공사 피터위스키의 승인을 받은 결과이며, 또 러시아의 외무인민위원회와 상의할 중대한 안건을 가지고 온 것을 누누이 설명하였다. 그러나 그는 어디까지나 조용히 "외무인민위원회는 귀하를 알고 있으며, 또 귀하의 여행 목적과 여권 사증에는 아무 잘못도 없습니다. 다만 이쪽의 과실로 사증된 것뿐이니, 이 때문에 우리는 귀하에게 가시기를 요구합니다" 할 뿐이었다. "이 여권을 내가 사용한 뒤에, 당신들의 요구가 정당하다고 증거할 만한 무슨 잘못을 내가 저질렀습니까?" 하고 내가 물으니, 그는 "아니올시다. 만일에 당신에게 잘못이 있었다면 정부는 군대 사관을 시켜 당신을 추방할 것이올시다. 그러므로 나는 외무인민위원회를 대표하여 귀하께 미안의 뜻을 말하고 잘못 사정된 여권에 대해 사과하는 바입니다" 하고 대답하였다. 그래 나는 웃으며 "네. 당신들의 등 뒤에 무엇이 있어서 그런지 잘 알겠습니다. 나는 귀국 외무위원회의 태도 표명을 알게 되었습니다. 그것을 알았으니만큼 꼭 하루만 더 여기 있고 싶습니다" 하고, 편지를 그에게 주며 적당한 관계관에게 전달하라고 하였다. "네, 네, 그렇게 하겠습니다. 그렇지만, 지금 내가 귀하께 말씀한 내용이 변경되지는 않을 것입니다" 그는 말하며, 포켓에 편지를 넣고 정중히 인사를 하며 나가 버렸다.

토빈슨 양은 "당신 동무에게 말씀하셔서 원조해 달라고 하세요. 당신은 사증을 맡으셨는데, 정부는 어째서 당신을 거절하는지 딱하지 않아요?" 하였다. 나는 혼잣말처럼 "그것은 일본을 겁내서 그러는 것이오. 그러니 어떤 친구도

이 일엔 손을 댈 수 없소. 그들은 그들의 과실을 인정하고 공식으로 내게 사과했으니, 이런 데서 더 시간을 허비하고 싶지는 않소" 하고 대답하였다. 그러고 나서 나는 내가 모스크바에 왔다는 전보를 하와이에 쳤다. 아직까지는 일본인이 내 일을 방해할까 염려하여 전보를 치지 못했으나 인제는 그런 걱정을 할 필요도 없는 것이었다.

전보를 친 뒤에 나는 중국 공사관에 갔다. 공사 유난주 씨는 내 일에 동정한다고 하며 "무엇이든 부탁할 일이 있으면 말씀하시오" 하였다. 그러나 나는 이때 동지나철도 문제로 중러 관계가 긴장해 있는 때이라, 그들은 나를 도울 길이 없음을 알고 있었으므로 그 이야기를 꺼냈더니, 유 공사는 "지금 바로 동지나철도를 매수하기 위해서 일본인 철도위원들이 여기 와 있습니다. 중국은 그 철도를 팔아먹으려는 소련의 권리를 강경히 반대하고 있는 중입니다" 라고 말하였다. 일본 놈들이 내 행동을 진작부터 감시하여 소련에 항의한 결과, 소련 정부는 비겁하게도 일본과의 충돌을 피하기 위하여 나를 거절한 것은 명백한 일이다. 이것이 명백하여지자 맨 처음 내 머릿속에 번쩍이는 생각은, '이 사건 전부를 세계에 공표하여 여론을 일으켜 볼까' 하는 것이었으나, 이보다도 더 좋은 안이 생각되어서, 나는 그것을 우선 나 혼자만 알고, 뒷날 우리들에게 이롭도록 이 사건을 이용하기로 결정하였다. 밤에는 중국 공사관의 초대를 받았다.

7월 20일 오전에 차표를 사고 여권에 대해 알아보기 위해서 여행안내소에 갔다가 다시 여관에 돌아왔을 때는 오후 2시경이었다. 토빈슨 양이 그동안에 또 외무위원회 대표가 왔다 갔다고 하였다. 점심 뒤에 여관의 노대露臺에 나와 있으니 토빈슨 양이 또 그 청년을 안내해 가지고 들어왔다. 그는 포켓에서 내가 위원회에 전달하라고 준 편지를 꺼내 들고 "미안하지만 외무위원회에서는 이런 편지를 못 받겠답니다"라고 하였다. 나는 그것을 도로 받아 가지고 봉투에 그 청년의 성명을 써 달라고 하였다. 그는 거기에 '외무위원회 대표 프리 겐트'라고 서명하였다. 나는 그 옆에 다시 통역 토빈슨 양의 서명도 받았다. 그런 뒤에 통역을 시켜서 나는 말했다. "사정이 그렇게 되어 귀국 정부 당국에 면회를 못 하고 가는 것은 참으로 유감이다. 그러나 귀국 정부의 정식 사과에는 나는 조끔 만족하였다. 외무위원회에 이 뜻을 전해 주기 바란다" 그러고 나서 나는 바로 자리를 일어섰다. 그들도 따라서 일어섰다. 청년은 인사를 하고 곧 나가 버렸으므로, 나도 그곳을 물러났다. 그래 그날 밤 11시 나는 모스크바를 떠나는 삼등 열차로 이 나라를 떠났다.

내가 모스크바를 다녀온 동안에 보고 느낀 것은 오스트리아, 헝가리의 농가들보다도 러시아의 농가가 가장 빈약한 점이었다. 기차 속에서 만난 미국인들은 러시아의 길거리에서 굶어 죽은 사람을 많이 보았다고 하였다.

이승만 박사가 1933년 국제연맹에서 활동한 정치적인 기록은 이상으로서 끝이 난다. 그는 러시아 정부의 거절로 그의 만주행의 계획이 좌절되자, 이를 갈고 다시 제네바로 돌아와서 그동안 사귄 친구들에게 다음 기회를 약속한 후에 이탈리아를 거쳐서 8월 10일—유럽에 온 지 9개월 만에 이곳을 일단 하직하지 않을 수 없었던 것이다.

그리하여 8월 16일, 그는 미국 뉴욕에 다시 도착하였다.

제11장 한 편의 로맨스

나는 여기에서 아무래도 여러분에게 이 박사의 한 편의 로맨스를 말하지 않을 수 없다. 그것은 현재 그의 부인이 되어 있는 프란체스카 여사에 관한 이야기이다.

앞의 10장에서는 그가 연맹에서 활동한 기록만을 중심으로 하다 보니까 깜빡 빠져 버렸지마는 이 박사가 제네바에 있을 때 오스트리아의 여성 '패니(프란체스카 여사의 처녀 때의 이름)'는 이 박사의 외침이 구라파의 각 신문지에 게재될 때마다 누구보다도 뒤에 숨어서 그에게 박수를 보내고, 그를 존경하게 된 한 사람이었다. 그것은 자기 또한 같은 약소민족의 한 사람일 뿐만 아니라 그의 아버지 역시 오스트리아가 낳은 혁명가였기에 더욱이 절실하였다.

그래 패니는 이 박사를 존경한 나머지, 그에게 그의 일을 돕게 하여 달라는 편지를 하여 그의 승낙을 얻었던 것이다. 이렇게 하여 그들의 마음은 드디어 굳게 결합되었다. 남성과 여성으로서보다도, 내조가 필요한 커다란 한 일꾼과, 그 일을 알고 또 이것을 능히 도울 수 있는 한 후배와의 결합이었다고 봄이 타당할 것이다.

이 박사가 1933년 8월, 유럽을 떠나올 때 패니는 곧 그를 따라 나서려 하였다. 그러나 그는 다음날을 약속하고 한 걸음 먼저 떠났다.

빈에 홀로 남은 패니는 한 해가 훨씬 넘도록 기다렸다. 이 박사는 1934년 봄이 되자, 벗들과 상의하고 그를 미국으로 데려오기로 작정하여 곧 패니에게 그 뜻을 알리는 한편, 미국 정부에 부탁해서 빈 주재 미국 영사가 패니의 여행권을 곧 알선해 주도록까지 하였으나, 그곳 영사의 불찰로 그렇게 늦어진 것이었다.

그러자, 로맨스라면 기를 쓰고 덤비는 미국의 어떤 신문에는 이 박사의 편을 들어 빈 주재 미국 영사를 비방하는 기사까지 게재되었다. '빈 주재 미국 영사는 여행권 사증 문제를 처리하는 데 너무나 게으르지 않은가? 유명한 동양의 신사가 빈에 있는 여자에게 여행권을 발행해 주라고 신청했으나 영사는 낮잠을 자는지 꿩 구워 먹은 소식이라 한다' 하는 따위였다.

하여간 그 보람이 있어서 패니는 9월에야 미국 영사의 사증을 얻어 10월 4일 오후 3시 뉴욕에 도착할 수가 있었다.

이 박사는 그들이 만났던 그날의 기록을 다음과 같이 전하고 있다.

10월 4일　오후 3시 기선 유럽호는 뉴욕 부두에 도착하였다. 기선은 도착하였지만, 나와 킴버렌드, 남궁 씨 부인은 교통 관계로 늦어서, 패니는 상륙하자 마중 나온 사람이 보이지 않아 오랫동안 애를 태웠다 한다. 그는 "한 시간 이상을 기다렸어요!" 하였다. 다시 만난 우리들의 행복은 말로는 형용할 수도 없었다. 우리는 그길로 바로 렉싱턴가에 있는 몬트 크레아 여관으로 갔다. 킴버렌드 중좌 부부를 통해 미리 예약해 둔 곳이었다. 저녁에 우리는 남궁 씨 댁에 가서 그의 부인을 데리고 발터 회관에 나가 저녁을 먹고, 결혼식 준비에 대해서 이야기하였다……

이로써 볼 것 같으면 그가 그때 얼마나 행복했던가를 눈에 보는 듯이 역력히 짐작할 수가 있다. 육십 된 조선 사람 같지 않게 참으로 모든 감정이 건재해 있던 그를 볼 수가 있는 것이다.

그들은 곧 벼락과 같이 결혼 준비에 착수하여 패니가 당도한 이튿날인 10월 5일에는 시청에 가서 결혼 허가를 얻었고, 10월 8일에는 벌써 몬트 크레아 여관 특별실에서 결혼식을 거행하였다. 킴버렌드 씨 부인과 남궁 씨 부인이 신랑 신부의 들러리가 되었고, 존 H. 홈스 씨와 P. K. 윤 씨가 사회를 하였다. 각국의 많은 친구들이 와서 그의 결혼 기념첩에 서명들을 하였다.

그리하여 두 신혼부부는 바로 여행길에 올라 12월까지 여행을 계속하였다. 멀리 남방의 텍사스 주의 사막에까지 그들의 발길은 미쳤던 것이다.

우리들은 라스 크루서스를 향해 사막을 횡단해 가다가 굉장한 모래바람을 만났다. 이 모래바람 속에 자동차로 3백 마일을 달려, 오후 7시에야 데밍 야영지에 도착하였다.

그는 어느 날의 여행 기록에서 이렇게 말하고 있거니와, 육십에 이 정열은 우리로서는 참으로 상상 밖이어서 다만 눈을 동그랗게 뜰 수밖에 없는 것이다.

그를 보라. 그는 꼭 아직도 얼굴이 붉은 청년과 같이, 결혼하고 여행할 수 있지 않은가. 그러나 그는 미국에 온 지 30년, 한결같이 호올로 지내 왔음을 우리는 안다. 그것은 다름이 아니라 고국에 그의 처음의 아내 '박씨'가 있기 때문이었다. 그러나 그 박씨는 벌써 오래전에 그를 기다리지 않고 그와는 다시 만나 볼 수 없는 사람이 되어 버렸다. 그 소식을 들은 뒤에도 그는 참으로 오랫동안을 그대로 호올로 있다가, 꼭 육십에 다시 그의 문을 두드리고 온 여인을 맞이했을 따름이다. 그리고 한번 그가 패니 여사를 맞이하자, 그 정열은 어디 조금이나 늙었는가?

이 정열은 바로 30년을 한결같이 기다렸고, 또 언제까지나 기다릴 수 있는 똑같은 정열이요, 그에게는 모든 일에 그러할 수 있는 정열임을 우리는 알 수가 있다. 개인에 대해서도, 민족에 대해서도, 세계에 대해서도……

제12장 예언과 같이

정열. 흰머리가 허옇도록 조금도 변할 줄을 모르고 점점 왕성하고 두터워만 온 이 정열—개인과 민족과 세계에 대해 늘 한결같이 성실해 온 이 정열과 의지의 사람에게는 또한 유난히 투철하게 미래를 내어다보는 눈이 있었다고, 그의 과거를 소개하는 이들은 모두 말하고 있다. 특히 그 미래를 내어다보는 정치적 안목은 미국, 아니 온 세계에서도 그를 따를 사람은 드물 것이라고까지 말하고 있다.

1933년 제네바에서 미국으로 건너오자 그는 바로 부르짖었다.

만주사변은 결코 한낱 만주사변에만 머무르지는 않을 것이다. 그것은 이미 과거 일본의 침략의 역사와 그들의 민족 성격이 그것을 말하고 있다. 저 한국 침략의 역사를 보라. 한국에 대한 조약은 모두가 그들의 침략을 위한 수단이요 허위였다. 이번 사변에서 그들이 연맹에 제출한 소위 586호 서류라는 것을 보라. 그것은 너무나 세계와 연맹을 무시하는 뚜렷한 거짓임이 밝혀지지 않았는가? 그들은 될 수만 있으면 세계와 모든 국가의 눈을 속여 그들의 영토를 확장하는 데만 마음을 쓰고 있는 것이다. 그들은 연맹을 이미 탈퇴하긴 하였지만, 그것으로서 그들을 안심하고 그대로 두어서는 안 된다. 그들은 오래지 않은 장래에—반드시 2, 3년 안에 만주로부터 중국에 그 침략의 마수를 뻗칠 것임을 나는 확신해 의심치 않는 까닭이다. 뿐만 아니라 그들은 다시 서양에까지도 손을 벌려 미국을 공격해 오는 날이 없지도 않을 것이다. 그러므로 우리들은 동서양을 물론하고 그들의 침략 정책을 세계의 평화 확립을 위해 영구히 말살할 공동전선을 펴지 않으면 안 된다. 그중에도 특히 미국과 중국과 한국 사람들의 단결은 절실히 필요한 과제인 것이다.

그의 이 연설은 많은 미국의 정치가들도 와서 들었지만 그들은 모두 그의 근본정신에는 찬동하면서도, 바로 2, 3년 안에 중일전쟁이 일어난다는 데에 대해서는 모두 "설마 그렇게까지 될 리야 있느냐?"고 머리들을 흔들었다.

그러나 그의 예언과 같이 1937년 7월이 되자, 일본은 북경 밖 노구교에서 중국 병정이 불법으로 총을 쏘았다는 것을 핑계로 드디어 전쟁을 열고 말았다.

"보아라. 나는 그전에 무엇이라고 말하였는가? 그러나 일본의 마수를 이대로 내버려 둔다면 그들은 결코 중국에서만 멈추지는 않을 것이다. 다시 몇 해 안에는 반드시 아메리카를 공격해 올 것이니 두고 보라. 그들은 중국을 정복한 후, 미국의 영토인 태평양 여러 섬에 손을 뻗칠 것이다. 미국 함대의 우수한 동양 근거지인 진주만에 그들의 폭격이 시작될 날은 머지않았으니 미국은 지금부터 그에 대비한다 하여도 결코 빠른 것은 없다고 나는 확언한다."

승만은 다시 미국의 조야를 향해 외쳤다. 그러나 이때에도 역시 그들은 머리를 흔들었고, 그중에는

"이승만 씨는 자기의 눈을 너무 확신하는 나머지 과대망상증에 걸렸다. 일본의 동양 침략의 야망은 우리가 보아 온 바이지만, 설마 그까짓 것들이 세계의 중추 세력인 미국이야 공격하랴. 이승만 씨는 그 칠십 평생을 조국 광복을 위해 과로해 왔기 때문에 인제는 정신이 좀 이상하여졌다."

라고 웃음거리로 삼는 사람도 있었다.

그럼에도 불구하고 이번에도 또 그의 예언은 분명히 적중되었다. 적중이라도 바로 그 과녁의 한가운데를 가서 맞혔던 것이다. 틀림없이 일본은 1941년 12월 7일 미국의 해군 근거지 진주만을 폭격하였고, 미국에 선전포고를 하였기 때문이다.

일이 이렇게 되자, 그전 그를 비웃었던 미국의 정객들은 비로소 눈을 동그랗게 뜨고 그의 예언에 감탄하였다. 그들은 말하였다.

"저 한국 사람 이승만에게는 참으로 묘한 데가 있다."

"이 늙은이에게는 마치 저 신약新約의 선지자의 눈과 비슷한 눈이

있는지도 모른다."

그렇다. '일본은 반드시 패망하고 조선은 반드시 독립한다'는 신념의 눈이 없고서야 어찌 그의 70년이 하루 같을 수 있었겠는가.

1945년. 제2차 세계전쟁이 끝나고, 일본이 승만—그의 일생의 소원대로 패망하자, 그는 한 승리자로서 우리 앞에 나타났음을 우리는 안다. 그리고 그의 승리는 참으로 조선 말엽 이후 1945년 을유 해방에 이르도록까지의 이 나라의 모든 승리를 대표할 수 있는 것임에 틀림없다.

그의 일생의 억센 경력은 능히 현대 조선 민족의 최고 준령最高峻嶺을 이룰 수 있는 것이다.

미당 서정주 전집 19

1판 1쇄 인쇄 2017년 7월 14일
1판 1쇄 발행 2017년 7월 21일

지은이 · 서정주
간행위원 · 이남호 이경철 윤재웅 전옥란 최현식
펴낸이 · 주연선

책임 편집 · 심하은
자료 조사 · 노홍주
표지 디자인 · 민진기 본문 디자인 · 권예진

(주)은행나무
04035 서울특별시 마포구 양화로11길 54
전화 · 02)3143-0651~3 | 팩스 · 02)3143-0654
신고번호 · 제 1997-000168호(1997. 12. 12)
www.ehbook.co.kr
ehbook@ehbook.co.kr

잘못된 책은 바꿔드립니다.

ISBN 978-89-5660-965-2 04810
978-89-5660-885-3 (전집 세트)
978-89-5660-529-6 (소설 · 희곡 · 전기 · 번역 세트)